CSSCI 收录

经济转型与发展研究系列

南大商学评论

Nanjing Business Review

49

2020-17(1)

图书在版编目（CIP）数据

南大商学评论. 第 49 辑 / 刘志彪主编. —北京：经济管理出版社，2020. 9

ISBN 978-7-5096-7394-2

Ⅰ. ①南…　Ⅱ. ①刘　…　Ⅲ. ①中国经济—文集　Ⅳ. ①F12-53

中国版本图书馆 CIP 数据核字（2020）第 152000 号

组稿编辑：胡　茜
责任编辑：胡　茜　姜玉满　杜奕彤　杜羽茜　詹　静
责任印制：黄章平
责任校对：董杉珊

出版发行：经济管理出版社
（北京市海淀区北蜂窝 8 号中雅大厦 A 座 11 层　100038）
网　　址：www. E-mp. com. cn
电　　话：（010）51915602
印　　刷：北京晨旭印刷厂
经　　销：新华书店
开　　本：880mm×1230mm /16
印　　张：13. 25
字　　数：272 千字
版　　次：2020 年 9 月第 1 版　　2020 年 9 月第 1 次印刷
书　　号：ISBN 978-7-5096-7394-2
定　　价：50. 00 元

主办单位

南京大学长江三角洲经济社会发展研究中心
教育部人文社科百所重点研究基地

南京大学经济转型和发展研究中心
教育部哲学社会科学创新基地

南京大学商学院

《南大商学评论》编辑委员会

主编的话

《南大商学评论》是由南京大学商学院主办的经济学、管理学类非连续的学术刊物。创刊以来，以其规范、严密、扎实的研究风格受到国内外学者的高度评价。在此我向关心支持本文集的同仁们表示衷心的感谢！

新一轮的全球化期待中国学术研究像中国经济一样，进入世界学术研究关注的焦点和前沿。为了鼓励源自于中国的原创性研究，《南大商学评论》的办刊方向进一步明确为立足于中国经济转型和发展实践，提倡从中国经济管理的实践中发现问题、提炼问题、分析问题和解决问题。

本刊将继续延续以前的传统，开放式办刊，广泛接受来自国内外学者的自由投稿，采用双向匿名审稿制度，主要发表原创性的规范和实证研究的学术论文，以及案例、综述和评论性的文章。研究领域不限，欢迎从宏观经济学、财政金融、产业组织、国际贸易、比较经济学、企业管理、市场营销、人力资源、电子商务、会计等相关具体领域进行专门化研究的成果。

南大商学评论

Nanjing Business Review

第 49 辑

目　录

Contents

市场规模对战略性新兴产业TFP增长的影响
——基于长三角地区上市公司数据*

□ 申俊喜　叶春梅

摘　要：以2009~2017年长三角地区的上市企业为样本，运用DEA-Malmquist指数方法测量战略性新兴产业的全要素生产率（TFP），并运用Tobit模型实证检验国内市场规模和国际市场规模对战略性新兴产业TFP变化的影响效应。研究结果显示：总体上国内市场规模的增长显著促进了战略性新兴产业的全要素生产率、技术进步效率、技术效率、纯技术效率和规模效率的提升，国际市场规模的增长仅促进了战略性新兴产业全要素生产率和技术进步效率的提升。分产业来看，国内市场规模增长促进了八大战略性新兴产业TFP的增长，而国际市场规模的增长仅促进了新一代信息技术、生物、新能源产业TFP的上升。研究发现只有当产业发展到一定阶段时，战略性新兴产业才能形成以国内市场为支撑、国际市场为主的发展格局，而在战略性新兴产业发展的初期阶段，应该主要利用国内市场促进产业全要素生产率增长。

关键词：战略性新兴产业；全要素生产率；国内市场；国际市场

JEL分类：D2

引　言

目前，我国经济发展已经由高速增长向高质量发展转变，在此背景下发展战略性新兴产业有利于提高我国高端技术发展水平，助力经济增长方式转型，带动经济长远发展。高质量发展战略性新兴产业关键在于促进产业全要素生产率的增长。经济学家亚当·斯密早在《国富论》中就指出，大规模的国内外市场可以促进生产效率的提升。在战略性新兴产业发展初期，我国主要依靠国际市场来促进新兴产业的

* 基金项目：本文是教育部人文社会科学基金项目“中美经贸摩擦背景下推动我国战略性新兴产业跨越式发展研究”（19YJC790109）的阶段成果，并得到江苏省创新经济研究基地支持。

发展，此时的国内市场需求尚未完全开发，而发达国家已经具备先进的技术和大规模的需求，依靠国际市场有力地促进了我国战略性新兴产业的快速发展。然而近些年来，随着美国、欧盟等一些发达国家或地区贸易保护主义的日益加剧，依靠政府补贴参与国际市场竞争的行为遭到了贸易保护国家的抵制，战略性新兴产业发展的国际市场受到阻击，迫切要求形成强大的国内市场来促进战略性新兴产业的发展。2019年，中央经济工作会议也明确把“促进形成强大国内市场”作为重点工作来开展。随着我国进入工业化后期，国内消费者的需求日趋高端化，对战略性新兴产业的需求日益上升。那么国际市场和国内市场规模的变迁是否影响了战略性新兴产业全要素生产率（TFP）的变化？两者对全要素生产率的影响机理和作用效果是否存在区别？未来战略性新兴产业TFP的增长应主要依靠国际市场还是国内市场？带着这些问题，考虑到我国不同地区战略性新兴产业发展水平有较大差异，而长三角地区作为我国经济发展的引擎，战略性新兴产业发展水平较高，本文以长三角地区的战略性新兴产业为对象，研究国内市场和国际市场对产业全要素生产率的影响。

关于市场需求与产业发展之间的关系国外学者进行了比较充分的研究。早在20世纪50年代，就已经有学者提出“需求拉动假说”，Carter和Williams（1957）选取152家企业作为样本研究市场需求与产业创新之间的关系，发现有超过10%的创新是为了满足新需求而产生的，认为市场需求是产业创新的驱动因素。Porter（1990）在国家竞争优势中指出市场需求会刺激产业进行改进创新，是产业发展的重要动力，是影响产业升级的关键因素。Davis和Weinstein（1999）的研究指出，本土市场的超常需求会刺激厂商扩大生产规模，提高生产效率，对产业发展存在明显拉动作用。Vaaler（2003）通过对新兴市场的研究发现市场需求波动对新兴市场具有显著影响，市场需求对新兴产业的发展具有重要影响。Fontana和Malerba（2010）在研究半导体产业时发现，具有半导体需求背景的新兴企业的寿命会更长，认为市场需求是驱动企业进入和新兴企业成功的重要诱因。近年来，随着我国战略性新兴产业的迅速发展，国内学者对战略性新兴产业也展开了广泛的研究。

目前，国内关于战略性新兴产业的研究多针对全国或者单一省份。从全国战略性新兴产业的总体现状来看，我国的新兴产业生产率仍有较大上升空间。任保全和任优生（2016）利用上市公司数据测算战略性新兴产业的生产率，认为战略性新兴产业生产率增长呈下滑趋势。刘春姣（2019）通过测算产业创新效率发现我国战略性新兴产业的创新效率水平总体不高。从我国东中西部战略性新兴产业的发展现状来看，地区发展水平差异明显。黄海霞和张治河（2015）、杨震宇（2016）利用省际面板数据测算出我国东、中、西部三大地区战略性新兴产业全要素生产率呈明显“阶梯分布”，不同区域战略性新兴产业全要素生产率存在明显差异。刘华军等（2019）通过研究发现我国战略性新兴产业的分布重心趋向南边，东部地区成为战略性新兴产业集聚区域，中西部区域战略性新兴产业发展水平相对较低，高—高集聚数量较少，这说明总体上我国战略性新兴产业发展水平不高，且东部和中西部发展水平差异较大。通过文献梳理发现，我国战略性新兴产业的发展程度在区域间差异明显，中西部区域战略性新兴产业发展水平较低，东部发展水平较高。李晓梅（2018）通过测算环渤海、长三角和珠三角三个区域战略性新兴产业的投入产出效率，比较分析认为三大区域企业的生产效率差异显著，总体上来说环渤海地区的生产效率波动较大，数值低于长三角和珠三角地区。长三角地区作为我国经济较发达、开放水平较高、创新能力较强的地区之一，在战略性新兴产业的发展上具有得天独厚的优势，所以本文以东部地区的长三角区域为研究对象进行研究，分析更加准确和具体。

关于如何促进战略性新兴产业的生产率增长，已有研究主要集中在研发投入、政府补贴以及企业规划等供给层面，需求层面的研究较少，并且鲜有学者从国内和国际市场角度开展深入研究。付永萍、芮明杰和马永（2016）从研发投入角度出发，利用上市公司财务数据实证证明研发投入的增加能够显著促进战略性新兴产业创新能力的提升。陈洋林、储德银和张长全（2019）从政府补贴角度出发，研究发现财政补贴能够激励战略性新兴产业创新能力的提升。杨源源等（2018）从企业规划角度出发，认为固定资产过快扩张导致了新兴产业低端化演进。李士梅和胡续楠（2019）从企业规模、股权性质等方面分析，研究发现企业规模的扩大能促进战略性新兴产业 TFP 的增长、股权性质对企业效率没有显著影响。翟华云和李妍茹（2017）从区域创新能力角度出发，研究发现区域创新能力的提升有利于战略性新兴产业全要素生产率的提升。郭璐和田珍（2016）从研发投入、企业规划等角度研究战略性新兴产业的技术进步，认为研发投入的增加和资本密集度的上升能够促进产业发展。任优生和邱晓东（2017）同时选取企业研发投入和政府补贴为核心解释变量，研究发现两者与战略性新兴产业全要素生产率之间存在逆向变动关系。申俊喜和杨若霞（2017）从政府补贴和企业结构特征方面研究长三角地区战略性新兴产业技术进步的影响因素，认为政府补贴强度的上升不利于产业生产率的上升，股权集中度适中的企业能够显著促进生产率的提升。通过上述梳理发现，现有研究主要集中在供给层面。由于生产率的增长是供给和需求共同作用的结果，所以一部分学者关注了需求对战略性新兴产业发展的影响。赵玉林和王春珠（2017）考虑了需求和供给两方面的因素，认为创新与需求的主导作用因产业而异。王宇和罗悦（2018）从市场需求角度研究分析，认为外需的依赖程度越大越不利于战略性新兴产业发展。任保全和刘志彪（2016）通过实证分析指出国内市场对促进战略性新兴产业生产率提高具有重要作用。

综上研究发现，传统研究视角通常将我国的战略性新兴产业作为一个整体进行分析，但我国东中西部以及不同区域之间经济发展水平差异较大，战略性新兴产业发展水平参差不齐，将我国的战略性新兴产业作为整体分析无法区分需求对不同地区的差异影响，本文以特定区域长三角地区的战略性新兴产业为研究对象，可以更加细致精准地研究国内外需求对战略性新兴产业的影响。另外，战略性新兴产业全要素生产率不仅受政府补贴强度、企业R&D投入强度、行业集中度、债券资本率等供给方面因素的影响，而且受市场规模、市场质量的影响，生产率的增长是有效供给和有效需求动态匹配的结果。因此本文的创新之处在于：第一，长三角地区作为中国转型升级的领头羊和我国经济发展的引擎，推动该地区战略性新兴产业的发展，不仅有利于本地区供给侧结构性改革推进和经济发展方式升级，而且对全国经济发展和产业转型也起到促进作用。在我国不同区域产业发展水平差异明显的背景下，以长三角地区的上市公司为例研究战略性新兴产业全要素生产率的现状，并分产业讨论促进生产率提高的来源，更具准确性和代表性。第二，全要素生产率的增长是有效供给和有效需求动态匹配的结果，以往研究主要从单一的供给角度分析，对需求层面的因素考虑较少。本文将从需求角度出发将市场细分为国内市场与国际市场，比较分析两者对TFP影响的联系与差别，丰富了产业政策在需求方面的研究方向，并回答了在国际市场受到冲击的情况下，推动战略性新兴产业发展应面向哪个市场的问题，分析更加完善和具体。

1　国内外市场规模对战略性新兴产业全要素生产率变化的影响机理

市场对生产率的促进作用已被多位学者证明，本文依据加拿大学者Tim Padmore和Hervey Gibson提出的方法，将市场分为国内市场和国际市场两部分来分析市场对战略性新兴产业全要素生产率变化的影响机理。

1.1　国内市场规模对全要素生产率的影响

对于发展中国家，Rosenstein-Rodan（1943）强调只有通过培育大规模的国内市场才可以追赶上发达国家的水平。我国作为世界上的大国，巨大的国内市场为战略性新兴产业生产率的提升创造了良好环境。①需求拉动效应。战略性新兴产业不同于传统产业，属于重大科技创新型产业，对于这类颠覆式创新型产业，内需的快速增长显得尤为重要。随着居民收入的持续增加，我国消费者的消费能力不断提高。在满足了基本的生存需求之后，消费趋向高端化，对节能环保、人工智能等战略性新兴产业的产品需求不断增加，国内市场规模的增长拉动战略性新兴产业TFP的增长。Schmookler（1972）通过考察美国四大产业的投入产出数据和产业的专利数量发现产业的发明创新活动受国内市场的引导。为了满足消费者对战略性新兴产业产品的需求，企业会不断优化产品工艺、提升产品质量以占领更多的市场，在此过程中产业结构的优化、管理水平的提高和自主创新能力的提升就会带来战略性新兴产业全要素生产率的增长。②规模经济效应。根据Krugman（1980）提出的“本土市场效应”理论，一个国家内部的超常需求会带来大规模的生产和生产效率的提高。我国战略性新兴产业国内需求的增加将会促使产业扩大生产规模，大批量的生产会带来平均成本的降低，进而促进产业资源配置的优化和经济效益的增加，提升产业的生产效率。只有市场规模达到一定程度时，新技术才能够实现更高的标准，才有可能在参与国际竞争时获得优势，只有率先实现规模经济的产业才能走得更长远。③比较竞争优势效应。"新国际贸易理论"指出，与国际市场相比，国内市场获取信息成本小、范围广、持续时间长，可以降低产业搜寻信息的成本，并且国内市场需求较为稳定，不受国际市场政策变动等冲击，降低了市场风险。战略性新兴产业依靠国内市场优势可以获得比较竞争优势效应，带来企业管理水平和创新能力的提高，从而促进全要素生产率的上升。与其他小国相比我国本土市场规模较大，国内市场需求催生企业进行科技创新生产新产品，新兴产品依靠巨大的国内市场实现规模经济，规模经济收益进一步强化战略性新兴产业的竞争优势，为我国新兴产业走向国际市场达到更高标准奠定了基础，促进了战略性新兴产业全要素生产率的健康增长。

1.2 国际市场规模对全要素生产率的影响

国际市场规模对全要素生产率的影响主要有以下三个方面：①技术溢出效应。企业可以通过广阔的国际市场接触先进的技术和管理经验，在出口的同时学习、吸收来自发达国家的知识和技术溢出，促进全要素生产率的提高。Jacob（2004）采用13个国家的面板数据，实证检验国际贸易的技术溢出效应能给本国带来全要素生产率的增长。对后起国家来说，本土企业通过引进和模仿发达国家先进技术，可以形成后发优势实现技术赶超，促进产业的生产率增长。目前我国战略性新兴产业处于起步阶段，产业的核心科技水平较低，可以通过引进和模仿发达国家先进技术，形成后发优势以实现技术赶超，促进产业的生产率增长。②产品示范效应。国际市场的高质量产品可产生示范效应，激励国内产业追赶技术发达国家的产品水平，带来战略性新兴产业全要素生产率的增长。一方面，国内外产品的差距会促使国内企业树立危机意识，改变思维定式，加大研发投入、增加高科技设备以及改进生产工艺，推动本国新兴产业科技创新能力的提高。另一方面，科学技术的发展能够带来产能利用率的提高，降低资源闲置的可能性，提高资源利用率，完善资源配置，有利于新兴产业"出口中学"效应发挥明显作用。③国际竞争效应。参与国际市场意味着站在世界舞台上与他国产业企业竞争，只有不断提高自身的生产率水平才能在竞争中占有一席之地。从国际竞争格局来看，激烈的市场竞争将激发产业采购新设备，提高企业管理水平，加大人才引进培养力度，改进自身技术水平来提高企业产品竞争力，竞争中低效率的企业被淘汰而高效率的企业获得发展的过程将促进整个行业生产率水平的提高。

归纳上文可以发现，不仅国内市场和国际市场对战略性新兴产业全要素生产率的影响机理路径不同（见图1），而且一国不同经济发展水平和阶段对战略性新兴产业全要素生产率的作用机理也有区别。国内市场在获取信息成本低以及政策稳定性方面的优势是国际市场无法具备的，而国际市场带来的技术溢出也是国内市场所缺乏的。根据产业生命周期理论，在产业发展初期，新产品会先在国内试产试销，企业通过不断调整要素投入比例、完善产品设计等提高新产品的生产技术。我国作为世界上的人口大国，具有大规模的国内市场需求，应该充分发挥需求拉动效应促进战略性新兴产业产品质量的提高和生产技术的完善，利用国内市场的先天优势形成规模经济效应优化资源配置，逐步形成新兴产业的比较竞争优势。从长远角度来看，只有当产业发展达到成熟以及标准化阶段时，才能够形成国内市场支撑、国际市场为主的发展格局。如果在初期阶段国内市场不成熟的情况下主要依靠国外市场发展新兴产业，将会导致产业在发展过程中应对风险的能力不足以及新技术核心能力缺乏。所以，在产业发展初级阶段应先依靠国内市场的拉动效应促进产业核心能力的提升，当产业发展步入成熟以及标准化阶段时，再凭借核心技术参与国际市场竞争获得技术溢出效应，依靠国际市场进一步促进产业的发展。

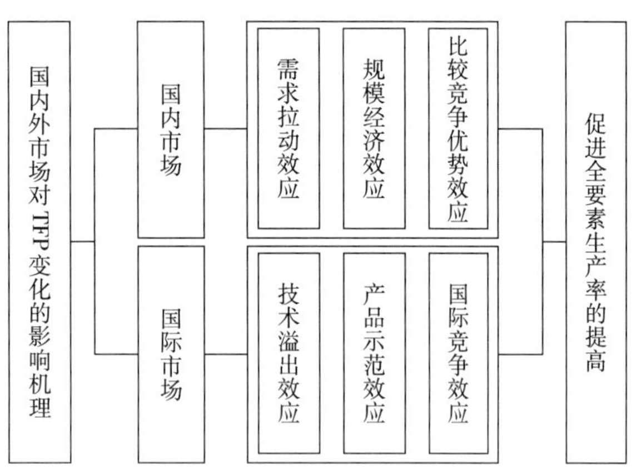

图1　国内外市场规模对全要素生产率变化的影响机理

资料来源：作者整理。

2　战略性新兴产业全要素生产率的测算

目前，较为常用的全要素生产率测算方法有峰值法、生产函数法和数据包络分析法（DEA）等。峰值法依据单投入和单产出数据测量，将产出视为单技术变化的结果，忽视了规模结构等其他因素，测度效度和可信度不高。生产函数法则根据理论基础构建生产函数模型，利用计量方法将产出的年度序列推演到边界，以此进行估算，涉及复杂的推导计算。DEA方法不需要设定生产函数模型，以生产边界为衡量基础，将投入和产出的决策单位（DUM）与生产边界相比判断产出是否最优。相较于峰值法，DEA方法考虑了其他生产要素对产出的影响，更为合理。同时，由于无须设定具体的生产函数，出现偏差的概率降低。此外，DEA-Malmquist指数法可以分解全要素生产率的变化，实现对TFP变化的内在机理的深入分析。因此，本文采用DEA-Malmquist指数法测算战略性新兴产业的全要素生产率和其分解项。根据国家发改委2017年发布的《战略性新兴产业重点产品和服务指导目录》，本文以节能环保、新一代信息技术、生物、高端装备制造、新能源、新材料、新能源汽车、数字创意企业八大产业为战略性新兴产业。

2.1　非参数Malmquist指数方法

本文参照Färe和Grosskopf定义的Malmquist指数法，其表达式为式（1）。其中，t期为基期，x和y为投入和产出，D_j^t表示基于产出的距离函数；等式右侧为在t期和$t+1$期技术水平下最大可能性产出与观察到的实际产出之比的几何平均值。以此衡量t期到$t+1$期全要素生产率（$TFPCH$）的变化率。式（1）可以进一步分解成技术效率（$EFFCH$）和技术进步效率（$TECHCH$）的变化率，得到式（2）和式（3）。

$$M_j(y_t,\ x_t,\ y_{t+1},\ x_{t+1}) = \left[\frac{D_j^t(x_{t+1},\ y_{t+1})}{D_j^t(x_t,\ y_t)} \times \frac{D_j^{t+1}(x_{t+1},\ y_{t+1})}{D_j^{t+1}(x_t,\ y_t)}\right]^{\frac{1}{2}} \quad (1)$$

$$EFFCH = \frac{D_j^{t+1}(x_{t+1},\ y_{t+1})}{D_j^t(x_t,\ y_t)} \quad (2)$$

$$TECHCH = \left[\frac{D_j^t(x_{t+1},\ y_{t+1})}{D_j^{t+1}(x_{t+1},\ y_{t+1})} \times \frac{D_j^t(x_t,\ y_t)}{D_j^{t+1}(x_t,\ y_t)}\right]^{\frac{1}{2}} \quad (3)$$

技术进步效率（*TECHCH*）反映生产前沿面在不同时间的移动。技术效率指数（*EFFCH*）测度的是向生产前沿面的靠近程度，可以分解为两部分：规模效率指数（*SECH*）和纯技术效率指数（*PECH*），得到式（4）和式（5）。其中，v 代表规模报酬变化，c 代表规模报酬不变，则 D_{ov}^t 表示在规模报酬变化的情况下基于产出的距离函数，D_{oc}^t 表示在规模报酬不变的情况下基于产出的距离函数。

$$SECH = \left[\frac{D_{ov}^t(x_{t+1},\ y_{t+1})/D_{oc}^t(x_{t+1},\ y_{t+1})}{D_{ov}^t(x_t,\ y_t)/D_{oc}^t(x_t,\ y_t)} \times \frac{D_{ov}^{t+1}(x_{t+1},\ y_{t+1})/D_{oc}^{t+1}(x_{t+1},\ y_{t+1})}{D_{ov}^{t+1}(x_t,\ y_t)/D_{oc}^{t+1}(x_t,\ y_t)}\right]^{\frac{1}{2}} \quad (4)$$

$$PECH = \frac{D_{ov}^{t+1}(x_{t+1},\ y_{t+1})}{D_{ov}^t(x_t,\ y_t)} \quad (5)$$

由于缺乏资本存量数据，考虑到数据的可获取性，本文以战略性新兴产业的上市公司固定资产净额为资本要素投入指标，以应付职工薪酬为劳动要素投入指标。以 1990 年为基期，依据《中国统计年鉴》中的相应价格指数，用固定资产投资价格指数平减固定资产净额，以居民消费价格指数平减应付职工薪酬。对于产出变量，选取各公司营业业务收入来测定，以商品零售价格指数平减。

2.2 长三角战略性新兴产业全要素生产率

本文依据国家统计局 2017 年发布的国民经济行业分类（GB/T 4754—2017），参照《战略性新兴产业重点产品和服务指导目录》选取出战略性新兴产业所对应的行业代码。运用 Python 代码对长三角 845 家上市企业在同花顺财经网中主营业务的数据进行产业匹配，初步筛选出 213 家战略性新兴企业，剔除报表年份数据缺失以及营业收入为 0 的企业，最后筛选出 76 家战略性新兴企业。使用 DEAP2.1 软件测算出战略性新兴产业 2009～2017 年整体及分行业全要素生产率及其分解效率（见表 1）。

表 1　2009～2017 年长三角战略性新兴产业全要素生产率及其分解效率

年份	*TFPCH*	*TECHCH*	*EFFCH*	*PECH*	*SECH*
2009	0.8620	1.1160	0.7730	0.7710	1.0020
2010	1.1600	1.1140	1.0410	1.2520	0.8310
2011	1.1320	0.8310	1.3610	0.8320	1.6360
2012	0.9100	0.9170	0.9920	1.1480	0.8640
2013	1.0820	1.1260	0.9610	0.9050	1.0620
2014	0.9430	1.0760	0.8770	0.9010	0.9730
2015	0.9570	0.8930	1.0720	0.9610	1.1160
2016	1.0560	1.1590	0.9110	1.0870	0.8380
2017	1.2110	0.9540	1.2700	1.1600	1.0940

注：各指数为上市企业测算值的几何平均值。

从整体上看长三角地区，2009～2017 年战略性新兴产业的全要素生产率平均提升了 2.8%，技术进步效率和技术效率均提高了 1.4%，规模效率提升了 2.5%，纯技术效率下降了 1%。这说明，技术进步效率和技术效率均对战略性新兴产业全要素生产率提升做出了贡献，技术效率的上升主要依赖规模的改善。从分产业数据来看，八大产业里共有六大产业的全要素生产率呈上升趋势：节能环保产业、新一代信息技术产业和高端装备制造业全要素生产率提升依赖技术进步和技术效率的双重拉动；生物产业、新能源汽车产业和数字创意产业全要素生产率提升主要依靠技术效率的提升；新能源和新材料产业的全要素生产率呈下降趋势，主要原因在于纯技术无效率。下文将具体分析国内市场和国际市场对长三角战略性新兴产业TFP增长的作用以及对各产业是否存在不同影响。

表2　长三角八大战略性新兴产业全要素生产率及其分解效率

产业	*TFPCH*	*TECHCH*	*EFFCH*	*PECH*	*SECH*
节能环保	1.0723	1.0540	1.0175	1.0181	0.9995
新一代信息技术	1.0720	1.0186	1.0522	1.0218	1.0298
生物	1.0189	0.9907	1.0284	1.0085	1.0197
高端装备制造	1.0255	1.0163	1.0089	0.9461	1.0665
新能源	0.9910	1.0171	0.9741	0.9544	1.0210
新材料	0.9908	1.0007	0.9900	0.9688	1.0220
新能源汽车	1.0178	0.9799	1.0385	1.0193	1.0187
数字创意	1.1111	0.9958	1.1147	1.0498	1.0621

注：各指数为2009~2017年的几何平均数。

3　模型构建与数据说明

3.1　*Tobit* 模型构建

Tobit 回归模型由经济学家 *Tobin* 提出，又称为受限因变量回归模型。由于运用 *DEA* 非参数 *Malmquist* 指数方法测算出的数值大于0，因变量为受限数据，所以本文采用 *Tobit* 模型回归。其模型表达式如下：

$$y^* = X\beta + \varepsilon_i,\ \varepsilon_i \sim (0,\ \sigma^2)$$

$$y = \begin{cases} y^*,\ y^* > 0 \\ 0,\ y^* \leqslant 0 \end{cases} \tag{6}$$

其中，y^* 为潜在因变量，y 为因变量，X 为解释变量，β 为参数向量，ε_i 为随机误差向量，满足经典回归模型基本假定，$\varepsilon_i \in (0,\ \sigma^2)$。

本文建立国内市场和国外市场对长三角战略性新兴产业技术进步效率影响的 *Tobit* 模型为：

$$M_{it} = \beta_0 + \beta_1 \ln E_{it} + \beta_2 \ln D_{it} + \beta_3 \ln K_{it} + \beta_4 \ln L_{it} + \beta_5 profit_{it} + \varepsilon_{it} \tag{7}$$

其中，i 表示上市公司，t 表示时间。β_0 为常数项，β 为估计系数，ln 为对变量取自然对数。M_{it} 表示被解释变量，为上市公司 i 在时间 t 上的全要素生产率及其分解项；$\ln E_{it}$ 和 $\ln D_{it}$ 为本文的核心解释变量，是公司主营业务国外收入部分和国内收入部分的自然对数；K、L、$profit$ 分别为控制变量中的资本密集度、劳动力投入和公司盈利能力。

3.2　数据说明与指标选择

3.2.1　数据说明

本文参照《战略性新兴产业重点产品和服务指导目录》，选取2009年至2017年我国长三角地区节能环保、新一代信息技术、生物、高端装备制造、新能源、新材料、新能源汽车、数字创意产业的面板数据分析。数据来源为CSMAR中国上市公司财务年报数据库（以下简称CSMAR数据库）和各上市公司年度报告。

3.2.2　核心解释变量

本文的核心解释变量为国内市场规模和国际市场规模（见表3）。衡量市场规模的指标有多种，以往的研究多以GDP来衡量最终需求。本文是基于微观层面的分析，参考国内学者任保全（2016）的衡量方法，结合战略性新兴产业微观上市公司的数据特征，以各上市公司的国内外销售收入衡量战略性新兴产业国内外市场需求。本文按照公司年度报告中分地区主营业务收入进行分类汇总来衡量国内和国际市场规模，数据来源于各企业对应年份的年度报告。国内市场以主营收入国内收入部分的自然对数表示，国际市场以国外收入部分的自然对数表示。

3.2.3 控制变量

本文引入资本密集度、劳动力投入和企业盈利能力为控制变量（见表 3）。战略性新兴产业技术密集的特点使企业对资本密集度的要求更高，因此本文引入资本密集度变量，以各公司固定资产净额与员工人数的比值表示；在劳动力投入方面，战略性新兴产业对技术型人才、管理型人才以及基本的操作工人的要求也更高，高层次、高水平的人才会使企业优化劳动力结构，提高企业的生产技术水平和全要素生产率，因此本文引入劳动力投入变量，以应付职工薪酬的自然对数表示；考虑到公司的盈利能力影响企业的经营风险和市场评价，本文引入公司盈利能力变量，以公司营业收入减去营业成本后与营业收入的比值表示。

表 3 相关变量说明

变量	指标名称	指标定义	数据来源
因变量	全要素生产率变化率及其分解项（M_{it}）	为上文 DEA-Malmquist 指数测算值	CSMAR 数据库
核心解释变量	国际市场规模（ln*E*）	以公司营业收入中国外收入金额的自然对数表示	上市公司年度报告
	国内市场规模（ln*D*）	以公司营业收入中国内收入金额的自然对数表示	上市公司年度报告
控制变量	资本密集度（ln*K*）	各公司固定资产净额与员工人数比值的自然对数	CSMAR 数据库
	劳动力投入（ln*L*）	应付职工薪酬的自然对数	CSMAR 数据库
	盈利能力（*profit*）	各公司营业收入减营业成本后与营业收入的比值	CSMAR 数据库

3.3 变量描述性统计和检验

各变量描述性统计分析结果如表 4 所示，由于应付职工薪酬和资本密集度的数值较大，所以本文对其取自然对数以减轻数据的波动性。在回归之前，本文对各解释变量做了相关性检验，由表 5 可知，除了国内市场和应付职工薪酬的相关系数为 0.6 之外，其余变量间的相关系数均小于 0.3，说明各变量间相关性不强，不存在多重共线性问题。

表 4 变量描述性统计分析

变量	观测值	平均值	标准差	最小值	最大值
ln*E*	684	8.2086	7.0222	0.0000	18.6072
ln*D*	684	16.1303	1.4146	12.5328	20.9914
ln*K*	684	7.3254	1.3043	1.1152	12.8269
ln*L*	684	11.3734	1.6535	0.0000	16.1619
profit	684	0.2064	0.1419	-0.2255	1.1543

表 5 多重共线性检验

	ln*E*	ln*D*	ln*K*	ln*L*	*profit*
ln*E*	1.0000				
ln*D*	-0.0390	1.0000			
ln*K*	-0.0534	0.0800	1.0000		
ln*L*	0.1777	0.6042	-0.1277	1.0000	
profit	-0.2085	-0.1902	-0.1365	0.0706	1.0000

4 国内和国际市场规模对战略性新兴产业TFP的影响分析

这一部分将分析国内市场和国际市场对战略性新兴产业TFP的实证回归结果，具体从总体视角和分产业视角两个方面展开分析。

4.1 总体分析

从表6来看，国际市场规模对战略性新兴产业全要素生产率和技术进步效率的回归系数为正且通过5%水平显著检验，与技术效率、纯技术效率和规模效率的回归系数并未通过显著性检验。这说明国际市场规模的增长通过促进技术进步效率的提升来拉动战略性新兴产业全要素生产率的增长。结合A-U创新过程模型，我国的战略性新兴产业正处在“出现”阶段，发达国家高质量的战略性新兴产业新产品会刺激国内市场频繁和迅速地创新，说明国外市场能够给新兴产业带来一定程度的“产品示范效应”，表现为技术进步效率的上升。国际市场规模的增加没有促进产业技术效率的增长，可能有以下两方面原因。一方面，由于发达国家在全球价值链中的技术封锁，我国战略性新兴产业在国际市场的“技术溢出”效应受阻，核心技术能力的缺乏导致我国新兴产业被锁定在全球价值链的中下游环节，不利于产业的长远发展。另一方面，在出口导向政策的激励下，企业倾向于注重出口的数量忽视资源利用效率，造成产业技术效率的下降。以之前的光伏产业为例，片面追求出口数量增加造成要素实际产出效率不高、产品附加值较低。同时，过分依赖国际市场导致当国际市场发生波动时，我国光伏产业需求急剧下滑，产品价格大幅下降，全行业陷入亏损。这说明在发展初期核心能力不足的情况下，产业参与国际市场竞争被淘汰的风险较大，只有当产业发展到一定阶段时，“国际竞争”效应才能充分发挥作用。

表6 国内外市场规模与战略性新兴产业全要素生产率及其分解项TOBIT模型总体回归结果

	TFPCH	*TECHCH*	*EFFCH*	*PECH*	*SECH*
ln*E*	0.0987** (0.04)	0.0762** (0.04)	0.0097 (0.01)	0.0028 (0.01)	0.0020 (0.00)
ln*D*	2.0699*** (0.26)	1.6777*** (0.23)	0.2397*** (0.06)	0.1664*** (0.06)	0.0433* (0.02)
ln*K*	−0.6781*** (0.20)	−0.4222** (0.18)	−0.1515*** (0.05)	−0.1607*** (0.05)	0.0103 (0.02)
ln*L*	−2.4938*** (0.27)	−2.0442*** (0.22)	−0.2343*** (0.05)	−0.2329*** (0.06)	−0.0035 (0.02)
profit	6.9727*** (1.87)	5.0020*** (1.72)	1.5866*** (0.46)	1.5619*** (0.51)	−0.0395 (0.19)
常数项	−0.7497 (3.29)	−1.0979 (3.00)	0.7625 (0.80)	2.0450** (0.88)	0.3727 (0.32)
Wald Chi^2	96.04***	89.94***	35.30***	31.4***	6.97
样本数	684	684	684	684	684

注：***、**、*分别表示在1%、5%、10%的水平下显著，括号里的数值为标准误。

由表6可知，国内市场规模对全要素生产率及各分解项的回归系数均为正且通过显著性检验，表明国内市场能够促进战略性新兴产业全要素生产率的增长，依赖于技术进步效率和技术效率的共同上升。技术进步效率的回归系数为1.6777且通过1%水平显著性检验，表明国内市场需求能够促进产业前沿技术的进步。为了满足新兴市场需求，生产者需要在产品研发、产品质量以及生产工艺等领域做出有效改进，表现为产业科技创新能力的不断提高，带来了全要素生产率的增长，说明国内市场规模的增加能给战略性新兴产业带来“需求拉动”效应。技术效率的提高来自于规模效率和纯技术效率的双重推动，这说明规模经济优势和比较优势能够促进产业生产率的提升。由于战略性新兴产业的产品和技术与传统产业的差距较大，新产品大多以潜在市场需求为目标，所以对于刚问世的新产品和新技术来说，市场规模尤为重要。大规模的市场能够为产业发展提供良好的环境和重要的支持。随着规模的扩大，企业能够降低单位生产成本获得规模收益，促进规模效率水平的提高，形成规模经济优势，促进全要素生产率的提高。同时，为了满足消费者的高标准要求，企业会改善资本、劳动力和企业家才能等方面的资源配置方式，带动了纯技术效率的提高，稳定地拉动了战略性新兴产业的发展。与国际市场规模的回归系数相比，国内市场规模对TFP及其分解项的回归系数值更大且更为显著，这说明国内市场规模的增加对全要素生产率提升的促进作用更为明显。可能的原因是目前我国战略性新兴产业仍处于初期阶段，存在核心技术能力不足的问题，会首先利用稳定的国内市场资源培育和发展新兴产业，逐步形成比较竞争优势。当产业发展成熟时才能参与国际市场竞争，获得技术溢出效应，进一步促进全要素生产率的增长。

控制变量中，资本密集度对战略性新兴产业全要素生产率的增长产生了不利影响，主要是对技术进步效率的抑制，这可能是由于企业更注重引进和使用大型设备来提高规模效率而忽略了增强核心竞争力。劳动力投入对TFP变化产生负向影响，可能是由于企业内低层次的劳动力增加了企业的管理成本，不利于企业管理水平的提升和资源的合理配置，降低了企业的生产效率。公司盈利能力对战略性新兴产业的全要素生产率产生正向促进作用，得益于技术进步效率以及技术效率的共同推动，原因可能在于盈利能力强的企业通常市场评价较好，更容易获得资金支持，使企业有充足的资金投入到提升管理水平、加强技术研发、扩大生产规模等环节，促进全要素生产率的提升。

4.2 分产业分析

表7、表8、表9为八大产业全要素生产率及其分解项的回归结果。从八大战略性新兴产业回归数据来看，国际市场规模仅对新一代信息技术产业、生物产业、新能源产业的全要素生产率产生正向显著影响，而国内市场规模对八大细分产业的全要素生产率都产生正向影响，且均通过显著性检验。这表明，国内市场规模对八大战略性新兴产业TFP提高的促进作用更为明显。结合产业生命周期阶段和回归结果，本文将八大战略性新兴产业分为三类。第一类为新材料产业、新能源汽车产业、数字创意产业，这类产业正处在生命周期中的新产品阶段，

主要由国内市场推动产业发展。由于此类产品在国内属于首创性产品，核心技术能力暂未形成，所以只能先依靠国内市场完善产品设计、调整生产技术，促进产业生产效率的提高。实证结果显示这类产业生产率的增长主要来自技术效率的提升，说明国内市场能给产业带来“需求拉动”效应，促进产业结构的优化和管理水平的提高。国内市场对技术进步效率没有显著促进作用，说明这类产业的核心技术能力没有达到一定的水平，需要在产业发展规划设计中重点关注技术创新能力的提高。第二类为节能环保产业和高端装备制造产业，产业的发展阶段介于新产品和成长阶段之间，产业发展仍然主要依靠国内市场。由于国内已经具备了科研和技术资源投入的能力，所以国内市场规模的增加能够促进产业生产技术创新能力和产品研发能力的提高，带来产业全要素生产率的增加。但是由于产品数量较低，国内需求数量并未达到一定规模，所以这类产业的技术效率不高，还需要进一步优化生产工艺，提高资源配置水平，强化产业的核心竞争力，这样才能保证开拓国际市场时获得成功。第三类为新一代信息技术产业、新能源产业和生物产业，这类产业正处于产业生命周期的成长阶段，国内和国际市场共同促进产业的发展。由于新产品在国内得到了改进和传播，此类产业已经具备一定的竞争优势，能够在国际市场中获得产品示范效应和技术溢出效应。其中新一代信息技术产业和新能源产业全要素生产率的增长主要来自于技术效率的上升，说明国内和国际市场规模的扩大给产业带来了规模经济效应和比较优势，推动了产业生产工艺的不断优化，实现了向技术前沿面的不断靠近。生物产业全要素生产率的增长来自技术进步效率和技术效率的共同推动，说明生物产业的技术创新能力比其他产业要高，已经能在一定程度上掌握关键性核心技术，实现自主创新和研发来推动产业生产率的增长，同时大规模的国内外市场也给产业发展提供了良好的环境。

表7　国内外市场规模与战略性新兴产业全要素生产率及其分解项 TOBIT 模型分产业回归结果1

	节能环保			新一代信息技术			生物		
	TFPCH	*TECHCH*	*EFFCH*	*TFPCH*	*TECHCH*	*EFFCH*	*TFPCH*	*TECHCH*	*EFFCH*
ln*E*	0.2066 (0.27)	0.2044 (0.24)	−0.0257 (0.02)	0.2069*** (0.06)	−0.0057 (0.01)	0.2019*** (0.05)	0.0122** (0.01)	−0.0035 (0.01)	0.0196* (0.01)
ln*D*	5.1261*** (1.05)	4.9851*** (1.01)	0.0430 (0.10)	1.2813*** (0.36)	−0.0468 (0.05)	1.2852*** (0.28)	0.0812*** (0.03)	−0.0472* (0.02)	0.1478*** (0.05)
ln*K*	0.2468 (1.16)	0.3264 (1.15)	−0.0717 (0.13)	−0.3940 (0.24)	−0.0859*** (0.03)	−0.1514 (−0.17)	−0.0359 (0.03)	−0.0090 (0.03)	−0.0741 (0.05)
ln*L*	−5.9209*** (1.57)	−5.6932*** (1.38)	−0.0192 (0.07)	−1.8298*** (0.39)	0.0149 (0.05)	−1.7227*** (0.30)	−0.1274*** (0.03)	0.0512* (0.03)	−0.1891*** (0.05)
profit	10.1649 (8.00)	11.1536 (7.78)	−0.8315 (0.85)	6.7545*** (2.36)	−0.3404 (0.35)	6.9941*** (2.00)	0.4487* (0.25)	0.0096 (0.22)	0.6153 (0.43)

续表

	节能环保			新一代信息技术			生物		
	TFPCH	*TECHCH*	*EFFCH*	*TFPCH*	*TECHCH*	*EFFCH*	*TFPCH*	*TECHCH*	*EFFCH*
常数项	-21.3870 (15.57)	-22.6052 (14.73)	1.6661 (1.56)	1.4567 (3.79)	2.3012 *** (0.56)	-1.4738 (3.22)	1.2876 *** (0.48)	1.2810 *** (0.42)	1.1564 (0.84)
Wald Chi^2	36.59 ***	36.56 ***	3.12	23.81 ***	12.43 **	34.48 ***	29.79 ***	4.94	20.07 ***
样本数	126	126	126	81	81	81	90	90	90

注：***、**、*分别表示在1%、5%、10%的水平下显著，括号里的数值为标准误。

表8　国内外市场规模与战略性新兴产业全要素生产率及其分解项TOBIT模型分产业回归结果2

	高端装备制造			新能源			新材料		
	TFPCH	*TECHCH*	*EFFCH*	*TFPCH*	*TECHCH*	*EFFCH*	*TFPCH*	*TECHCH*	*EFFCH*
ln*E*	-0.0045 (0.01)	0.0029 (0.01)	-0.0027 (0.01)	0.0571 *** (0.02)	0.0054 (0.01)	0.0502 ** (0.02)	0.0279 (0.05)	-0.0015 (0.00)	0.0250 (0.03)
ln*D*	0.1121 ** (0.05)	0.0469 (0.07)	0.1225 (0.08)	0.3045 *** (0.08)	-0.0477 (0.03)	0.3113 *** (0.08)	0.9135 *** (0.32)	0.0084 (0.02)	0.6785 *** (0.22)
ln*K*	-0.0750 *** (0.02)	0.0414 (0.03)	-0.0894 ** (0.04)	0.0344 (0.09)	0.0476 (0.03)	-0.0401 (0.09)	0.2050 (0.36)	0.0026 (0.02)	0.1210 (0.25)
ln*L*	-0.0850 ** (0.03)	-0.0755 (0.05)	-0.0980 * (0.06)	-0.2968 *** (0.10)	0.0078 (0.04)	-0.2684 *** (0.10)	-1.0798 *** (0.32)	-0.0263 (0.02)	-0.7557 *** (0.22)
profit	0.0481 (0.41)	-0.0198 (0.56)	0.3459 (0.71)	0.6866 (0.93)	-0.8506 *** (0.32)	0.7024 (0.93)	13.0994 *** (3.04)	-0.1026 (0.18)	9.1615 *** (2.11)
常数项	0.8632 * (0.52)	0.8570 (0.71)	0.9329 (0.89)	-1.5751 (1.23)	1.3986 *** (0.43)	-1.3244 (1.23)	-4.9453 (4.84)	1.1888 *** (0.29)	-3.6551 (3.35)
Wald Chi^2	12.50 **	16.66 ***	5.71	17.80 ***	14.35 **	17.36 ***	28.12 ***	3.22	28.67 ***
样本数	90	90	90	108	108	108	117	117	117

注：***、**、*分别表示在1%、5%、10%的水平下显著，括号里的数值为标准误。

表9　国内外市场规模与战略性新兴产业全要素生产率及其分解项TOBIT模型分产业回归结果3

	新能源汽车			数字创意		
	TFPCH	*TECHCH*	*EFFCH*	*TFPCH*	*TECHCH*	*EFFCH*
ln*E*	-0.0066 (0.05)	0.0066 (0.01)	-0.0098 (0.05)	-0.1622 (0.12)	-0.0067 (0.04)	-0.1504 (0.13)
ln*D*	0.8965 *** (0.28)	-0.0125 (0.04)	0.9870 *** (0.31)	1.6417 *** (0.50)	0.1060 (0.18)	1.7055 *** (0.55)
ln*K*	-1.0465 *** (0.33)	-0.0494 (0.05)	-1.0445 *** (0.37)	-4.1153 *** (0.59)	0.1091 (0.21)	-4.4242 *** (0.65)
ln*L*	-0.4633 * (0.27)	-0.0194 (0.04)	-0.4795 (0.30)	-4.5189 *** (0.58)	-0.0788 (0.21)	-4.7309 *** (0.65)

续表

	新能源汽车			数字创意		
	TFPCH	*TECHCH*	*EFFCH*	*TFPCH*	*TECHCH*	*EFFCH*
profit	1.7974 (1.48)	-0.1338 (0.23)	1.9944 (1.64)	-1.0097 (3.10)	1.1909 (1.12)	-1.2953 (3.43)
常数项	-1.1041 (3.57)	1.7819*** (0.54)	-2.3513 (3.96)	56.5271*** (9.43)	-0.7583 (3.39)	60.1902*** (10.44)
Wald Chi^2	16.25***	2.72	15.14***	73.30***	1.46	65.93***
样本数	54	54	54	18	18	18

注：***、**、*分别表示在1%、5%、10%的水平下显著，括号里的数值为标准误。

4.3 稳健性检验

为了检验上述结果的稳健性，本文使用线性面板模型对其进行验证，表10为国内外市场规模与战略性新兴产业全要素生产率及其分解项线性面板模型总体的回归结果，表11、表12、表13为国内外市场规模与八大战略性新兴产业全要素生产率及其分解项的线性面板模型回归结果。稳健性检验回归结果与上文基本一致，从总体角度来看，国际市场规模对战略性新兴产业全要素生产率和技术进步效率的回归系数为正显著检验，国内市场规模对战略性新兴产业全要素生产率及各分解项均具有正向影响且通过显著检验。从分产业角度来看，国际市场规模的增加仅促进新一代信息技术、生物和新能源三大产业TFP的上升，而国内市场规模的增加促进八大战略性新兴产业TFP上升。

表10 国内外市场规模与战略性新兴产业全要素生产率及其分解项线性面板模型总体回归结果

	TFPCH	*TECHCH*	*EFFCH*	*PECH*	*SECH*
ln*E*	0.0838** (0.03)	0.0725** (0.03)	0.0097 (0.01)	0.0028 (0.01)	0.0020 (0.00)
ln*D*	1.8948*** (0.22)	1.6396*** (0.21)	0.2397*** (0.06)	0.1664*** (0.06)	0.0433* (0.02)
ln*K*	-0.6309*** (0.18)	-0.4195** (0.17)	-0.1515*** (0.05)	-0.1607*** (0.05)	0.0103 (0.02)
ln*L*	-2.2482*** (0.19)	-1.9781*** (0.18)	-0.2343*** (0.05)	-0.2329*** (0.06)	-0.0035 (0.02)
profit	6.7741*** (1.72)	4.9605*** (1.67)	1.5866*** (0.46)	1.5619*** (0.51)	-0.0395 (0.19)
常数项	-0.9502 (2.98)	-1.2168 (2.90)	0.7625 (0.80)	2.0450** (0.89)	0.3727 (0.32)
F检验	30.29***	24.38***	7.00***	6.22***	1.38
Adjust R^2	0.1766	0.1462	0.0421	0.0368	0.0028
样本数	684	684	684	684	684

注：***、**、*分别表示在1%、5%、10%的水平下显著，括号里的数值为标准误。

表 11　国内外市场规模与战略性新兴产业全要素生产率及其分解项线性面板模型分产业回归结果 1

	节能环保			新一代信息技术			生物		
	TFPCH	*TECHCH*	*EFFCH*	*TFPCH*	*TECHCH*	*EFFCH*	*TFPCH*	*TECHCH*	*EFFCH*
ln*E*	0.1521 (0.17)	0.1758 (0.17)	−0.0257 (0.02)	0.2067 *** (0.06)	−0.0057 (0.01)	0.2019 *** (0.05)	0.0122 * (0.01)	−0.0035 (0.01)	0.0196 * (0.01)
ln*D*	4.9714 *** (0.90)	4.9018 *** (0.90)	0.0430 (0.10)	1.2799 *** (0.34)	−0.0468 (0.05)	1.2852 *** (0.29)	0.0812 *** (0.03)	−0.0472 * (0.03)	0.1478 *** (0.05)
ln*K*	0.1904 (1.14)	0.2900 (1.15)	−0.0717 (0.13)	−0.3928 * (0.20)	−0.0859 *** (0.03)	−0.1514 (−0.17)	−0.0359 (0.03)	−0.0090 (0.03)	−0.0741 (0.06)
ln*L*	−5.5157 *** (0.62)	−5.4762 *** (0.62)	−0.0192 (0.07)	−1.8284 *** (0.36)	0.0149 (0.05)	−1.7227 *** (0.31)	−0.1274 *** (0.03)	0.0512 * (0.03)	−0.1891 *** (0.06)
profit	9.9324 (7.60)	11.0417 (7.63)	−0.8315 (0.87)	6.7532 *** (2.44)	−0.3404 (0.36)	6.9941 *** (2.08)	0.4487 * (0.26)	0.0096 (0.23)	0.6153 (0.45)
常数项	−22.4665 (13.98)	−23.1393 (14.03)	1.6661 (1.60)	1.4560 (3.93)	2.3012 *** (0.58)	−1.4738 (3.35)	1.2876 ** (0.49)	1.2810 *** (0.44)	1.1564 (0.87)
F 检验	16.78 ***	16.27 ***	0.59	5.64 ***	2.30 *	6.38 ***	5.56 ***	0.92	3.75 ***
Adjust R^2	0.39	0.38	−0.02	0.22	0.08	0.25	0.20	0.00	0.55
样本数	126	126	126	81	81	81	90	90	90

注：***、**、*分别表示在1%、5%、10%的水平下显著，括号里的数值为标准误。

表 12　国内外市场规模与战略性新兴产业全要素生产率及其分解项线性面板模型分产业回归结果 2

	高端装备制造			新能源			新材料		
	TFPCH	*TECHCH*	*EFFCH*	*TFPCH*	*TECHCH*	*EFFCH*	*TFPCH*	*TECHCH*	*EFFCH*
ln*E*	−0.0046 (0.01)	0.0029 (0.01)	−0.0027 (0.01)	0.0571 *** (0.02)	0.0054 (0.01)	0.0502 ** (0.02)	0.0279 (0.05)	−0.0015 (0.00)	0.0250 (0.03)
ln*D*	0.1121 ** (0.05)	0.0469 (0.07)	0.1225 (0.09)	0.3045 *** (0.09)	−0.0477 (0.03)	0.3113 *** (0.09)	0.9135 *** (0.33)	0.0084 (0.02)	0.6785 *** (0.23)
ln*K*	−0.0750 *** (0.02)	0.0414 (0.03)	−0.0894 ** (0.04)	0.0344 (0.09)	0.0476 (0.03)	−0.0401 (0.09)	0.2050 (0.37)	0.0026 (0.02)	0.1210 (0.25)
ln*L*	−0.0850 ** (0.04)	−0.0755 (0.05)	−0.0980 (0.06)	−0.2968 *** (0.11)	0.0079 (0.04)	−0.2684 ** (0.11)	−1.0798 *** (0.33)	−0.0263 (0.02)	−0.7557 *** (0.23)
profit	0.0481 (0.43)	−0.0198 (0.58)	0.3459 (0.73)	0.6866 (0.95)	−0.8506 ** (0.33)	0.7024 (0.95)	13.0994 *** (3.13)	−0.1026 (0.19)	9.1615 *** (2.16)
常数项	0.8632 (0.54)	0.8570 (0.73)	0.9329 (0.92)	−1.5751 (1.26)	1.3986 *** (0.44)	−1.3244 (1.26)	−4.9453 (4.97)	1.1888 *** (0.30)	−3.6551 (3.44)
F 检验	2.33 **	3.11 **	1.07	3.36 ***	2.71 **	3.28 ***	5.34 ***	0.61	5.44 ***
Adjust R^2	0.07	0.11	0.00	0.10	0.07	0.10	0.16	−0.02	0.16
样本数	90	90	90	108	108	108	117	117	117

注：***、**、*分别表示在1%、5%、10%的水平下显著，括号里的数值为标准误。

表 13　国内外市场规模与战略性新兴产业全要素生产率及其分解项线性面板模型分产业回归结果 3

	新能源汽车			数字创意		
	TFPCH	*TECHCH*	*EFFCH*	*TFPCH*	*TECHCH*	*EFFCH*
ln*E*	-0. 0066 (0. 05)	0. 0066 (0. 01)	-0. 0098 (0. 05)	-0. 1622 (0. 14)	-0. 0067 (0. 05)	-0. 1504 (0. 16)
ln*D*	0. 8965*** (0. 29)	-0. 0125 (0. 04)	0. 9870*** (0. 33)	1. 6417** (0. 61)	0. 1060 (0. 22)	1. 7055** (0. 67)
ln*K*	-1. 0465*** (0. 35)	-0. 0494 (0. 05)	-1. 0445** (0. 39)	-4. 1153*** (0. 72)	0. 1091 (0. 26)	-4. 4242*** (0. 79)
ln*L*	-0. 4633 (0. 28)	-0. 0194 (0. 04)	-0. 4795 (0. 32)	-4. 5189*** (0. 72)	-0. 0788 (0. 26)	-4. 7309*** (0. 79)
profit	1. 7974 (1. 57)	-0. 1338 (0. 24)	1. 9944 (1. 74)	-1. 0097 (3. 80)	1. 1909 (1. 37)	-1. 2953 (4. 21)
常数项	-1. 1041 (3. 78)	1. 7819*** (0. 58)	-2. 3513 (4. 20)	56. 5271*** (11. 55)	-0. 7583 (4. 15)	60. 1902*** (12. 78)
F 检验	2. 89**	0. 48	2. 69**	9. 77***	0. 20	8. 79***
Adjust R^2	0. 15	-0. 05	0. 14	0. 72	-0. 31	0. 70
样本数	54	54	54	18	18	18

注：***、**、*分别表示在 1%、5%、10%的水平下显著，括号里的数值为标准误。

5　结语

本文以 2009 年至 2017 年长三角地区上市企业数据为样本，测算了战略性新兴产业的全要素生产率及其分解项，实证检验了国内市场和国际市场规模对战略性新兴产业全要素生产率变化的作用效应。研究结果表明，国内市场规模的增加显著促进了战略性新兴产业的全要素生产率、技术进步效率、技术效率、纯技术效率和规模效率的提升；国际市场规模的增加促进了战略性新兴产业的全要素生产率和技术进步效率的提升，没有促进技术效率、纯技术效率和规模效率的上升。在分产业回归中，进一步得到了国内市场规模的增加显著促进八大战略性新兴产业全要素生产率上升，而国际市场规模的增加仅促进了新一代信息技术产业、生物产业、新能源产业全要素生产率上升的结论。研究结果表明，与国际市场相比，国内市场规模的增加对战略性新兴产业全要素生产率的促进作用更加明显和全面。因此，当前我国战略性新兴产业的发展要改变以往依赖国际市场的发展模式，应先利用国内市场将战略性新兴产业发展培育起来，要更加重视国内市场对战略性新兴产业全要素生产率的促进作用。

基于上述研究结论，本文提出以下两方面的对策建议：一方面，积极扩大国内市场规模以发挥其促进战略性新兴产业全要素生产率上升的重要作用。政府可以有针对性地扩大战略性新兴产业的国内市场规模，使用消费政策促进本国消费结构的优化，挖掘本国市场对战略性新兴产业产品消费的潜力。通过引导消费者和培育国内市场，为促进战略性新兴产业结构升级创造条件；在国内市场需求的支撑下，强化市场的获取和响应能力，提高战略性新兴产业的全要素生产率水平。另一方面，针对不同的产业细分类型来制定多层次的产业政策。对于国内和国际市场都能显著促进全要素生产率上升的新一代信息技术产业、生物产业和新能源产业，政府需要同时关注两个市场的交互促进作用，而对于节能环保、高端装备制造、新材料、新能源汽车和数字创意等产业，则应更加注重国内市场对全要素生产率增长的促进作用。政府可以增加采购的范围和强度，实施战略性新兴产业应用和示范项目，以充分挖掘和扩大国内市场需求规模。此外，政府还应当鼓励企业从注重引进和使用大型技术设备向提高企业自身研发投入转变，强化人力资本储备，增强企业核心竞争力和盈利能力，从而促进战略性新兴产业全要素生产率的提升。

参考文献

［1］C. F. Carter, B. R. Willams. Industry and Technical Progress: Factors Governing the Speed of Appliation of Science to Industry ［M］. London: Oxford University Press, 1957.

［2］Michael E. P. The Competitive Advantage of Nations［M］. New York: The Free Press, 1990.

［3］Donald R. D., David E. W. Economic Geography and Regional Production Structure: An Empirical Investigation［J］. European Economic Review, 1999, 43 (2): 379-407.

［4］P. M. Vaaler. Dynamic Competition in Emerging Markets: What can we Learn from the US Experience of the 1980s and 1990s?［C］. International Conference on Politics and Information Systems: Technologies and Applications, Proceedings, 2003: 102-108.

［5］R. Fontana, F. Malerba. Demand as a Source of Entry and the Survival of New Semiconductor Firms［J］. Industrial and Corporate Change, 2010, 19 (5): 1629-1654.

［6］任保全，任优生. 长三角战略性新兴产业发展的演变趋势及增长质量研究［J］. 现代经济探讨，2016 (9): 77-81.

［7］刘春姣. 基于 Malmquist 模型的战略性新兴产业创新效率实证分析［J］. 统计与决策，2019，35 (13): 147-149.

［8］黄海霞，张治河. 中国战略性新兴产业的技术创新效率——基于 DEA-Malmquist 指数模型［J］. 技术经济，2015，34 (1): 21-27，68.

［9］杨震宇. 战略性新兴产业全要素生产率的测算及其收敛性分析［J］. 科技管理研究，2016，36 (15): 114-121.

［10］刘华军，王耀辉，雷名雨. 中国战略性新兴产业的空间集聚及其演变［J］. 数量经济技术经济研究，2019，36 (7): 99-116.

［11］李晓梅. 中国战略性新兴产业企业投入产出效率测度研究——基于 2008～2016 年环渤海、长三角和珠三角 30 家上市企业的样本数据［J］. 当代经济管理，2018 (11): 1-12.

［12］付永萍，芮明杰，马永. 研发投入、对外直接投资与企业创新——基于战略性新兴产业上市公司的研究［J］. 经济问题探索，2016 (6): 28-33.

［13］陈洋林，储德银，张长全. 战略性新兴产业财政补贴的激励效应研究［J］. 财经论丛，2019 (5):

33-41.

[14] 杨源源，于津平，杨栋旭. 融资约束阻碍战略性新兴产业高端化了吗？[J]. 经济评论，2018（5）：60-74.

[15] 李士梅，胡续楠. 新材料产业全要素生产率变化率测算及影响因素［J］. 财经问题研究，2019（5）：41-48.

[16] 翟华云，李妍茹. 区域创新能力与战略性新兴产业高端化关系研究［J］. 科技进步与对策，2017，34（17）：34-39.

[17] 郭璐，田珍. FDI与战略性新兴产业技术进步——基于中国企业微观数据的半参数最小二乘法［J］. 经济问题探索，2016（10）：138-144.

[18] 任优生，邱晓东. 政府补贴和企业R&D投入会促进战略性新兴产业生产率提升吗［J］. 山西财经大学学报，2017，39（1）：55-69.

[19] 申俊喜，杨若霞. 长三角地区战略性新兴产业全要素生产率及其影响因素研究［J］. 财贸研究，2017，28（11）：24-33.

[20] 赵玉林，王春珠. 战略性新兴产业发展中创新与需求协同驱动异质性分析［J］. 中国科技论坛，2017（5）：41-48.

[21] 王宇，罗悦. 外需引导与政府补贴下战略性新兴产业的产能过剩研究——以光伏产业为例［J］. 现代经济探讨，2018（3）：78-87.

[22] 任保全，刘志彪，王亮亮. 战略性新兴产业生产率增长的来源：出口还是本土市场需求［J］. 经济学家，2016（4）：13-23.

[23] Paul R. Problems of Industrialization of Eastern and Southeastern Europe [J]. The Economic Journal，1943（210/211）：202-211.

[24] Jacob S. Patents，Invention and Economic Change [M]. Cambraige：Harvard University Press，1972.

[25] Paul R. Krugman. Scale Economies，Product Differentiation and the Pattern of Trade [J]. The American Economic Review，1980（5）：950-959.

[26] Jacob B. Trade and Technology Diffsion in Latia America [J]. The International Trade Journal，2004，18（3）.

[27] Rolf F.，Emili G.，Shawna G.，et al. Biased Technical Change and the Malmquist Productivity Index [J]. The Scandinavian Journal of Economics，1999（1）：119 - 127.

论文执行编辑：张晔

论文接收日期：2019年8月20日

作者简介：

申俊喜（1969—），江苏盐城人，南京师范大学商学院教授、博士、硕士生导师，研究方向为产业经济。E-mail：junxishen@ sina. com。

叶春梅（1996—），江苏盐城人，南京师范大学商学院硕士研究生，主要研究方向为国际贸易。E-mail：chunmeiye@ foxmail. com。

Impact of Market Scale on TFP Growth of Strategic Emerging Industries

—Based on the data of Listed Companies in Yangtze River Delta

Junxi Shen Chunmei Ye

(School of Business, Nanjing Normal University, Nanjing, China)

Abstract: By using the data of micro-enterprises, this paper measures the total factor productivity of strategic emerging industries with DEA-Malmquist index, which is in Yangtze River Delta during 2009 to 2017. Then this paper carries out an empirical study by using Tobit model to examine the impact of domestic and foreign market scale on the TFP of strategic emerging industries. The result shows that: the domestic market scale promotes the total factor productivity and its decomposition terms significantly, while foreign market scale only promotes the total factor productivity and the technological progress efficiency. In terms of sub-industries, domestic market scale promotes the TFP of eight strategic emerging industries, while foreign market scale only promotes the TFP of three industries, the next generation of information technology, biotechnology and new energy industry. The study finds that only when the industry develops to a certain stage can the strategic emerging industries form a development pattern with the domestic market as the support and the international market as the main factor. In the initial stage of the development, we should pay attention to the domestic market to promote the growth of total factor productivity.

Key Words: Strategic Emerging Industry; Total Factor Productivity; Domestic Market; Foreign Market

JEL Classification: D2

宗教传统与企业环保投资
——基于第九次全国私营企业调查*

□ 王怀明　张丽容　张劲辉

摘　要：目前环境治理研究较多关注法律等正式制度的影响，对新兴和转型经济体中宗教、文化等非正式制度的关注较少。为了探究宗教传统是否能够调动企业治理环境的能动性，本文基于全国第九次私营企业调查数据，运用受限因变量回归模型及工具变量法，考察宗教传统对企业环保投资的影响。研究发现，宗教传统与企业环保投资显著正相关；宗教传统对自主型环保投资的推动作用大于委托型环保投资；此外，当环境规制强度较低时，宗教传统对环保投资，尤其是自主型环保投资具有显著促进作用，进一步验证了宗教对自主型环保投资发挥的积极作用。运用获奖宗教场所为工具变量纠正内生性问题后，结论基本保持一致。本文深化了宗教传统与企业环境治理关系的研究，为理解宗教传统对企业环保投资的影响提供了重要的经验证据，对制定符合绿色发展理念、促进企业环保投资的政策具有参考价值。

关键词：宗教传统；自主型环保投资；委托型环保投资

JEL 分类：D22，Q56，Z12

1　引言

改革开放以来，中国经济高速增长、经济发展取得举世瞩目成就的同时，环境污染和生态破坏等问题也日趋恶化。为此，中共中央办公厅、国务院办公厅印发了《关于构建现代环境治理体系的指导意见》，要求强化政府主导作用、深化企业主体作用，建立健全现代环境治理的责任体系。尽管目前我国生态治理体系不断健全、治理力度不断增强，但治理速度仍赶不上环境污染速度，治理效果也参差不齐。与环保相关的制度仍存在缺陷、法律执行效率较低是导致当前环境治理问题不断的关键，非正式制度在现阶段的污染治理中发挥着不可替代的作用（曾泉等，2018；

* 基金项目：本研究得到南京农业大学中央高校基本科研业务费人文社会科学研究基金（SKYZ2019004）；教育部人文社会科学研究规划基金项目（19YJA630077）的资助。

李培功、沈艺峰，2010）。根据新制度经济学理论，由于传统文化等非正式制度的传承性，其约束力可能比正式制度更明显。作为非正式制度的重要组成部分，宗教传统背后蕴含的深刻的生态意识以及强调人与自然和谐相处如“天人合一”“道法自然”等宗教理念，通过信仰效应及组织效应内化为人们对环境信念的信奉，促使其平等、博爱等基本价值观念的形成，这种隐性约束机制促成个体的环境保护行动，进而潜移默化地影响组织的环境治理行为、弥补正式制度的不足，宗教传统对企业环境治理的影响不容忽视。

宗教传统作为一种重要的社会规范，虽然其对微观经济体的影响逐渐受到国内外学者的关注，但相关研究仍较少。一些学者进行了相关尝试，发现宗教传统主要通过发挥其信仰效应及组织效应，影响个体的风险偏好、身份认同、道德情操和企业伦理，进而影响组织决策。如 Hilary 和 Hui（2009）认为宗教氛围有助于降低企业风险偏好。李存超和王兴元（2013）认为宗教传统是诚信观、社会责任观、契约观和金钱观等商业伦理观的文化根基。Mcguire 等（2012）和陈冬华等（2013）发现宗教传统有助于提升公司治理水平、减少公司违规行为的发生。有关宗教与企业社会责任的研究，主要集中在环境信息披露（Du et al.，2014；毕茜等，2015）、社会责任态度（Schouten et al.，2014；倪昌红，2016）、慈善捐赠（Du et al.，2014；曾建光等，2016）等领域。宗教的隐性约束机制和对正式制度的替代机制有助于约束企业的冒险行为及不道德行为，尽管环境治理的宗教动因真实存在，企业主宗教信仰与企业环保投资的研究还未涉及。那么，宗教传统对企业环保投资的影响如何？企业主的宗教信仰对企业不同类型环保投资行为的影响是否存在异质性？

针对上述问题，本文试图运用全国第九次私营企业抽样调查数据，在理论分析的基础上进行实证检验，以期为宗教传统这一非正式制度对企业环保投资的影响提供经验证据，为促进企业可持续发展以及相关正式制度的完善提供理论依据。本文的贡献主要体现在以下两个方面：第一，为环保投资影响因素拓展了新的研究视角。已有研究环保投资影响因素的文献主要集中于政府、行业或企业宏微观激励机制等正式制度层面（陈东、陈爱贞，2018；唐国平等，2013），本文从非正式制度的视角探讨了企业主个人层面的宗教信仰对环保投资的影响，为研究环保投资影响因素提供了新的视角，丰富了环保投资影响因素的研究文献。第二，深化了宗教传统与企业环境治理关系的研究。已有研究（曾泉等，2018）未区分宗教传统对不同类型环保投资影响的异质性，本文基于制度逻辑与动机层次视角，分析了宗教传统对不同类型环保投资（自主型环保投资和委托型环保投资）的不同影响，这有助于加深对宗教传统与企业环保行为两者关系的理解，便于进一步挖掘宗教传统对当代生态建设的理念价值。

2 理论分析与研究假设

基于社会心理学的研究范式建构的“宗教传统—价值观—个人认知—行为决策”分析框架，我们认为宗教传统会通过影响个体的道德标准和不确定性规避偏好，影响公司决策者的认知和决策，进而影响企业行为。在个人认知层面，首先，宗教传统会增强个体对不确定性的规避倾向。宗教与信徒的风险厌恶联系密切（Hilary and Hui，2009），具有宗教信仰的个体风险承担水平更弱，行为决策会更多考虑对他人和环境的影响。其次，宗教传统会减轻个体利己的动机，行为更考虑长期效应。大多数宗教都认为万物是一体、不可分割的，使得个体不再只着眼于自身利益，而是以己及人，促使信众最大限度地怜惜弱小、爱护环境、关注苍生。中国受众最多的佛教和道教的教义中也鲜明体现了这一特点，佛教的“无我”与“四无量心”，道教的“济世利物，齐同慈爱”“见利思义”的利他主义价值观等均鼓励人们减轻利己心态、关爱他人、爱护自然万物，以维护人与自然的和谐（Ramasamy et al.，2010；Du et al.，2015）。同时，佛教教义中“转世轮回”“修善成佛”“皈依涅槃”等理念以及道教蕴含的“天我共体”“得道”的生命哲学，都认为当下的修行、作为与来世能否得道密切相关，因此信徒会将环保投资视作对来世效用的投资。最后，宗教传统能增强个体行为的真实性和主动性。宗教通过社会化使信徒获得诚信、社会责任感等亲社会价值观（Weaver and Agle，2002），同时宗教形成的社会网络具有较强的硬性约束和组织动员效应（Stark and Finke，2000），能增强个体或组织的环保行为的内生驱动力，促使环保投资金额更高。在公司决策层面，高阶梯队理论认为，高管的决策受到个人认知和价值观影响，同时有宗教信仰的管理者的决策会直接影响企业行为（Hambrick and Mason，1984）。具体而言，高管的宗教信仰会通过管理风格、企业文化以及员工偏好等方式最终影响企业的投资决策行为（王菁华等，2017）。在私营企业中，企业主的权威是其他组织中的管理者无法比拟的，下属对企业主的信赖感和服从度更高（倪昌红，2016），因而企业主的宗教信仰对企业行为具有决定性作用。基于此，提出假设1：宗教传统对企业环保投资具有促进作用。

企业的环保投资可以区分自主型环保投资和委托型环保投资（陈东、陈爱贞，2018），前者主要指企业的治理污染投入，后者指环保治污费。对企业而言，治理污染投入属于企业自主增加排污成本、提高治污技术，能在一定程度上反映企业的环保担当，而环保治污费属于环保部门依据《排污费征收管理条例》事后强制征收的行政费用①，主要是企业迫于制度压力被动履行环保责任的结果，自主型环保投资与委托型环保投资属于不同层次的环保战略决策。随着公众环保意识的不断增强，公益逻辑主导下的企业不仅要遵守规章制度、依法缴纳环保治污费以维护其合法性地位，还需从维护社会利益的角度考虑实施自主型的环境战略以真正改善环境，做出如主动投资治理污染等违背逐利性的更高层次的环保战略决策。更高层次的行为决策需要更高层次的动机驱动，依据

① 2003年1月2日，国务院发布《排污费征收使用管理条例》，自2003年7月1日起施行。2017年12月30日，国务院公布《中华人民共和国环境保护税法实施条例》，自2018年1月1日起与《中华人民共和国环境保护税法》同步施行，《排污费征收使用管理条例》同时废止。

Kelman（1958）提出的动机层次视角，个体行为的动机层次由高及低依次为合法性动机、认同动机和内在动机，其中合法性动机往往源于政策或规定的鼓励或惩罚；认同动机即行动是为了获得在集体中的自我认同感；最高层次的内在动机源于内在坚定、强烈的价值观、信仰，对自主型决策行为的影响最大、持续时间最长（Rupp et al.，2011）。作为内在动机的主要来源，宗教对自主型环保战略决策有着重要影响（Slama and Tashchian，1985；Deci and Ryan，2012），为自主型环保投资决策提供了绝对的道德及文化支持，以取代对经济效率和利己性的过度追求（Narayanan，2016）。例如佛教的缘起论突出“业力”与“因果轮回”的理念以及道教“道法自然”的修行途径，将人与自然万物紧密联系在一起，激发人对自然的敬畏与关怀（Cooper and James，2017），引导人们遵循自然规律，减少资源的消耗与环境的破坏，与自然和谐共处，实现“得道修仙”“极乐世界”“人间乐土”的美好愿景（Ip，1983；尹志华，2003）。基于此，提出假设 2：比委托型环保投资，宗教传统对自主型环保投资的促进作用更强。

3 研究设计

3.1 数据来源与样本选择

本文采用全国第九次私营企业抽样调查数据。该抽样调查由中共中央统战部、中国民（私）营经济研究会、国家工商行政总局、中华全国工商联等联合进行，从 1992 年起每两年对全国范围内进行多阶段多层次抽样调查，目前已对私营经济的发展过程进行了 20 余年的跟踪研究。涉及个体宗教信仰调查数据的最新一期为 2010 年，该次问卷总发放量为 4900 份，回收量为 4614 份，我们以其中提供有效调查数据的私营企业为研究对象。选择该调查数据的原因有：首先，抽样方法科学，比上市公司的数据更具全面性和代表性，能避免样本选择性偏差，同时课题组调查员接受了全面系统的培训，专业素养较高，因此数据能可靠地反映私营企业概况；其次，问卷中有关宗教信仰等个人数据直接来自对企业主本人的询问，从而能够更为直观地考察宗教传统对企业主决策的影响；最后，私营企业对国民经济的重要地位决定了其在环保治理工作中的重要作用。

样本的筛选过程如下：剔除金融行业公司以及关键变量数据不全的样本；为消除异常值的影响，剔除了经营状况异常，如资产负债率大于 1、所有者权益小于等于 0 的样本，并且对主要连续变量进行了 winsorize 修正，最终得到 2108 个样本。

3.2 变量与测量

（1）被解释变量。参考陈东和陈爱贞（2018）的做法，本文根据调查问卷的相关选项，将企业环保投资分为环保治污费和治理污染投入两项，两项之和即为总的环保投资规模。首先，用环保投资规模的绝对值（Epi1_t）来衡量环保投资规模。在实证中，将对环保投资规模加 1 后取对数；其次，为了消除企业的规模效应，本文选取环保投资/所有者权益总额[①]（Epi2_t）衡量环保投资的相对值进行稳健性检验。上述两个指标均有两个细分变量，将治理污染投入作为自主型环保投资（Epi_z），将环保治污费作为委托型环保投资（Epi_w）。

（2）解释变量。前期研究对宗教传统的衡量主要为直接测量（个体层面）和间接测量（企业层面）两个维度。前者主要通过运用问卷调查数据，如世界价值观调查（World Values Surrey，WVS）数据、研究课题组调查数据、中国综合社会调查（Chinese Goneral Social Suney，CGSS）数据等（Mcguire et al.，2012；阮荣平等，2016），直接获取个体有无宗教信仰、宗派归属、宗教活动参与程度等基本信息，数据较为准确且可信，但获取难度较大。后者则多通过运用地区层面信息，如信徒数量占当地总人口比例、宗教场所密度等间接测度公司所在地宗教氛围强弱（Hilary and Hui，2009；陈冬华等，2013），虽然数据获得难度较小，且能够将宗教影响延伸至宏观层面，但测量噪声较大且容易受到内生性干扰。本文依据第九次私营企业调查表中主模块问题[②]，采用有无宗教信仰来衡量企业主受到的宗教影响（Religion）。将有宗教信仰者赋值为1，否则为0。

（3）控制变量。根据已有研究，企业的社会责任行为会受到企业主特征、企业特征、公司治理、外部机制等因素的影响（胡珺等，2017；陈东、陈爱贞，2018），本文拟从上述四个方面进行控制。具体的变量定义如表1所示。

表1　变量定义

变量类型	符号	变量含义	变量定义
被解释变量	Epi1_t	环保投资绝对规模	环保投资合计金额加1的自然对数
	Epi1_z	自主型环保投资绝对规模	治理污染投入加1的自然对数
	Epi1_w	委托型环保投资绝对规模	环保治污费加1的自然对数
	Epi2_t	环保投资相对规模	环保投资合计金额除以所有者权益
	Epi2_z	自主型环保投资相对规模	治理污染投入除以所有者权益
	Epi2_w	委托型环保投资相对规模	环保治污费除以所有者权益
解释变量	Religion_d	宗教传统	若有宗教信仰，则为1，否则为0
控制变量	企业主特征		
	Gender	性别	若企业主性别是男性，则为1，否则为0
	Age	年龄	企业主自出生至2010年的年数
	Edu	教育背景	企业主学历为大专及以上，则为1，否则为0

① 以往研究大多使用总资产或者总收入调整规模效应，本文出于以下考虑使用所有者权益构建相对指标：第一，受限于数据，此次调查数据没有对总资产这一项单独进行问询；第二，该调查提供了营业收入的数据，但由于该项数据缺失值较多，同时考虑到私营企业的特殊性，企业主出于避税的保守考虑，可能倾向于少报收入。因此，相对于总资产和总收入而言，本次调查中所有者权益的数据更具完整性和可靠性，利用所有者权益调整规模效应也能达到控制规模效应的目的。

② 第九次私营企业调查表中设计了对企业主宗教信仰状况的调查问题，提供了佛教、道教、天主教、基督教、伊斯兰教、其他及没有宗教信仰七个选项对应被试者自述的宗教属性。

续表

变量类型	符号	变量含义	变量定义
控制变量	企业特征		
	FirmAge	企业年限	企业自注册至 2010 年的年数
	Size	企业规模	2009 年企业所有者权益的自然对数
	Lev	资产负债率	2009 年企业资产负债率
	Ros	销售利润率	2009 年企业净利润与销售额之间的比率
	Tax	企业税负	2009 年企业纳税额与销售额之间的比率
	公司治理		
	Pol	政治关联	若企业主是人大代表或政协委员，或者在乡/镇/街道及以上政府单位任职，则为 1，否则为 0
	Own	权益集中度	企业主的所有者权益与权益总额之间的比率
	Dual	双职合一	若企业主兼任董长及总经理，则为 1，否则为 0
	外部机制		
	Gov	政府支持	若 2009 年企业得到政府资金或技术支持，则为 1，否则为 0
	Reg	环境规制	2009 年的 PITI 指数，代表省级环境监管强度，等于各省份城市污染源监管信息公开指数的平均值
	Market	市场化进程	采用王小鲁等 2017 年出版的《中国分省份市场化指数报告（2016）》中 2009 年各省（市、区）的市场化指数
	Industry	行业	行业哑变量，剔除金融行业后共 18 种行业

3.3 估计模型

由于因变量的数据存在大量删截值，即企业环保投资不为负，同时大量企业的环保投入为 0，分布呈现“截尾”形态，存在角点解问题，此时使用一般的线性回归方法会使估计的参数有偏且不一致。而 Tobit 回归方法能解决受限因变量产生的问题，得到无偏且一致的估计结果，因此本文采用 Tobit 模型。为检验宗教信仰对环保投资的影响，本文设立如下基本模型：

$$Epi\_\ t = \alpha_0 + \alpha_1 Religion + \alpha_i \sum_{i=2}^{n} Control + \varepsilon$$

4 实证分析

4.1 估计结果

由表 2 关于宗教信仰的描述统计可知，在 2108 名被试者中，不信教的人数占 78.18%，为 1648 人，信教的人数占 21.82%，有 460 人。信仰东方宗教的占 17.93%，共 378 人，其中佛教占 16.93%，为 357 人；道教占 1.00%，为 21 人。信仰西方宗教的占 3.04%，共 64 人，其中天主教 10 人，基督教 22 人，伊斯兰教 32 人。另外，信仰其他宗教的 18 人。表 3 对其他变量进行了描述统计，从绝对环保投资来看，环保投资规模的均值与治理污染投入差距较小，环保治污费均值远小于两者均值，说明企业在环保投入上主要为治理污染投入而非上交环保治污费。企业环保投资规模的中位数为0，反映了私营企业普遍存在环境治理投入不足的问题。环保投资规模的标准差较大，且远大于均值和中位数，最大值与最小值差距明显，说明私营企业环保投资规模两极分化严重，内部差异较大，环保投资规模为正态分布的可能性较小。为考察变量之间的相关性，本文进行了相关性分析，结果见表4。从 Spearman 的检验结果可以发现，相关系数普遍小于0.3，说明多重共线性问题不严重。绝对环保投资规模（Epi1_t）与宗教传统（Religion_d）的相关系数均在5%的水平上显著为正，初步验证了本文假设。

表5是以 Tobit 模型对宗教传统是否显著影响私营企业环保投资进行多元回归的检验结果。模型（1）是对宗教传统与环保投资规模的回归，结果显示，宗教传统与企业环保投资规模在10%水平上显著正相关，说明宗教传统能够推动企业进行环保投资，验证了假设1；模型（2）是宗教传统与自主型环保投资的回归结果，可以看到，宗教传统与自主型环保投资在10%水平上显著正相关；模型（3）是宗教传统与委托型环保投资的回归结果，结果显示宗教传统与委托型环保投资的回归系数不显著。结合模型（2）、模型（3）的回归结果可知，宗教传统对不同类型的环保投资有着不同的影响，宗教传统对企业自主型环保投资存在显著的正向影响，对委托型环保投资则无显著影响，与假设2的理论分析结果一致。

表6是考察环境规制对宗教与环保投资调节作用的回归结果。已有研究指出，正式制度能够对企业的治理结构、信息披露及财务决策等产生显著影响（叶德珠、胡梦珂，2017；倪昌红，2016；陈冬华等，2013）。环境规制强度的提升意味着正式体制约束的硬化，政府管制力度加大，企业的自主决策权被降低，进而其内部治理机制发挥作用的空间受到限制，因此正式制度与非正式制度相互影响，互为替代。基于制度理论，当环境规制强度较大时，企业进行环保投资更可能是迫于制度压力，当环境规制强度较小时，宗教传统的作用得以显现，企业发挥自主能动性的空间更大，更可能在宗教环保意识驱动下做出自主型环保投资的决策。为了检验外部制度压力对宗教与环保投资的调节作用，我们在相关回归模型中加入环境规制强度变量（Reg_d）进行分组回归，当 PITI 指数高于中位数则为1，否则为0。同时，为了尽量弥补截面数据的缺陷、避免2008年政策的影响①，本文对2008年政策变动可能会造成的影响，利用2010年问卷中对企业2009年是否得到政府资金支持的问询数据设置控制变量，使用虚拟变量政府政策支持（Gov）进行控制，当2009年企业受到了政府资金上的支持，则为1，否则为0。结果显示，当环境规制强度较低时，宗教传统对环保投资，尤其是自主型环保投资具有显著促进作用，进一步验证了宗教对自主型环保投资发挥的作用。

① 2008年11月5日，国务院常务会议上确定了我国扩内需、促增长的十项政策。其中包括至2010年底，对国家和企业基础设施建设投入“四万亿投资”的政策。

表 2　宗教信仰描述性统计

名称	类别	人数（人）	占比（%）	人数合计（人）	占比合计（%）
东方宗教	佛教	357	16.93	378	17.93
	道教	21	1.00		
西方宗教	天主教	10	0.47	64	3.04
	基督教	22	1.04		
	伊斯兰教	32	1.52		
其他宗教		18	0.85	18	0.85
宗教信仰	有	460	21.82	2108	100
	无	1648	78.18		

表 3　其他变量描述性统计

变量	N	mean	p50	sd	min	max
Epi1_t	2108	0.857	0	1.489	0	8.621
Epi1_z	2108	0.728	0	1.426	0	8.613
Epi1_w	2108	0.376	0	0.793	0	6.414
Gender	2108	0.868	1.000	0.339	0	1.000
Age	2108	46.440	46.440	8.406	25.000	67.000
Edu	2108	0.665	1.000	0.472	0	1.000
FirmAge	2108	8.957	8.939	4.402	1.000	20.000
Size	2108	6.235	6.237	1.716	1.099	10.310
Lev	2108	22.400	22.360	24.600	0	95.000
Ros	2108	10.480	6.250	20.580	-64.710	116.700
Tax	2108	8.321	5.000	15.910	0	140.000
Pol	2108	0.553	1.000	0.497	0	1.000
Own	2108	61.110	60.970	26.930	0	100.000
Dual	2108	0.713	1.000	0.453	0	1.000
Reg	2108	40.410	40.390	13.440	18.800	67.200
Market	2108	7.403	7.531	1.318	4.229	9.520
Industry	2108	5.322	3.000	3.647	1.000	19.000

表 4　变量之间的相关性

	Epi1_t	Religion_d	Religion_e	Religion_w	Gender	Age	Edu	FirmAge	Size	Lev	Ros	Tax	Pol	Own	Dual	Reg	Market
Epi1_t	1																
Religion_d	0.043**	1															
	0.048																
Gender	0.120***	-0.027	-0.010	-0.053**	1												
	0	0.207	0.619	0.014													
Age	0.116***	0.013	-0.003	0.031	0.101***	1											
	0	0.528	0.879	0.145	0												
Edu	0.028	-0.057***	-0.037*	-0.061***	0.030	-0.137***	1										
	0.192	0.008	0.087	0.004	0.156	0											
FirmAge	0.130***	0.086***	0.076***	0.032	0.067***	0.220***	0.0135	1									
	0	0	0	0.140	0.002	0	0.536										
Size	0.298***	0.027	0.019	0.020	0.136***	0.190***	0.199***	0.228***	1								
	0	0.210	0.367	0.359	0	0	0	0									
Lev	0.215***	-0.015	-0.015	-0.010	0.078***	0.135***	0.066***	0.105***	0.251***	1							
	0	0.492	0.472	0.636	0	0	0.002	0	0								
Ros	-0.008	-0.010	-0.008	0.006	-0.036*	-0.073***	-0.009	0.021	-0.020	-0.212***	1						
	0.702	0.623	0.692	0.776	0.092	0	0.669	0.336	0.345	0							
Tax	0.053**	-0.012	0.012	-0.043**	-0.009	0.023	0.025	0.051**	0.015	-0.080***	0.396***	1					
	0.014	0.553	0.569	0.046	0.666	0.285	0.251	0.017	0.470	0	0						
Pol	0.214***	0.077***	0.057***	0.047**	0.116***	0.151***	0.119***	0.288***	0.338***	0.126***	0.030	0	1				
	0	0	0.008	0.028	0	0	0	0	0	0	0.156	0.998					
Own	-0.070***	0.032	0.039*	-0.014	0.040*	-0.036*	-0.064***	0.057***	-0.078***	-0.071***	0.092***	0.0120	0.087***	1			
	0.001	0.139	0.068	0.499	0.065	0.092	0.003	0.008	0	0.001	0	0.583	0				
Dual	-0.045**	-0.065***	-0.055***	-0.034	0.067***	0.023	-0.031	-0.005	-0.065***	-0.013	-0.061***	-0.006	-0.020	0.141***	1		
	0.038	0.002	0.010	0.116	0.002	0.272	0.147	0.810	0.002	0.526	0.004	0.775	0.343	0			
Reg	0.023	0.076***	0.092***	-0.019	0.024	0.058***	-0.023	0.034	0.055***	0.133***	-0.065***	-0.075***	-0.078***	-0.038*	0.017	1	
	0.281	0	0	0.364	0.260	0.007	0.289	0.114	0.010	0	0.002	0	0	0.073	0.421		
Market	0.032	0.030	0.056***	-0.053**	0.047**	0.042*	-0.011	0.100***	0.039*	0.114***	-0.019	-0.029	-0.048**	0	-0.014	0.633***	1
	0.137	0.166	0.010	0.013	0.029	0.053	0.603	0	0.072	0	0.382	0.181	0.025	0.965	0.496	0	

注：***、** 和 * 分别表示在 1%、5%和 10%的水平上显著。

表 5　宗教传统与企业环保投资的回归结果

模型	(1) Epi1_t	(2) Epi1_z	(3) Epi1_w
Religion_d	0.238*	0.305*	0.107
	(1.81)	(1.88)	(1.30)
Gender	0.490***	0.632***	0.242**
	(2.80)	(2.76)	(2.21)
Age	0.001	-0.001	0
	(0.11)	(-0.10)	(0.01)
Edu	0.022	0.216	-0.099
	(0.19)	(1.44)	(-1.27)
FirmAge	0.005	0.009	-0.002
	(0.39)	(0.60)	(-0.30)
Size	0.377***	0.429***	0.218***
	(9.50)	(8.86)	(8.30)
Lev	0.011***	0.011***	0.005***
	(4.59)	(3.78)	(3.52)
Ros	0.004	0.007	0
	(1.26)	(1.55)	(0.05)
Tax	0.004	0.005	0.006**
	(0.87)	(0.91)	(2.12)
Pol	0.481***	0.530***	0.299***
	(3.95)	(3.52)	(3.77)
Own	-0.005**	-0.004*	-0.004***
	(-2.33)	(-1.73)	(-2.64)
Dual	-0.145	-0.124	-0.132*
	(-1.18)	(-0.83)	(-1.67)
Reg	-0.004	-0.005	-0.003
	(-0.83)	(-0.79)	(-0.83)
Market	-0.009	0.050	-0.008
	(-0.17)	(0.73)	(-0.22)
Industry	Yes	Yes	Yes
_cons	-2.494***	-4.047***	-1.710***
	(-4.27)	(-5.62)	(-4.61)
sigma_cons	2.159***	2.483***	1.336***
	(43.40)	(39.53)	(30.00)
N	2108	2108	2108

注：***、** 和 * 分别表示 1%、5%和 10%的显著性水平（双尾），括号内为 t 值。

4.2　内生性检验

考虑到模型可能存在同时影响企业主宗教与企业环保投资决策的遗漏变量，导致的内生性问题，本文借鉴叶德珠和胡梦珂（2017）、陈冬华等（2013）等学者的做法，工具变量选用各省的先进宗教场所数量（rel_award）①，根据 Stark 和 Finke（2000）提出的宗教市场理论，宗教需求在长期内是稳定的，当宗教场所数量增加时，信众数量就会增多；当宗教场所质量提高时，宗教参与的主体水平就会提高。因此，先进宗教场所数量与宗教传统具有较强的相关性。同时，对于企业而言，先进宗教场所数量具有较强的外生性。由于企业无法影响和参与先进宗教场所的评选，并且企业环保投资与先进宗教场所数量分别为微观个体数据和宏观省级数据。因此该工具变量与企业主宗教信仰相关，但与企业主环保投资决策无直接的因果关系，满足工具变量的外生性和相关性要求，运用 IV Tobit 两步法进行处理。

第一阶段模型设定如下：

$$Religion\_d = \alpha_0 + \alpha_1 rel\_award + \alpha_i \sum_{i=2}^{n} Control + \varepsilon$$

进行第一阶段回归后，rel_award 的回归系数显著为正，F 值大于显著性水平为 5%时的临界值 2.123，说明不存在弱工具变量。第一阶段的回归结果表明，企业主宗教信仰与先进宗教场所数量呈显著正相关。加入工具变量以后，第二阶段的回归结果显示，宗教传统与企业环

① 2010 年 12 月，国家民族宗教事务局发布《首届全国创建和谐寺观教堂先进集体和先进个人名单》表彰先进寺观教堂、宗教团体及个人。

表 6　环境规制强度、宗教传统与企业环保投资的回归结果

模型	(1) Epi1_t Reg_d=1	(2) Epi1_t Reg_d=0	(3) Epi1_z Reg_d=1	(4) Epi1_z Reg_d=0	(5) Epi1_w Reg_d=1	(6) Epi1_w Reg_d=0
Religion_d	0.216 (0.90)	0.558* (1.86)	0.335 (1.14)	0.692* (1.95)	−0.061 (−0.44)	0.291 (1.65)
Gov	1.734*** (5.71)	1.665*** (4.00)	2.078*** (6.36)	1.781*** (3.90)	1.032*** (5.57)	0.979*** (3.73)
Pol	0.359* (1.80)	0.240 (0.94)	0.395 (1.62)	0.397 (1.25)	0.330** (2.49)	−0.104 (−0.61)
Gender	1.138*** (3.45)	−0.230 (−0.59)	1.272*** (3.23)	−0.325 (−0.69)	0.591*** (2.76)	−0.149 (−0.63)
Age	0.015 (1.17)	−0.008 (−0.52)	0.006 (0.38)	−0.006 (−0.36)	0.008 (1.10)	−0.004 (−0.39)
Edu	0.327 (1.57)	0.364 (1.38)	0.582** (2.27)	0.402 (1.24)	0.013 (0.10)	0.138 (0.83)
Lev	0.001 (0.29)	0.021*** (4.17)	0.001 (0.24)	0.022*** (3.63)	0.001 (0.27)	0.009*** (2.94)
Size	0.298*** (4.33)	0.380*** (4.67)	0.318*** (3.94)	0.420*** (4.28)	0.173*** (4.05)	0.233*** (4.22)
Ros	−0.001 (−0.12)	0.007 (1.06)	0.001 (0.15)	0.007 (0.89)	−0.000 (−0.05)	−0.001 (−0.16)
FirmAge	−0.008 (−0.34)	−0.013 (−0.49)	0.015 (0.55)	−0.014 (−0.42)	−0.006 (−0.43)	−0.011 (−0.61)
Tax	0.020** (1.98)	−0.006 (−0.81)	0.020* (1.87)	−0.009 (−0.86)	0.012* (1.74)	0.002 (0.54)
Dual	−0.219 (−1.03)	0.308 (1.19)	−0.177 (−0.70)	0.257 (0.81)	−0.207 (−1.51)	0.113 (0.69)
Own	−0.005 (−1.61)	−0.005 (−1.16)	−0.005 (−1.38)	−0.006 (−1.13)	−0.006*** (−2.68)	−0.002 (−0.69)
Market	0.268*** (2.98)	−0.257** (−2.42)	0.468*** (3.86)	−0.174 (−1.41)	0.139*** (2.68)	−0.153** (−2.21)
Ind	Yes	Yes	Yes	Yes	Yes	Yes
cons	−5.273*** (−4.38)	−0.772 (−0.61)	−7.496*** (−4.86)	−2.071 (−1.39)	−3.129*** (−4.32)	−0.866 (−1.08)
sigma_cons	1.943*** (23.16)	2.190*** (24.01)	2.209*** (20.96)	2.478*** (21.85)	1.171*** (19.94)	1.348*** (15.42)
N	561	456	561	456	561	456

注：***、** 和 * 分别表示 1%、5%和 10%的显著性水平（双尾），括号内为 t 值。

保投资在 1%的显著性水平下正相关，宗教传统对企业环保投资的促进作用加强，回归结果基本保持一致，假设仍然成立，证明了结论的可靠性（见表 7）。

表 7　内生性检验

模型	(1) Epi1_t	(2) Epi1_t	(3) Epi1_t
Religion_d	4.336*** (2.69)		
Gender	0.656*** (2.99)	0.560*** (2.78)	-1.549 (-0.41)
Age	0.004 (0.44)	0.006 (0.69)	0.033 (0.47)
Edu	0.264 (1.51)	0.162 (1.09)	-1.794 (-0.54)
FirmAge	-0.021 (-1.11)	-0.014 (-0.81)	0.103 (0.54)
Size	0.375*** (8.19)	0.379*** (8.72)	0.568 (1.39)
Lev	0.013*** (4.40)	0.013*** (4.58)	0.003 (0.15)
Ros	0.006 (1.49)	0.007* (1.86)	0.032 (0.61)
Tax	0.005 (0.99)	0.003 (0.66)	-0.026 (-0.44)
Pol	0.228 (1.28)	0.323** (2.11)	1.691 (0.75)
Own	-0.007*** (-2.64)	-0.007*** (-2.80)	-0.011 (-0.67)
Dual	0.129 (0.71)	0.064 (0.40)	-1.000 (-0.60)
Reg	-0.024** (-2.40)	-0.019** (-2.31)	0.068 (0.51)
Market	0.118 (1.43)	0.047 (0.70)	-1.419 (-0.56)
Industry	Yes	Yes	Yes
_cons	-3.861*** (-4.48)	-3.214*** (-4.60)	8.161 (0.43)
N	2108	2108	2108

注：***、** 和 * 分别表示 1%、5%和 10%的显著性水平（双尾），括号内为 t 值。

4.3　稳健性检验

为了考察企业规模效应的影响，本文选取环保投资/所有者权益总额（Epi2）衡量环保投资的相对值进行稳健性检验，剔除被解释变量缺失值后，样本量为 1715。回归结果与前文基本一致（见表 8）。

为了检验因变量衡量方式的合理性，本文借鉴了雷光勇等（2016）和陈东、陈爱贞（2018）变更因变量的衡量方法，将环保投资由连续变量替换成虚拟变量（Epi_d），若有进行环保投资，则为 1，否则为 0。进行 Logit 回归后结果与 Tobit 回归结果基本一致（见表 9）。

表 8　稳健性检验（1）

模型	(1) Epi2_t	(2) Epi2_t	(3) Epi2_t	(4) Epi2_z	(5) Epi2_z	(6) Epi2_z	(7) Epi2_w	(8) Epi2_w	(9) Epi2_w
Religion_d	0.021** (2.40)			0.021** (2.28)			0.004 (1.32)		
Gender	0.020** (2.13)	0.020** (2.08)	0.020** (2.06)	0.029** (2.40)	0.028** (2.36)	0.028** (2.37)	0.004 (1.28)	0.004 (1.25)	0.004 (1.27)
Age	0 (−0.35)	0 (−0.33)	0 (−0.40)	0 (−0.52)	0 (−0.51)	0 (−0.57)	0 (−0.98)	0 (−0.97)	0 (−0.99)
Edu	0 (0.02)	0 (−0.02)	−0.001 (−0.14)	0.007 (0.80)	0.006 (0.76)	0.006 (0.70)	−0.001 (−0.81)	−0.001 (−0.83)	−0.002 (−0.93)
FirmAge	0.001 (1.40)	0.001 (1.39)	0.001 (1.49)	0.002* (1.65)	0.002* (1.66)	0.002* (1.72)	0 (0.74)	0 (0.72)	0 (0.84)
Size	−0.003 (−1.27)	−0.003 (−1.26)	−0.003 (−1.27)	−0.001 (−0.21)	−0.001 (−0.20)	−0.001 (−0.24)	−0.001 (−0.84)	−0.001 (−0.82)	−0.001 (−0.86)
Lev	0* (1.77)	0* (1.81)	0* (1.72)	0* (1.67)	0* (1.70)	0 (1.61)	0 (1.00)	0 (1.03)	0 (0.94)
Ros	0 (1.42)	0 (1.47)	0 (1.40)	0 (1.45)	0 (1.50)	0 (1.43)	0 (1.07)	0 (1.10)	0 (1.05)
Tax	0 (0.13)	0 (0.09)	0 (0.01)	0 (0.28)	0 (0.23)	0 (0.18)	0 (0.64)	0 (0.63)	0 (0.58)
Pol	0.021*** (2.73)	0.022*** (2.74)	0.022*** (2.76)	0.019** (2.31)	0.020** (2.34)	0.020** (2.36)	0.006** (2.21)	0.006** (2.20)	0.006** (2.20)
Own	0** (−2.21)	0** (−2.24)	0** (−2.11)	0* (−1.76)	0* (−1.77)	0* (−1.65)	0** (−2.10)	0** (−2.13)	0** (−2.02)
Dual	−0.003 (−0.47)	−0.003 (−0.44)	−0.005 (−0.74)	−0.003 (−0.35)	−0.003 (−0.33)	−0.004 (−0.59)	−0.001 (−0.65)	−0.001 (−0.63)	−0.001 (−0.82)
Reg	0 (−0.82)	0 (−0.80)	0 (−0.48)	0 (−0.91)	0 (−0.86)	0 (−0.66)	0 (−0.53)	0 (−0.54)	0 (−0.31)
Market	0.001 (0.50)	0.001 (0.39)	0 (0.17)	0.003 (1.02)	0.003 (0.91)	0.003 (0.79)	0.001 (0.76)	0 (0.70)	0 (0.55)
Industry	Yes	Yes	Yes	Yes	Yes	Yes	Yes	Yes	Yes
_cons	−0.014 (−0.43)	−0.011 (−0.36)	−0.004 (−0.12)	−0.071** (−1.96)	−0.068* (−1.90)	−0.063* (−1.74)	−0.010 (−1.28)	−0.009 (−1.26)	−0.008 (−1.08)
sigma	0.107***	0.107***	0.108***	0.111***	0.111***	0.112***	0.029***	0.029***	0.029***
_cons	(7.98)	(7.99)	(7.96)	(7.57)	(7.58)	(7.56)	(4.69)	(4.69)	(4.66)
N	1715	1715	1715	1715	1715	1715	1715	1715	1715

注：***、** 和 * 分别表示 1%、5%和 10%的显著性水平（双尾），括号内为 t 值。

表 9　稳健性检验（2）

模型	(1) Epi_d	(2) Epi_d	(3) Epi_d
Religion_d	0.206*		
	(1.72)		
Gender	0.355**	0.351**	0.340**
	(2.32)	(2.30)	(2.21)
Age	−0.003	−0.003	−0.003
	(−0.51)	(−0.48)	(−0.52)
Edu	−0.150	−0.152	−0.167
	(−1.35)	(−1.36)	(−1.50)
FirmAge	0.022*	0.021*	0.023*
	(1.83)	(1.82)	(1.94)
Size	0.225***	0.226***	0.225***
	(6.54)	(6.54)	(6.55)
Lev	0.007***	0.007***	0.007***
	(3.31)	(3.33)	(3.25)
Ros	0.005*	0.005*	0.005*
	(1.84)	(1.89)	(1.83)
Tax	−0.001	−0.001	−0.001
	(−0.17)	(−0.20)	(−0.19)
Pol	0.423***	0.424***	0.439***
	(3.92)	(3.93)	(4.07)
Own	−0.003	−0.003	−0.003
	(−1.38)	(−1.41)	(−1.32)
Dual	−0.085	−0.083	−0.102
	(−0.76)	(−0.74)	(−0.91)
Reg	−0.005	−0.006	−0.004
	(−1.13)	(−1.16)	(−0.91)
Market	0.004	0.002	−0.005
	(0.07)	(0.04)	(−0.11)
Industry	Yes	Yes	Yes
_cons	−1.394***	−1.380***	−1.294**
	(−2.72)	(−2.69)	(−2.52)
N	2108	2108	2108

注：***、** 和 * 分别表示 1%、5%和 10%的显著性水平（双尾），括号内为 t 值。

5　结语

本文采用第九次全国民营抽样调查数据，使用受限因变量回归模型及工具变量法，在理论分析的基础上实证检验了宗教传统对企业环保投资的影响。研究发现，宗教传统显著影响企业环保投资行为，但这种影响主要体现在自主型环保投资方面，对委托型环保投资的影响则不显著。此外，当环境规制强度较低时，宗教传统对环保投资，尤其是自主型环保投资具有显著促进作用。上述结论在考虑了内生性问题，替换变量和改变回归方法之后依然稳健。

本文深化了对企业环保投资影响因素及宗教传统作用的认识，具有明显的政策含义。对于企业而言，一方面，在提高企业管理者自身伦理道德意识的同时，可以将宗教中的普适性理念结合企业经营规范进行现代化转换，运用到企业文化、战略建设和生产经营中，创建绿色企业文化，制定积极主动的环境战略，实现企业绩效、环境绩效和社会绩效的共赢；另一方面，企业在选择招聘员工和高管时，可以适当关注其宗教传统等文化背景，选择与企业文化更匹配的专业人才。对于监管者而言，在建设环保制度和加强监管力度过程中，需考虑宗教传统在社会规范和伦理约束上的优势和对企业环境治理发挥的作用，加强对宗教传统的政策支持和纲领性引导，建立正式制度与非正式制度治理环境的协同机制，调动企业参与环保治理的主动性，节约社会治理成本，提高环境治理效率提高监管效率。需要提及的是，受制于数据统计问题，本文采用的是截面数据，在一定程度上限制了结论的稳健性。同时本文中对宗教传统仅以宗教的类别进行衡量，未从多层面、多维度衡量个体差异化的宗教信仰程度，未来可以考虑宗教组织的活动、组织的信徒比例、宗教信仰的虔诚度等宏观和微观层面的动态影响机制。目前，关于宗教传统如何影响中国微观经济体的研究才刚起步，希望之后能在更权威、全面的统计数据的基础上更深入地探索宗教传统对企业伦理行为的影响。

参考文献

［1］ Azzi C., Ehrenberg R. Household Allocation of Time and Church Attendance ［J］. Journal of Political Economy, 1975, 83 (1): 27-56.

［2］ Blogowska J., Saroglou V. Religious Fundamentalism and Limited Prosociality as a Function of the Target ［J］. Journal for the Scientific Study of Religion, 2011, 50 (1): 44-60.

［3］ Cao C., Jia F., Zhang X. Does Religion Matter to Dividend Policy? Evidence from Buddhism and Taoism in China ［J］. Nankai Business Review International, 2016, 7 (4): 510-541.

［4］ Callen J. L., Fang X. Religion and Stock Price Crash Risk ［J］. Journal of Financial and Quantitative Analysis, 2015, 50 (1-2): 169-195.

［5］ Choudhury K. Materialism, Religion, and Implications for Marketing—An Ethnographic Study of Nichiren Buddhism ［J］. Psychology and Marketing, 2014, 31 (9): 683-697.

［6］ Chan R. Y. K. Determinants of Chinese Consumers' Green Purchase Behavior ［J］. Psychology and Marketing, 2001, 18 (4): 389-413.

［7］ Cooper D. E., James S. P. Buddhism, Virtue and Environment ［M］. New York: Routledge, 2017.

［8］ Corraliza J. A., Berenguer J. Environmental Values, Beliefs, and Actions: A Situational Approach ［J］. Environment and Behavior, 2000, 32 (6): 832-848.

［9］ Deci E., Ryan R. M. Self-determination Theory ［C］ // P. A. M. Van Lange, A. W. Kruglanski, E. T. Higgins. Handbook of Theories of Social Psychology, California: SAGE Publicution Inc., 2012.

［10］ Djupe P. A., Gwiasda G. W. Evangelizing the Environment: Decision Process Effects in Political Persuasion ［J］. Journal for the Scientific Study of Religion, 2010, 49 (1): 73-86.

［11］ Du X. Does Religion Matter to Owner-Manager Agency Costs? Evidence from China ［J］. Journal of Business Ethics, 2013, 118 (2): 319-347.

［12］ Du X., Jian W., Du Y., et al. Religion, the Nature of Ultimate Owner, and Corporate Philanthropic Giving: Evidence from China ［J］. Journal of Business Ethics, 2014, 123 (2): 235-256.

［13］ Du X., Jian W., Lai S., Du Y., Pei H. Does Religion Mitigate Earnings Management? Evidence from China ［J］. Journal of Business Ethics, 2015, 131 (3): 699-749.

［14］ Du X., Jian W., Zeng Q., et al. Corporate Environmental Responsibility in Polluting Industryustries: Does Religion Matter? ［J］. Journal of Business Ethics, 2014, 124 (3): 485-507.

［15］ El Jurdi H. A., Batat W., Jafari A. Harnessing the Power of Religion: Broadening Sustainability Research and Practice in the Advancement of Ecology ［J］. Journal of Macromarketing, 2017, 37 (1): 7-24.

［16］ Felix R., Hinsch C., Rauschnabel P. A., Schlegelmilch B. B. Religiousness and Environmental Concern: A Multilevel and Multi-country Analysis of the Role of Life Satisfaction and Industryulgence ［J］. Journal of Business Research, 2018 (91): 304–312.

[17] Friedland R., Alford R. R. Bringing Society Back in: Symbols, Practices, and Institutional Contradictions [A] // Pomell W. W., Dimaggio D. J., et al. The New Institutionalism in Organizational Analysis [M]. Chicago: University of Chicago Press, 1991.

[18] Gore J. S., Cross S. E. Conflicts of Interest: Relational Self-construal and Decision Making in Interpersonal Contexts [J]. Self and Identity, 2011, 10 (2): 185–202.

[19] Hambrick D. C., Mason P. A. Upper Echelons: The Organization as a Reflection of Its Top Managers [J]. Academy of Management Review, 1984, 9 (2): 193–206.

[20] Hand C. M., Van Liere K. D. Religion, Mastery-over-nature, and Environmental Concern [J]. Social Forces, 1984, 63 (2): 555–570.

[21] Hitzhusen G. E., Tucker M. E. The Potential of Religion for Earth Stewardship [J]. Frontiers in Ecology and the Environment, 2013, 11 (7): 368–376.

[22] Hilary G., Hui K. W. Does Religion Matter in Corporate Decision Making in American? [J]. Journal of Financial Economics, 2009, 93 (3): 455–473.

[23] Hunt J., Penwell D. Amg's Handi-reference World Religions and Cults [M]. Chattanooga: AMG Publishers, 2008.

[24] Iannaccone L. R. Introduction to the Economics of Religion [J]. Journal of Economic Literature, 1998, 36 (3): 1465–1495.

[25] Ip P. K. Taoism and the Foundations of Environmental Ethics [J]. Environmental Ethics, 1983, 5 (4): 335–343.

[26] James W. Scientific Books: The Varieties of Religious Experience: A Study in Human Nature [J]. Science, 1902, 16 (3): 382–383.

[27] Julia N. Book Reviews: Jewish Business Ethics [J]. Expository Times, 1984, 1 (95): 377.

[28] Kelman H. C. Compliance, Identification, and Internalization Three Processes of Attitude Change [J]. Journal of Conflict Resolution, 1958, 2 (1): 51–60.

[29] Kollmuss A., Agyeman J. Mind the Gap: Why do People Act Environmentally and What are the Barriers to Pro-environmental Behavior? [J]. Environmental Education Research, 2002, 8 (3): 239–260.

[30] Leary R. B., Minton E. A., Mittelstaedt J. D. Thou Shall Not? The Influence of Religion on Beliefs of Stewardship and Dominion, Sustainable Behaviors and Marketing Systems [J]. Journal of Macromarketing, 2016, 36 (4): 457–470.

[31] Markus H. R., Kitayama S. Culture and the Self: Implications for Cognition, Emotion, and Motivation [J]. Psychological Review, 1991, 98 (2): 224–253.

[32] Martin W. C., Bateman C. R. Consumer religious commitment's influence on ecocentric attitudes and behavior [J]. Journal of Business Research, 2014, 67 (2): 5–11.

[33] Mcguire S. T., Omer T. C., Sharp N. Y. The Impact of Religion on Financial Reporting Irregularities [J]. The Accounting Review, 2012, 87 (2): 645–673.

[34] Minton E. A., Kahle L. R., Kim C. H. Religion and Motives for Sustainable Behaviors: A Cross-cultural Comparison and Contrast [J]. Journal of Business Research, 2015, 68 (9): 1937–1944.

[35] Narayanan Y. Religion, Sustainable Development and Policy: Principles to Practice [J]. Sustainable Development, 2016, 24 (3): 149–153.

[36] Ramasamy B., Yeung M. C. H., Au A. K. M. Consumer Support for Corporate Social Responsibility (CSR): The Role of Religion and Values [J]. Journal of Business Ethics, 2010, 91 (1): 61–72.

[37] Rothstein J. Don't Judge a Book by Its Cover: A

Reconsideration of Eight Assumptions About Jewish Family Businesses [J]. Family Business Review, 1992, 5 (4): 397-411.

[38] Rupp D. E., Williams C. A., Aguilera R. V. Increasing Corporate Social Responsibility Through Stakeholder Value Internalization (And the Catalyzing Effect of New Governance): An Application of Organizational Justice, Self-determination, and Social Influence Theories [M]. M. Schminke. Managerial Ethics: Managing the Psychology of Morality. New York: Taylor and Francis, 2011.

[39] Sarre P. Towards Global Environmental Values: Lessons from Western and Eastern Experience [J]. Environmental Values, 1995, 4 (2): 115-127.

[40] Scheid D. P. The Common Good: Human, or Cosmic? [J]. Journal of Religion and Society, 2013 (9): 5-15.

[41] Stark R., Finke R. Acts of Faith: Explaining the Human Side of Religion [M]. California: University of California Press, 2000.

[42] Schouten M. V. D., Graafland J., Kaptein M. Religiosity, CSR Attitudes, and CSR Behavior: An Empirical Study of Executives' Religiosity and CSR [J]. Journal of Business Ethics, 2014, 123 (3): 437-459.

[43] Smilde D. Reason to Believe: Cultural Agency in Latin American Evangelicalism [M]. Berkely: University of California Press, 2007.

[44] Stern P. C., Dietz T., Abel, et al. Avalue Belief Norm Theory of Support for Social Movements: The Case of Environmental Concern [J]. Human Ecology Review, 1999, 6 (8): 1-97.

[45] Thornton P. H., Ocasio W., Lounsbury M. The Institutional Logics Perspective: A New Approach to Culture, Structure, and Process [M]. Oxford: Oxford University Press, 2012.

[46] Weaver G. R., Agle B. R. Religiosity and Ethical Behavior in Organizations: A Symbolic Interactionist Perspective [J]. Academy of Management Review, 2002, 27 (1): 77-97.

[47] White L. The History Roots of Our Environmental Crisis [J]. Science, 1967, 155 (3767): 1203-1207.

[48] Wolkomir M., Futreal M., Woodrum E., et al. Denominational Subcultures of Environmentalism [J]. Review of Religious Research, 1997, 38 (4): 325-343.

[49] 毕茜，顾立盟，张济建. 传统文化、环境制度与企业环境信息披露 [J]. 会计研究，2015 (3): 12-19.

[50] 陈冬华，胡晓莉，梁上坤，新夫. 宗教传统与公司治理 [J]. 经济研究，2013，48 (9): 71-84.

[51] 陈东，陈爱贞. GVC 嵌入、政治关联与环保投资——来自中国民营企业的证据 [J]. 山西财经大学学报，2018，40 (2): 69-83.

[52] 陈婉婷，罗牧原. 信仰 · 差序 · 责任：传统宗教信仰与企业家社会责任的关系研究——基于福建民营企业家的调查 [J]. 民俗研究，2015 (1): 140-148.

[53] 陈延斌，王体. 中西诚信观的比较及其启迪 [J]. 道德与文明，2003 (6): 33-37.

[54] 杜兴强，蹇薇，曾泉，常莹莹. 宗教影响、控股股东与过度投资：基于中国佛教的经验证据 [J]. 会计研究，2016 (8): 50-57+97.

[55] 范子英，田彬彬. 政企合谋与企业逃税：来自国税局长异地交流的证据 [J]. 经济学（季刊），2016，15 (4): 1303-1328.

[56] 胡珺，宋献中，王红建. 非正式制度、家乡认同与企业环境治理 [J]. 管理世界，2017 (3): 76-94+187-188.

[57] 洪修平，陈红兵. 论中国佛学的精神及其现实意义 [J]. 世界宗教研究，2011 (1): 13-21.

[58] 李存超，王兴元. 宗教文化视角下东西方商业伦理观差异比较及启示 [J]. 商业经济与管理，2013 (11): 54-60.

[59] 李培功，沈艺峰. 媒体的公司治理作用：中国的经验证据［J］. 经济研究，2010，45（4）：14-27.

[60] 雷光勇，刘茉，曹雅丽. 宗教信仰、政治身份与企业投资偏好［J］. 财经研究，2016，42（6）：110-120.

[61] 倪昌红. 高管的宗教虔诚对企业社会责任行为的影响——基于制度观与计划行为理论整合的视角［J］. 山西财经大学学报，2016，38（11）：92-102.

[62] 阮荣平，刘璐琳. 农村"宗教热"原因探究：宗教社会风险假说［J］. 华南农业大学学报（社会科学版），2012，11（1）：108-116.

[63] 阮荣平，刘力，郑风田. 人力资本投资：宗教信仰重要吗？［J］. 经济学（季刊），2016，15（4）：1329-1350.

[64] 阮荣平，郑风田，刘力. 宗教信仰选择——一个西方宗教经济学的文献梳理［J］. 社会，2013，33（4）：193-224.

[65] 王菁华，茅宁. 宗教与企业风险承担行为研究述评与展望［J］. 南方经济，2019（8）：114-130.

[66] 沈洪涛，冯杰. 舆论监督、政府监管与企业环境信息披露［J］. 会计研究，2012（2）：72-78+97.

[67] 卢云峰. 超越基督宗教社会学——兼论宗教市场理论在华人社会的适用性问题［J］. 社会学研究，2008（5）：81-97+244.

[68] 赖永海. 佛教对中国传统思维模式的影响［J］. 佛学研究，2017（1）：38-48.

[69] 史玉玲. 试论中西方传统道德教育中的责任观念的异同［J］. 华中师范大学学报（人文社会科学版），2011（S2）：179-181.

[70] 唐国平，李龙会，吴德军. 环境管制、行业属性与企业环保投资［J］. 会计研究，2013（6）：83-89+96.

[71] 叶德珠，胡梦珂. 宗教传统、法治化进程与企业风险承担［J］. 财经问题研究，2017（5）：95-103.

[72] 杨凤岗. 中国宗教的三色市场［J］. 中国人民大学学报，2006（6）：41-47.

[73] 杨庆堃. 中国社会中的宗教——宗教的现代社会功能与其历史因素之研究（第 1 版）［M］. 范丽珠等，译. 上海：上海人民出版社，2007.

[74] 尹志华. 和谐共生的人与自然关系——道教的环保观［J］. 中国宗教，2003（9）：40-41.

[75] 肖芬蓉，黄晓云. 企业"漂绿"行为差异与环境规制的改进［J］. 软科学，2016，30（8）：61-64.

[76] 张蕾蕾. 中国宗教传统的三个特征［J］. 中国宗教，2015（4）：60-61.

[77] 曾建光，张英，杨勋. 宗教信仰与高管层的个人社会责任基调——基于中国民营企业高管层个人捐赠行为的视角［J］. 管理世界，2016（4）：97-110.

[78] 曾泉，杜兴强，常莹莹. 宗教社会规范强度影响企业的节能减排成效吗？［J］. 经济管理，2018，40（10）：27-43.

论文执行编辑：卜茂亮

论文接收日期：2019 年 9 月 24 日

作者简介：

王怀明（1963—），男，江苏泰州人，教授，南京农业大学金融学院博士。主要研究领域为会计与审计、财务管理、公司金融与资本市场。E-mail：whm8096@njau.edu.cn。

张丽容（1997—），女，湖南长沙人，南京农业大学金融学院硕士研究生。主要研究领域为公司治理。E-mail：2017118025@njau.edu.cn。

张劲辉（1992—），男，湖南株洲人，南京大学商学院硕士研究生。主要研究领域为国际金融与全球价值链。E-mail：zhangjinhui502@163.com。

感谢匿名审稿专家及编辑老师提出的宝贵修改意见，作者文责自负。

Religious Tradition and Corporate Environmental Investment

—Evidence from the Ninth Survey of the Private Enterprise in China

Huaiming Wang[1] Lirong Zhang[2] Jinhui Zhang[3]

(1. 2. School of Finance, Nanjing Agricultural University, Nanjing

3. School of Business, Nanjing University, Nanjing, China)

Abstract: Previous literature mainly focuses on the impact of formal regulations on environmental governance, while there is little evidence about whether and how religious traditions influence corporate environmental governance. Thus, based on the Ninth Survey of the Private Enterprise in China, we investigate the impact of religious tradition on corporate environmental investment. Our study uses the Tobit model and IV method to investigate the impact of religious tradition on corporate environmental investment, and finds that religious tradition has a significantly positive impact on environmental investment. Compared with the commissioned environmental investment, religious tradition is more conducive to strengthen the autonomous environmental investment. Furthermore, the above findings are more pronounced with lower environmental regulatory intensity. In addition, our conclusions still hold after we control for the endogeneity between dependent and independent variables using awarded religious sites as the IV. This study adds a novel insight into the existing literature about the determinants of environmental investment by revealing the roles of religious tradition, provides an important reference for the impact of religious tradition as an important informal system on environmental governance, and has several implications for the government and practitioners to promote the environmental governance that accords with green development concept and enhances corporate environmental investment.

Key Words: Religious Tradition; Autonomous Environmental Investment; Commissioned Environmental Investment

JEL Classification: D22, Q56, Z12

现代经济危机何以愈演愈烈探源：基于现代信用制度的审视*

□ 朱富强

摘　要：经济危机日益呈现出这样的显著特征：经济周期延长，但危机程度加深。造成这一现象的重要机制是现代信用制度：一方面，它在一定时期内弥补了储蓄不足，从而推迟了经济危机的爆发；另一方面，它又刺激了过度消费和不当投资，从而加剧了经济危机的程度。正是基于这种双重效应，为避免信贷扩张对经济危机的助长和激化，现代社会的信用体系和信贷制度就必须被限制在一定限度内，更不能将信用或信贷扩张作为推动经济增长的常态。同时，现代信用制度之所以会瓦解社会经济增长的基础，是因为它会弱化或消磨人的意志和克制力，进而降低了人们的理性程度。相应地，为缓和信用制度等造成的过度消费，就需要建立一整套提升社会责任的制度安排，而这又与注重“尽其在我”社会责任的儒家文化传统相通。

关键词：经济危机；市场定价体系；信用制度；社会文化；儒家

JEL分类：E32

1　引言

20世纪80年代以来，占主流地位的新古典自由主义经济学认为，市场经济在一系列现代制度的保障下已经克服了衰退和危机等问题，但这一市场乐观主义却遭到2008年经济危机的迎头痛击。进一步地，通过对宏观经济的观察和比较还可以发现这样一个事实：尽管过去一个世纪里所爆发的经济危机数量减少了，但危机的严重程度却加深了，而且在不断加深。譬如，自英国1825年爆发第一次大范围的经济危机以来，平均不到10年就会再次爆发经济危机（如1836年、1847年、1857年、1866年、1873年、1882年、1890年、1900年、1907年、1914年、1921年），但显然，1929年的经济危机无论在深度上还是在范围上都大大增加了。同时，随着新自

* 基金项目：广东省创新团队项目“社会主义市场经济理论基础与政策体系”（2016WCXTD001）。

由主义经济学在20世纪70年代后的推行，此后的30多年似乎都没有出现过全面性的经济危机，但2008年却爆发出了规模更大且影响迄今的全球经济—金融危机。如何理解这一变化呢？这就涉及对经济危机的根源认识以及现代制度引发的相应形变。

就现代市场经济危机的根源而言，锦标赛制定价体系的经济周期理论对此做了深刻剖析：第一，由于不同消费者的收入存在差异，产生出对不同商品的需求，进而导致市场产品被分成不同等级，而不同等级的产品往往被赋予不同的价格；第二，市场主体的人际相异性衍生出不均等的权力结构，其中强势的生产者主权获得了制定价格的权力以及诱导社会大众进行消费的能力；第三，在权力结构和心理意识的共同作用下，不仅富裕者会自主追求高级产品的消费，而且社会大众也被诱导对高级产品的需求，从而就造成全面的超前消费和扭曲的不当投资，进而破坏经济持续增长的物质基础。也就是说，市场经济中两极化的收入分配及其引致的锦标赛制价格体系导致了扭曲性的生产和投资，同时，在权力—心理效应作用下又进一步诱导了超前消费，而扭曲性生产投资和超前消费都会耗竭经济发展的物质基础，由此产生了日益深重的周期性经济危机。① 这样，通过将心理意识和权力结构结合起来，就可以揭示出真实市场中的锦标赛制定价体系，进而可以深刻洞悉经济周期和经济危机的市场内生性。

根据锦标赛制定价体系的经济周期理论，为缓和和克服内生于市场经济体系的经济危机，现代政府往往就会采用以下两大政策：第一，为提防资源耗竭和储蓄不足引发的经济危机，一国需要根据其产品的需求市场审慎地引导产品和产业结构，需要有意识地限制那些以国内市场为主的高级品的生产和投资（如征收奢侈税）；第二，为摆脱经济危机爆发后因过度调整而陷入长期的经济萧条，一国政府需要采取积极的逆向政策，而信用体系和信贷制度则成为重要工具。显然，这种政策路向基于经济危机爆发前的提防和爆发后的解决这两大维度深入审视了奥地利学派的思维和政策，进而为有为政府在其中可以且应该承担的积极功能提供了理论基础。不过，这里又潜含着这样一个困境：一方面，面对经济危机，凯恩斯主义提出通过刺激消费或者增加政府支出的方式来解决需求不足的问题，而这种措施又需要借助信贷扩张；另一方面，锦标赛制市场定价体系的经济周期理论却指出，信贷扩张往往会刺激对高级产品的过度消费和投资，从而加速社会资源的耗竭，最终将破坏经济的持续增长。

---

① 首先，要识别市场内生的经济危机，就要深入揭示市场结构以及相应的消费、生产、投资、利率、价格等结构，而其中的关键维度就在于揭示市场主体的心理意识。究其原因，消费、生产和投资等一切决策根本上都是由市场主体做出的，而市场主体的决策和行动往往源自某种心理意识。更深层的原因则在于，根本上具有不确定性的市场根本无法形成确定性的供求曲线并基于供求曲线交叉来获得市场均衡价格，相反，人们主要是借助一定的锚定值来预测产品和劳务的价格并促成契约和交易，而人们对一个商品所形成的锚定价值就源于这种心理意识。其次，要真正认识市场经济中消费结构与生产投资结构相脱节所引发的经济危机，更为关键的维度在于剖析真实市场中的产品定价机制。究其原因，引导生产和投资（也包括消费）的最基本机制就是市场价格，而消费效用、生产成本以及投资领域等也都与价格有关。更进一步地，不同产品的价格锚定值往往依赖于或基于一定规则所形成的等级序列，进而形成了锦标赛制的市场定价体系：不同产品的价格水平和不同劳务工资的水平往往依赖于其所属等级。最后，要挖掘现实市场中的定价机制及其对消费、生产和投资的驱动，还需要深层次剖析嵌入市场经济和运行中的权力结构。究其原因，现实市场中生产者往往比消费者拥有更大权力，生产者不仅会基于效益原则对高级产品进行过度投资和生产，而且还可以通过广告等措施来诱导社会大众对高级产品进行过度消费。

既然如此，我们究竟该如何理解现代信用制度在助长和化解经济危机中的作用呢？在很大程度上，这就需要全面认识信用体系和信贷制度在经济发展和危机进程中的作用，需要辨识信用体系和信贷制度对现代经济发展所带来的双重效应。有鉴于此，本文就现代信用体系对经济危机的影响进行全面审视，尤其是深入剖析并系统比较凯恩斯主义和奥地利学派有关信用制度对经济影响的观点，由此来启迪我们对一些流行制度的现代性进行反思。

2 弥补储蓄不足的现代信用制度：两种主要观点

为了尽快从经济危机和经济衰退中解脱出来，凯恩斯主义诉诸扩大政府支出的财政政策。但是，奥地利学派却对这一政策主张提出强烈的批判。其理由是，凯恩斯主义错误地将储蓄和投资视为两个完全单独的过程，储蓄从消费支出的消费流中“漏出”，投资支出则从其他地方“涌出”，由此政府政策就能够在刺激投资的同时抑制储蓄；但是，奥地利学派则强调，储蓄和投资根本上是紧密相连的，从而不可能通过抑制储蓄来促进投资。在这里，奥地利学派正确地揭示出了凯恩斯经济学的理论和政策缺陷，进而提出了不同于凯恩斯主义的经济增长观。事实上，凯恩斯经济学承袭了新古典主义偏重以消费需求拉动经济增长的路径：消费者支出越多，越有助于刺激生产和投资增长；进而，当消费和投资支出出现不足时，就由政府介入来维持总需求。但与此不同，奥地利学派继承了古典主义重视以生产投资推动经济增长的路径：储蓄增长将带来资本品的增加，进而通过利率的下降而刺激生产和投资。显然，这不仅有助于科技进步、提高生产率以及产业创新，而且还会以更低的成本提供更好的新产品，进而通过拓展新市场、提升工资水平而促进消费。因此，奥地利学派认定消费是经济繁荣的结果而非原因，进而积极推行重视储蓄和生产的供给侧管理政策。

但是，奥地利学派的政策主张也会遇到这样的诘问：“如果成千上万的消费者决定存钱，克制买新车，较高的储蓄率将会减少汽车生产，导致员工失业，极大削减汽车公司的利润，因此损害经济。”面对这一问题，奥地利学派学者马克·史库森的回应是：“新增的储蓄将会扩大投资资本库，促使银行和其他中介机构降低利率。这反过来将会促进企业更新设备，淘汰旧设备（例如旧电脑），以及投资于研发，甚至这会让汽车公司制造更新更好的设备来制造更多更便宜的汽车。消费支出的降低将会被企业支出的增长所抵消。利率的降低可能也会降低消费者贷款消费的成本。”也就是说，只要存在一个有效的社会机制，社会储蓄就会转化成投资，以投资支出来弥补消费支出的不足。当然，人们还会进一步诘问：“如果消费支出跟不上，扩大投资后生产出的产品又如何处理？”一般地，只要人们的消费需求是根源于生活进程的实际需要，当这些需要得到充分满足之后，社会就可以将这些资金用于促进劳动分工深化和产业结构延伸的扩大再生产，以及用于促进技术进步的教育和研发投入，从而极大地推动生产力的提高。在这种社会情境中，人们的自由时间就会更多，生活品质就会更高，社会也就进入一个良性发展过程。

当然，基于理性逻辑所获得的理想状态通常是美好的，但在现实世界中，奥地利学派的上述解释依然面临这样的挑战：市场本身充满了不确定性，产品的生产周期越长，所承担的不确定风险就越大；这样，在经济疲软甚至是经济危机已经显露的情况下，厂商又如何敢于积极扩大投资以及延长生产过程呢？事实上，在只见开支不见收入流的情势下，企业通常都无法制定出足够长时期的研发、投资和生产计划；相反，企业会更倾向于将这些资金投入到既有产品的生产中，这也是经常出现短期内产品“生产相对过剩”的重要原因。综合以上分析，我们可以得出两个基本观点：第一，固然储蓄和资本积累是经济持续增长的物质基础，但一味地提高储蓄在现实中往往会滋生出有害的后果，因而就需要在储蓄和消费之间达成某种平衡；第二，固然个人和企业是市场活动的主体，但政府对研发和生产活动的适当参与也是有利的，这有助于在高储蓄率情形下有远见地实现较长期的最优科研和生产计划。也就是说，从长期计划的实施以维持经济持续增长看，政府可以且应该发挥显著的积极作用。由此，我们又回到了凯恩斯主义的主张：政府在促进经济持续增进和应对经济衰退上应该且能够发挥积极的作用。

然而，这也并不意味着现实世界中政府对经济的参与或干预都是积极有效的。显然，这就涉及对政府功能作清楚的界定，以及建立一套有效的权力和行为监管体系。从这个意义上说，对凯恩斯经济学的理论认知和政策主张又需要一分为二地看：一方面，在经济衰退和萧条时期，政府采取某些积极的救市政策是必要的，也是可行的；另一方面，政府所推行的这些政策并不总是有效的，尤其是在经济平和运行时期往往还会带来适得其反的效果。就此而言，我们可以深入审视一下凯恩斯主义政策所依凭的信用体系和信贷制度：凯恩斯之所以将储蓄和投资分开，进而提出通过刺激消费支出和投资支出的方式来解决需求不足问题，就是依赖基于现代信用体系的信贷扩张这一基本工具。但问题是，这种凯恩斯主义偏重消费和投资支出的政策能否成为社会经济发展的常态呢？这里，实际上就关乎我们对一种流行谬见的认识：人们往往将最后出现的事物视为最高级和最成熟的。正是按照这一逻辑，凯恩斯经济学就被称为现代经济学（凯恩斯甚至将它之前的所有经济学都称为古典经济学），进而，凯恩斯经济学所开出的政策也就比以前的古典经济学以及奥地利学派更为合理和先进，相应地，现代社会广泛存在且不断发展壮大的信用体系和信贷制度当然也就具有很强的合理性。

3 信用制度对经济危机的实际作用：双重效应解析

凯恩斯主义将信用体系和信贷制度当作摆脱经济萧条以及维持经济繁荣的基本工具，但哈耶克（A. Hayek，又译为海约克）等奥地利学派学者却将信用体系和信贷制度视为经济危机的根源。哈耶克写道：“近来人们大力鼓吹消费者贷款，以此来挽救经济萧条，这个方法，在事实上会发生完全相反的结果；对消费者货物需求的相对增加，只可能把事情弄得更糟。

至于就对生产用途而贷款的影响而言，事情则不是这样简单。在危机的尖锐阶段，当资本化的生产结构趋于减缩得比最后证明系必要的程度更甚的时候，扩张生产者信用或许会有良好的结果……但增加生产贷款只有这样做才行，即把贷出款项的数量加以调节，使其恰能够抵消消费者货物相对价格的最初的过分的上涨，并且，能够采取措施，在其价格下跌以及在消费者货物的供给和中间品的供给之间的比例应该适应于两者需求之间的比例时，把增发的贷款收回。”那么，信用体系和信贷制度对社会经济发展究竟起何种作用呢？它对现代经济危机又会产生何种影响呢？

一方面，从理论上说，信用制度在生产中所扮演的角色并非是破坏性的。其实，哈耶克在上段话中已经表明，信贷扩张对经济的实际效果通常依赖于社会情势。既然如此，哈耶克等奥地利学派学者为何又认定信贷扩张将会导致生产结构的扭曲呢？其重要原因就在于，奥地利学派的这一论断是建立在“充分就业”这一前提之上，进而也就将消费品生产和资本品生产视为替代性的。但问题是，任何时代、任何社会都不可能完全做到“充分就业”。对此，哈耶克也是认可的：“我们甚至可以进一步来这样假定，除了在经济勃兴时期以外，或多或少的闲置资源的存在乃是一种经常的现象。如果我们做出这样的假定，我们就必须把我们的理论运用到这种情况上去，以资补我们以前做出的关于货币流通量的变动对于生产所起的影响的研究。”相应地，一个社会的经济状态离“充分就业”越远，那么，信用制度对生产的积极作用也就越显著。很大程度上，凯恩斯主义的经济政策所针对的正是远离“充分就业”的萧条状态。为此，现代奥地利学派学者奥德利斯库和舍诺伊也指出：“当资本品和消费品产业中都存在剩余生产能力和失业工人时，信贷扩张允许较高的就业和产出水平。如果生产能力闲置的原因是不良投资，这些投资不能被结合到资本结构之中，那么，增加信贷只会加重这些资源配置扭曲，从而创造出更多潜在闲置资本和劳动资源。”这也意味着，在是否应该且能够运用信贷扩张来应对经济困境时，我们需要辨识社会情势。

另一方面，尽管信贷扩张可以成为缓解和摆脱经济萧条的一个重要举措，但无论如何，我们都不能将以信用或信贷扩张来推动经济增长作为常态。究其原因，持续的经济增长根本上依赖于资本积累这一物质基础，这一资本积累必须是实实在在的，根本上来自于没有消耗掉的储蓄；相反，由信贷扩张带来的“资本”则是虚假的，它只是货币数字所产生的幻觉，缺乏实际物质的基础。更不要说，信用制度和信贷扩张所滋生出的收入幻觉效应往往还会激发出人们更趋非理性、非计划以及无节制的消费，从而降低维持经济增长的资本积累。例如，A女士在未办理信用卡之前使用现金消费时，往往将超过500元的衣服视为过于昂贵而不买；但当她使用信用卡之后，这种心疼的感觉就减轻了，开始慢慢消费起500元的衣服。事实上，到2005年，35岁以下的美国人中有一半都存在信用卡欠款，其均衡值为3714美元，这还不包括教育、汽车、房屋以及其他种类的债务，以致那些年轻的父母在2008年的平均储蓄率是零。尽管如此，在凯恩斯经济学的渲染下，这种透支消费的行为在现代社会却成了一种美德，因为它可以刺激生产和经济增长，从而推动社会的普遍繁荣。为此，亨特·刘易斯就写道："在凯恩斯革命之前，一般的英国人或美国人都会赞同米考伯先生①的说法②。在这场革命之后，所有的观念都变了，尤其是在美国。过度支出、储蓄不足、债务以及不顾未来成了一种生活方式。"

当然，我们还需要进一步思考：社会大众为何会有如此的消费幻觉？根本上又在于西蒙提出的有限理性：人们有时是健忘的、冲动的、混乱的、有感情的和目光短浅的，不能真正地总是追求其最优目标；即使有更好的选择，也不会随时变动决策，而是获得满意的结果即可。卡尼曼在《思考，快与慢》一书中也系统阐述了心理学家斯坦诺维奇（K. Stanovich）和韦斯特（R. West）提出的人脑两套系统：系统一的运行是无意识且快速的，不怎么费脑力，没有感觉，完全处于自主控制状态；系统二则将注意力转移到需要费脑力的大脑活动（如复杂的计算等）上来。同时，基于大量的行为实验和经验观察，卡尼曼得出结论说："人们显然匆匆忙忙地给出一个答案，而不是根据记忆找到一个准备好的答案。"事实上，人类理性的一个基本内容就是意志力，越是有理性的人，越是能够自我控制；同时，为了增强自身的意志和克制力，他还会有意识地采取某种能够抵制诱惑的措施。譬如，有意志的吸烟者往往宁愿花费更高的价格一包一包地买烟而不是整条地买，目的就是防止吸烟不受控制；有意志的赖床者会选择将闹钟放到隔壁，这样不爬出被窝就无法关掉闹钟；意志坚决的产妇在分娩时也拒绝将笑气面罩放在身边，以免弱化自己不使用麻醉的意志。但是，现代社会开发出的众多工具和设施恰恰增加了人们即时行动或选择的方便，从而会大大弱化或消磨而非增强人们的意志和克制力，进而也就会降低人们的理性程度。信用体系就是这样的工具，它大大弱化了人们抵制那些舆论宣传诱惑以及购买欲望的能力，甚至使人们在还不清楚自己需求的情况下就"即兴地"消费。

为了支持通过信贷扩张来促进和维持经济繁荣的主张，凯恩斯也诉诸利率这一基本传导机制。凯恩斯极力主张维持低水平的利率，甚至鼓吹在经济萧条时期将利率设定为零，由此来刺激投资。问题在于，厂商拿什么去投资呢？从根本上说，政府大量发行的这些纸币并不是真实的投资品（资源），它需要通过购买并投入真实资源才能形成真正的投资。一般地，如果存在大量的闲置资源，同时经济又不景气，那么，低利率将会激发这些资源的使用从而促进经济增长。但是，在闲置资源不多的常态经济中，货币的增发并不能带来更大的投资。而且，实际效果通常还会恰恰相反：一方面，低利率刺激消费，从而造成储蓄下降；另一方面，低利率使得资本的自然价值得不到实现，进而必然又会造成资本使用无效率。很大程度上，正是由于当前世界各国热衷于通过货币发行等方式来刺激经济增长，反而使得社会储蓄率大大

① 狄更斯小说《大卫·科波菲尔》中的人物。

② 即因节俭而有剩余是快乐的。

下降了，从而也就严重破坏了经济持续发展的基础。亨特·刘易斯就写道："将政府新印制的货币与'储蓄'混为一谈是一种奥威尔式（Orwellian）的表现。不管货币的'印刷'有何利弊，它与储蓄都是两码事。储蓄这个词指的是挣来的钱中没有花出去的那一部分，它们或者是用来以备不时之需，或者用来进行投资。"在这里，凯恩斯显然犯了一个严重的逻辑错误：一方面，他认为人类太过关注未来，从而导致消费太少以及储蓄太多；另一方面，利率太高又导致了投资太少，进而引向了人类贫困。问题是，如果储蓄果真太多的话，为何还会出现利率过高的情境呢？利率过高的情形通常只出现在经济持续衰退的困境之时。进而，如果像凯恩斯所认定的那样，人类历史上的储蓄一直多于投资，那么，他又为何还要主张印刷更多的货币呢？尤其是，如果试图通过增发货币来推动常态下的经济增长，这又犯了另一个更严重的错误：错误地理解了货币的性质，进而也就曲解了真实的投资品和经济增长的物质基础。

因此，尽管信用体系和信贷制度已经成为现代社会中的枢纽性经济制度安排，但是，我们还是必须充分认识到其作用的双面性，由此也就可以更清晰地认识并提防其对经济危机的助长和激化。前美联储主席沃尔克甚至说，ATM是最后一个真正有用处的金融创新。不幸的是，现代经济学人尤其是那些应用政策经济学家往往深受凯恩斯主义影响，甚至会严重混同具有不同性质的投资支出和消费支出，进而也就无视投资的真实来源；相应地，他们也就很少认识到甚至几乎完全不理会哈耶克等奥地利学派在信贷分析上的洞见，进而也就缺乏对信用体系和信贷制度的批判性审视。正是受这种认知的指导，现代金融业务供给以及金融衍生品等不断推陈出新，但其结果却是，社会财富加速消耗，最终触发并加剧了现代经济危机。从根本上说，无论是社会分工的深化还是生产结构的延伸，都建立在资本积累以及相应的科技进步之基础上。同时，无论是科技研发还是技术应用，也都依赖于真实财富（或资本）的持续积累而不是虚拟财富（货币）的信贷扩张；相反，由现代信用体系所孕育出的信贷扩张往往只会更加快速地耗竭真实财富（或资本），最终将会制约技术进步、生产结构深化和生产率提升。迈克尔·雅各布斯和玛丽安娜·马祖卡托就指出："（2008年）金融危机暴露出一个令人不安的真相：在过去10年经济看似呈现出良性增长态势，实际上既不意味着生产力持续提升，也不意味着国民收入稳步提高，反而造成家庭和公司债务均增加到空前水平。"在很大程度上，迄今流行的学说和论断往往都是基于特定视角展开，它们通常给出了某方面的洞见，但同时却可能忽视了其他方面。相应地，更为合理的理论和政策应该洞悉其中利弊，通过有机的契合得出更为合理的理论和政策，这也是本文所致力探究的工作。

4 现代社会何以会出现储蓄不足：凯恩斯观点再审视

一国的经济增长需要以充足的资本积累为基础，相应地，当资本积累不足或者社会财富耗竭时，必然会导致经济增长的停滞和中断，而急速的增长中断或衰退就表现为经济危机。

显然，以信贷扩张来维系消费和投资，低利率将会对经济产生双重影响：一方面，这有助于既有储蓄得以充分利用（被投资到生产领域），从而可以在短期内促成表面的经济繁荣；另一方面，这不利于储蓄积累和资本形成，由此会瓦解维持经济增长的物质基础，进而在长期上造成更为深重的经济萧条和经济危机。150 年前，英国记者埃文斯（D. M. Evans）就写道："所有大恐慌都有一个共同特征，即它们都发生在一个表面繁荣的阶段之后，其空洞暴露无遗。当我们发现自己能快速获得财富，还不用重复单调乏味的工作时，我们几乎就可以断定，大恐慌来了。"正是在这个意义上，凯恩斯将经济危机归咎于有效需求不足，进而归咎于居民储蓄太多，但这显然完全搞错了方向。事实上，经济危机期间之所以出现有效需求不足，根本原因就在于，之前的表面繁荣时期产生了过度消费，以至于储蓄变得明显不足，乃至无法维持原有的生产和投资，难以产生维持原有生产规模的现金流。

迄今为止，经济增长的中断以及经济危机的出现根本上都源于储蓄积累以及相应生产性投资的不足。由此，我们就需要深刻反思这样一个困扰：凯恩斯为何会误以为人类社会中的储蓄已经太多了而非不足呢？确实，在市场竞争日趋激烈的资本主义社会，马太效应导致收入差距持续加速扩大，进而提高了社会总体储蓄率。但问题在于，锦标赛制定价体系使得这些储蓄大多被投入高级产品的生产领域，从而造成高级产品的过度生产和投资，这也就是我们通常看到的投资过热现象。那么，我们又如何认定高级产品的生产和投资出现了过度呢？其基本理由是，拥有真实消费能力的富人所增加的需求并不能完全抵补这些高级产品的供给，而其中有相当一部分高级产品是由不具有真实消费能力的穷人（或次级富人）所需求的；进而，穷人之所以会产生出这部分需求，是在生产者主权诱导以及攀比效应下进行透支消费的结果。显然，这部分需求没有坚实的财力基础，从而也就很不稳定。这样，一旦遭遇外来事件的冲击而无法进行透支消费时，这些高级产品的生产和投资就因为需求的剧降而无法维持下去；从而，原先在与此相关产业链上的投资就会成为沉没成本而被浪费掉，进而导致那些原本具有真实需求的产品也因缺乏资本而无法顺利生产，这就表现为明显的储蓄不足。

同时，凯恩斯之所以会误以为人类社会上一直存在太多的储蓄（多于投资需求），还在于他倾向于将储蓄视为利率的结果而非成因，而经济繁荣时期通常会有较高的利率。一般地，繁荣时期的高利率往往会产生这样的效应：一方面有助于社会储蓄的增加，另一方面又会阻碍厂商的投资（因为厂商并不能精确地预测投资回报率）。其带来的显著后果就是，在繁荣时期，社会上往往会存在明显的储蓄闲置。据此，凯恩斯认为，社会越富裕，利率越高，"未用"的储蓄也就越多。从这个角度上说，凯恩斯的"直觉性"认知具有一定的社会基础。尤其是在经济萧条时期，过高的利率还会更为严重阻碍生产和投资，由此导致经济萧条长期化。为此，凯恩斯提出的政策主张就是，通过信贷扩张以降低利率的方式来刺激消费和投资，以期弥补生产和消费之间的失衡。正是在这个意义上，凯恩斯经济学具有明显的实用主义取向。在很大程度上，正是受凯恩斯主义学说的影响，欧美国家在“二战”后就普遍而长期地推行刺激消费和投资的政策。

然而，凯恩斯并没有进一步剖析实然现象背后的实质，更没有进一步剖析其隐含的问题。这至少表现在以下两个方面：第一，资本主义的经济问题是结构性的，高利率下的“未用”储蓄大多并不是来自社会大众，而主要是来自少数富人，因此，降低利率往往并不能有效地刺激社会大众的消费支出；第二，信贷扩张的主要作用也不是刺激社会必需品的生产，而是会进一步强化高级产品的过度生产和投资，从而使得经济失衡变得越来越大而最终产生更大规模的危机，尽管这个危机的爆发时间被推迟了。杰弗墨·萨克斯就指出，正是掌管美联储20年（1987~2006年）的格林斯潘误判了全球经济的发展形势，从而助长了几次金融危机的壮大，包括2008年的金融大崩溃。譬如，格林斯潘认为，美国“新经济”产生了新的增长潜力并创造了劳动生产率奇迹，进而保证了美国较低水平的通货膨胀率，为此，他主导的美联储就积极推行低利率的信贷扩张政策。但殊不知，美国的通货膨胀率之所以能够维持在较低水平，关键因素是中国等低价商品大量涌入美国市场而非美国生产率的提高；同时，美国的低利率政策还进一步刺激了美国国内的过度消费，尤其是促使了房地产价格的飙升。

最后，为了更深刻地认识凯恩斯刺激效应所潜伏的负效果，我们再来看一下加尔布雷思所提出的一个极具启迪的见解。加尔布雷思指出，那些没有暴露出来的贪污行为对经济发展将会产生显著的凯恩斯刺激效应，其原因是，一方面，被贪污者往往以为自己依旧富裕而延续原有消费方式；另一方面，贪污者因获得了收入而增加消费。但是，这种贪污行为迟早会败露，而且一旦败露就会导致原来的刺激效应迅速消失，进而就会造成经济增长过程的巨大震荡。正是通过对那些尚未败露的贪污行为的后果分析，加尔布雷思创造了“黑金”一词。其实，现实世界中存在大量的收益转移机制，它们都会产生类似的凯恩斯刺激效应。美国投资家查理·芒格就认为，经济学中有许多与“捞黑金”相同的行为，它们创造出了更为强大的“财富效应”，并由此将加尔布雷思的“黑金”理论扩展进而提出“捞灰金”理论。譬如，华尔街的金融专家和投资顾问的高额收入就具有这性质：这些金融专家和投资顾问认为自己的收入是通过正常市场行为（出售有害的投资建议）换来的，而广大股东在股市上涨过程中也感受不到这些钱的浪费；但是，股市不可能一直上涨，这些浪费的金钱在股市崩溃时就会充分显露其负效应。由此推之，现代信用体系也提供了一个扩大“财富效应”的社会机制：授信者不觉得财富减少而依旧延续以前的消费，而获信者则因获得新的收益而增加消费；但是，当获信者无力偿还其信贷时，信用负效应就会迅速扩展开来，消费不足也就成为社会经济的明显特征。显然，“黑金”理论和“捞灰金”理论可以进一步揭示出凯恩斯主义政策所存在的问题：通过增长货币并以货币幻觉来提高市场消费最终将会耗竭社会财富，破坏经济增长的物质基础。

5 解决储蓄不足的社会性措施：社会文化和制度安排

除了政府政策上的错误引导外，经济危机的酝酿和爆发往往还与社会大众非常短视的享乐主义生活态度有关；结果，就如政府抛弃长期经济规划一样，普通家庭也抛弃了在个人开支方面精打细算的传统。例如杰弗里·萨克斯就写道："成百上千万的美国人习惯于过着今日过度消费、明日追悔不及的日子：他们过度吃喝、过度借贷、过度赌博、过度看电视，或者过度沉溺于其他容易上瘾的事情。"正是考虑到资本积累对经济增长的基础性意义，我们可以得出这样的结论：现代社会之所以能够取得快速的经济增长，成也资本主义，败也资本主义。就前者而言，资本主义中的市场马太效应所带来的收入两极化往往有助于储蓄率的提高，进而有助于生产和投资的扩大；就后者而言，资本主义中的收入分层也可能激发社会大众的超前消费，进而就会导向经济危机。这反映出，市场经济中不断拉大的收入差距对经济发展实际上具有双重效应。而且，这种双重效应还典型地对应了西方资本主义的不同发展阶段：前者主要由禁欲苦行的宗教冲动力所激发，这是早期资本主义蒸蒸日上的主因，韦伯对此做了分析；后者则主要由贪婪攫取的经济冲动力所驱动，这是后期资本主义不断爆发危机的根源，凡勃伦对此做了刻画。

事实上，从西方社会发展史看，经济冲动力在漫长的历史时期一直受到抑制，先是服从于习惯风俗，继而受制于天主教道德规范，随后又遭受清教禁欲和节俭的规训。英国经济史学家理查德·亨利·托尼就写道："当宗教改革时代开始时，经济学仍然是伦理学和神学伦理学的一个分支；所有人类活动都被看作是在一个其特性是由人类的精神命运决定的单一系统范围内发生的堕落；理论家求助于自然法则而不是功利主义；经济交易的合法性不大受市场变动的检验，而较多地受来自基督教会传统教义的检验；教会本身被看成是一个在社会事物中有时掌握理论权威，有时掌握实际权威的团体。"然而，随着政治思想的世俗化发展及其带来的社会革命，基督教会以及宗教伦理对人们行为的引导和规范就逐渐式微了。理查德·亨利·托尼说："到复辟时期，宗教已从支撑社会大厦的基石变成了其中一部分，而权利规则的观念则被作为政策的裁决者和行为标准的经济权宜之策取代。人作为一种精神存在，为了活下去，必须适当地把注意力投向经济利益。人有时似乎已成了一种动物。"随着宗教冲动力的耗散，经济冲动力得以茁壮成长进而呈现出不可抑制的发展趋势，这也是丹尼尔·贝尔刻画的隐藏在资本主义中的深刻的文化矛盾。

同时，宗教冲动力之所以被无节制的经济冲动力所取代，一个重要因素就是，大资本所有者控制了国家权力，并制定了有利于自身利益最大化的制度安排和社会舆论。事实上，大资本家的根本目的在于最大化自身收益。那么，他是如何实现这一点呢？在资本主义市场经济中，大资本家的收益根本上来自社会大众的消费。正因如此，资本当权的资本主义社会，资本家和企业主就会致力于刺激社会大众进行消费的工具创新，如消费信贷、次级房贷等都是典型工具。更为甚者，尽管这种超前消费已经瓦解了经济增长的基础，但受大资本家和企业主控制的西方政府却根本没有意愿也没有能力采取适当的抑制措施；相反，几乎所有的政策和制度安排都是听任甚至鼓励这种超前消费的发展，进而也会通过媒体舆论和营销心理来引导大众的超前消费。① 所以，丹尼尔·贝尔强调："造成新教伦理最严重伤害的武器是分期付款制度，或直接信用。从前，人们必须靠存钱才可购买。可信用卡让人当场立即兑现自己的欲求。机器生产和大众消费造就了这新制度，新欲望的不断产生，以及用以满足它们的新方法也促成了这一改变。"基于这一分析，我们也就可以清晰地认识到，如果不从根本上解决这些问题，特朗普政府根本就不可能改变美国持续贸易逆差的基本趋势，也不可能真正促使资本回流美国。

由此，我们就可以得出一个基本结论：一个市场经济要维持持续的经济高增长，关键在于存在一种能够激励储蓄和投资的制度安排。显然，这种制度安排不仅可以根基于早期西欧社会中的那种宗教信念，而且也可根基于传统儒家社会中的那种社会责任。事实上，儒家社会孕育着浓郁的集体主义和"尽其在我"的社会责任观，因而人们不仅关注个人未来生活的稳定，而且关注子孙后代的生活状况；不仅重视现世社会生活的福利水平，而且重视世世代代乃至整个人类的利益状况。② 为此，儒家历来教导人们或者家庭要有量入为出的生活方式，一直倡导节俭和储蓄的秉性；相应地，儒家社会的储蓄率就相对较高，近年来中国的储蓄率甚至达 50%。显然，基于节俭所产生的高储蓄为经济的快速增长夯实了物质基础，正是在这个意义上，尽管儒家社会没有自然孕育出资本主义生产关系，但儒家文化却与资本主义精神具有很大的相通性，由此也可以解释日本、东亚"四小龙"在 20 世纪 60~80 年代以及中国大陆在 20 世纪 80 年代之后的经济发展。同时，正是以这种高储蓄的习惯为基础，中国人就不太会像西方人那样经常性地陷入突然没有货币进行消费的困境，进而中国社会也就不会爆发出大规模的经济危机。但其问题主要在于，储蓄率过高通常会造成国内需求不足。在这种情形下，为维持经济的平稳运行，就需要扩大海外需求来作补充。相应地，在海外市场受到限制的情况下，这通常会造成社会需求的长期疲软，进而造成经济发展的低迷和乏力。在很大程度上，这已经在近 20 年来的日本社会得到充分展现，并且在当前中国社会的需求情形中日渐显现出来。

① 大卫·哈维按照《资本论》的逻辑将资本运行分成四个阶段：价值生产、价值实现、价值分配和价值增值。同时，他特别关注现代社会中的价值实现阶段，也就是消费阶段。在价值实现这个消费阶段，顾客的消费存在必要消费和多余消费之分，而商人为了获取最大利益就会对顾客采取诱惑方式来促使他进行多余消费。

② 儒家的生活世界包含了个体、社群和自然这三个层次的和谐观：第一，自然有机体内部的自适与均衡，注重个体生命的全面发展而非限于物质需求一隅；第二，由个体有机体的和谐推广到人际关系和社会秩序的和谐，由个人与社群的健康互动而维护社会的稳定；第三，进一步推广到整个宇宙之中注重人与自然的和谐共处，克服人与自然的疏离而形成天人和合。同时，儒家的和谐观不仅体现出重视现世社会生活和谐的共时性，更体现出整个人类持久和谐的历时性，要考虑世世代代整个人类的利益。正是基于历时性的和谐观，儒家不但强调家庭要量入为出以及倡导节俭和储蓄，而且也要求合理地使用自然资源，要对子孙后代负责。最后，儒家所理解的理性是能够超越自我而追求整体、超越短期而追求长期的能力，儒家社会也更善于着眼于社会长期和谐发展来看待资源配置的合理性，更注重基于整个社会的需要来配置自然的或社会的资源，更关注人与自然之间的共生性以及人与人之间的协作性。

然而，尽管内需不足会造成经济增长乏力，但它毕竟仍然维持着需求的某种可持续性，通常不会爆发需求的突然中断；相应地，即使在世界性经济危机的冲击下，这些储蓄依旧能够支撑一般水平的消费，从而也就有助于避免陷入深度的经济萧条。由此我们也就可以发现，关怀家庭和子孙福祉的儒家责任文化有利于维持社会经济的可持续发展，也有利于防止经济危机的爆发以及经济的深度衰退。从本质上说，可持续发展就是一个人与人之间的合作问题，而合作关系则与特定社会的文化伦理有关。与此不同，在享乐主义盛行和物欲主义膨胀的西方社会，却呈现出这样的现象：一方面，社会大众储蓄率通常都非常低。在20世纪70至80年代个人支出占其可支配收入还有91%~95%，而2008年危机爆发以来几乎有半数美国人没有任何储蓄，甚至很多社会大众的储蓄已经是负值。另一方面，各级政府的财政支出也持续大于收入（西方国家的各届政府基于连任或其他目的都会尽可能地扩大支出），进而，即使在经济繁荣时期，各届政府也不会将（盈余的）财政收入留给下届政府在经济衰退时再花，最多就是通过减税刺激民众消费。明显的例子是，2008年以来美国一直实行极低的利率政策，延续至今已经使得美国经济呈现出过热的征兆，但其社会储蓄率却几乎达到了2008年经济危机以来的最低点。在这种情势下，美联储为维持经济稳定和可持续发展而对利率作了连续的微幅上调（特朗普2017年1月20日上台以后，美联储连续6次加息25基点，使得联邦基金利率从0.5%~0.75%调升到了2%~2.25%），而这却引起以经济增长率为政绩的特朗普的强烈不满和批评。正因如此，一旦遭遇经济衰退或偶然事件的冲击，西方社会为避免经济深度衰退而可选择的措施往往就只有以下两条：第一，依靠大规模的财政赤字来维持社会需求；第二，依靠货币发行来承担最后贷款人的稳定角色。但显然，这些措施只能“治标”，并且存在引发通货膨胀等副作用的可能。①

显然，相对于西方社会，中国社会先天具有抗经济危机的文化优势，在很大程度上，这也为我们确立文化自信、理论自信提供了一个重要基础。我们可以从以下两个方面做总结性阐释：第一，一个社会的储蓄率往往与社会文化和认知水平有关，因为时间偏好本身就体现出人类的代际关系，涉及现世人对后代的关注程度。一般地，集体主义文化中的人们往往会承担更大的社会责任，他们通常更加关注社会共同体或后世子孙的利益，更加关注长期利益和未来需求，从而倾向于追求美好未来而抑制目前的消费冲动和即时的享乐。与此不同，个

① 当然，流行观点往往认为年通货膨胀率在5%以下的温和通货膨胀对经济增长是有利的，其理由是：第一，温和的通货膨胀有助于厂商降低成本而获得更高利润，从而有助于刺激生产推动型经济增长；第二，温和的通货膨胀赋予社会大众以货币幻觉而维持甚至增加消费，从而也有助于刺激消费拉动型经济增长。但是，这一分析逻辑也会遭遇严重的挑战：第一，损失厌恶效应将使得工人通常会要求更高水平的工资提升来弥补温和通货膨胀所造成的损失，否则他们会认为遭受不公平对待而降低劳动效率；第二，温和通货膨胀还会刺激人们更多的消费支出，由此耗竭了经济增长的物质基础。从根本上说，经济增长必须以实际存在的剩余产品为基础，而无法长期以虚拟物品——货币为基础。此外，温和通货膨胀还会滋生出不利经济增长的其他效应，如加剧市场交易和经济发展的不确定性。例如，银行只有以更高利率才可以吸纳储蓄，也只有以更高利率才愿意贷出货币；同时，厂商是否愿意以更高利率获得贷款，又需要对不确定的经济情势进行预测。

体主义文化下的人们通常更加关注个体的利益，而有限理性和认知也使得个体看不到长期利益和未来利益，从而通常会滋生出即时享乐的冲动和需求。正因如此，现实时间贴现率往往与社会文化有关：在集体主义文化的社会，人们愿意接受的时间贴现率往往较低，因此储蓄率相对较高，相应地，社会经济也就更有可能获得可持续发展。第二，储蓄率大小还反映出一个人或社会的理性程度，因为人类理性本身就体现为对长远利益的认识和实现。一般地，就个体而言，一个人的理性程度越低，其行为通常也就越短视和轻率，越追求即期的享乐，越不会对未来负责，从而导致个体储蓄率往往也越低；就社会而言，一个社会的集体理性越低，通常就越只关注现世人的利益，越不关心未来和后代，意愿贴现率就越高，从而导致社会储蓄率往往也越低。事实上，现实储蓄率究竟有多大，这通常与人们的意愿贴现率有关，进而取决于人们在多大程度上关心未来、关心后代，而这又是一个社会文化的体现。显然，从结果理性角度上讲，较低的意愿时间贴现率以及相应的高储蓄率往往是社会更好的发展途径。从这个意义上说，儒家社会为社会经济的可持续发展夯实了理性和文化基础。

当然，关注长远并克制短期欲望的理性思维和责任文化并不局限于儒家文化中，而是几乎所有的人类文明都具有的特征。无论是在亚里士多德的著作中还是在斯密的著作中，我们都可以看到在享乐主义和禁欲主义间的平衡追求，都可以看到对被誉为人类行为黄金律的中庸思想之推崇。相应地，这些著作实际上都提出了关注长远利益和社会利益的“为己利他”行为机理，都将“克己”视为人类行为和社会交往的基础，进而都对那种放纵行为进行批判和告诫。但与此同时，人类个体的理性都是不完全的，都处于发育过程之中，这就导致他们“很容易接受过度消费主义的影响，转而寻求感官刺激或沉溺于对自我私利的追逐，导致在短期内获得满足，但从长远的角度上看却最终无法获得幸福”。其中，最重要的影响就来自新古典自由主义以及嵌入其中的市场原教旨主义：“根据这种说法，个人知道什么东西对自己是最好的，因此应该让每个人根据自己的意愿独自行事；国家不应该对个人征税；只要个人没有对其他人造成直接伤害，他（她）就无须对其他人承担任何道德责任”。但是，正如萨克斯指出的，这种认知的出发点就是错的，因为“如果不接受社会和政治责任，个人实际上不可能获得成功的……幸福感的产生不仅通过个人同期创造的财富联系在一起，而且通过个人同其他人的关系联系在一起。一个充满同情心、互助和集体决策的社会不仅对可能获得帮助的穷人有利，而且也对那些可能提供帮助的富人有利”。

可见，现代主流经济学的消费主义观念对现代商业社会和市场经济的发展产生了显著的破坏性影响，它诱导出人们极其短视的享乐动机，刺激他们追求各种炫耀性消费；在这种外部性影响下，人们不仅会丧失基本的社会责任和同情心，而且也会消磨和弱化人类理性。正是由于“每一个人都处于一个充满诱惑、欲求和幻想的世界中，因此我们必须在面对这些诱惑和陷阱时找出一条能够永久性地克服困难的道路”，萨克斯呼吁：“作为个人，我们应当重新恢复我们生活当中工作与闲暇、储蓄与消费、自我私利与同情心、个人主义与公民责任之间的平衡。作为一个社会，我们应当在市场、政治和市民社会之间建立某种恰当的关系，以便解决我们在21世纪所面临的复杂挑战。”在这里，萨克斯承袭了佛家的自我醒悟思想，提出要塑造一种新的“用心”（Mindfulness）意识，这具体现在以下八个方面：①对自我的“用心”：保持个人节制以避免沉溺于大众消费主义；②对工作的“用心”：平衡工作和闲暇；③对知识的“用心”：接受教育；④对他人的“用心”：以行动展示自己的同情心及合作愿望；⑤对自然的“用心”：维护世界的生态系统；⑥对未来的“用心”：承担其为将来而储蓄的责任；⑦对政治的“用心”：通过现行政治体制来培育公共思辨的意识以及集体行动方面的共同价值观念；⑧对世界的“用心”：以接受世界多样性作为通往和平的路径。萨克斯认为，“一个‘用心’的社会可以帮助我们重新塑造我们个人以及我们的社会体制所应解决的问题，促使我们的经济能够再次地服务于人类幸福的终极目标”。事实上，这种“用心”深深地根基于对市场经济及其所滋生效应的认识之上，也是对市场之恶的提防和缓和。波兰尼在《巨变》中就考察了人们合力保护社会免受市场伤害的“双向运动”：一方面，努力建立、维持和扩大自我调节市场；另一方面，则致力于保护人和社会不受自由市场的影响。

6 结语和引申思考

锦标赛制定价体系的经济危机理论表明，经济剩余和资本积累是一个社会维持和扩大经济增长的物质基础，但在锦标赛制定价体系下，经济剩余或资本积累往往会周期性地被浪费和耗竭，从而导致经济增长的物质基础被破坏，最终会酝酿出经济危机。显然，现代社会的信贷投资和信用消费在一定时期内可以弥补资本和消费不足，从而有助于缓和和推迟经济危机的爆发，这是现代信用制度迅速发展的重要原因。但是，现代信用制度的无节制发展也潜伏着更为严重的危机：一方面，银行信用所提供的毕竟不是真实的资本或财富，至多是未来的资本或财富，当未来的资本或财富无法顺利实现时，经济危机就不可避免了；另一方面，不受制约的银行信用还会助长过度消费和不当投资，从而进一步破坏和瓦解经济增长的物质基础，进而造成更为深重的经济危机。有鉴于此，我们就需要对一系列现代制度尤其是现代信用制度持审慎的态度，需要将信用体系和信贷制度的发展限制在一定限度之内。从根本上说，经济危机源于真实储蓄和资本的不足，以至于社会难以维持或扩大既有的生产规模，甚至会突然失去消费这些已有产品的需求能力；相应地，为了维持经济持续增长，根本上也就在于防止社会消费过度以及相应的储蓄不足。进而，消费过度和储蓄不足又与一个社会的文化和制度有关：享乐主义文化往往使人们更为关注即期享乐，市场竞争则使人们更容易受外部性激发而进行消费攀比。从这个意义上说，要防止市场经济中内生的经济危机，还需要借助文化培育和制度安排的手段来引导人类的行为。

当然，上述的分析也潜含着这样一个难题：一方面：一国的生产、投资以及经济增长都依赖于资本积累以及相应的储蓄；另一方面，任何产品的生产和投资又必须有相应需求的支撑，而需求支出则意味着储蓄的减少。既然如此，一个国家该如何解决消费与储蓄之间的相背呢？一般地，这就需要具体考察一国产品的需求对象。一方面，如果一国产品的主要需求场所是海外市场（即大量出口），那么，产品的需求水平就主要取决于他国的国民消费能力；此时，本国的低工资水平以及相应的低需求能力并不会显著制约该产品的生产和投资，反而因高工资增加了该产品的成本而成了出口负担，因而往往会采取低工资政策。在很大程度上，这就是重商主义经济增长的基础，也是包括中国在内的很多国家和地区为了推进经济快速增长所采取的基本实践。但另一方面，如果一国产品的主要需求场所是国内市场，那么，国内工资水平就体现了国民的消费能力，进而就会制约该产品的生产和投资，从而也就需要有与生产水平相适应的较高工资。在很大程度上，这也就是斯密型经济增长的需求基础，也是一些国家在经济水平发展到一定程度后为提高内需所采取的基本实践。基于上述分析也就可以明白，随着社会经济的发展以及国际政治经济形势的变化，中国经济增长应该从依赖海外市场转到依赖国内市场的轨道上来，因而提高内需是形势使然。那么，如何才能有效提高内需呢？一个基本途径就是要缩小收入差距，这是边际消费倾向递减规律的基本要求。不过，随着收入差距的逐渐缩小，也会使得社会经济呈现出新的形态：一方面，国民的经济福利水平将随之上升，但经济增长速度则由高速转向中低速，进而趋于高水平的福利稳定；① 另一方面，随着劳动力工资的不断提高，经济增长的基本方式也由粗放式发展转向集约式发展，进而趋于可持续的社会发展。在根本上，以上两点也就构成了中国经济新常态的基本内涵。这也意味着，如果只见经济增长速度下降却不见社会大众福祉上升，这就暴露出社会制度出了问题，或者至少遭遇了不利的社会形势。

参考文献

［1］朱富强. 咸水派和淡水派在经济危机上的分歧、共性及其问题：评保罗·克鲁格曼的《经济学家如何错得如此离谱?》［J］. 中国社会科学（内刊），2009（6）：34-39.

［2］朱富强. 不确定情形下的市场定价机制：基于心理—权力框架对新古典价格理论的审视［J］. 财经研究，2018（5）：61-82.

［3］朱富强. 内生于市场定价体系的经济周期——收入分配、价格分层与超前消费［J］. 财经研究，2019（1）：35-57.

［4］朱富强. 经济危机如何提防和善后：奥地利学派政策的两大审视［J］. 学术月刊，2020（1）：52-61.

［5］穆雷·N. 罗斯巴德. 美国大萧条［M］. 谢华育，译. 海口：海南出版社，2017.

［6］朱富强. 经济增长的逻辑：基于新结构经济学视角［M］. 北京：北京大学出版社，2018.

［7］马克·史库森. 生产的结构［M］. 陈露，姜昊骞，译. 北京：新华出版社，2016.

［8］朱富强. 国家性质与政府功能：有为政府的理论基础［M］. 北京：人民出版社，2019.

① 当然，随着社会消费从富人转向穷人，往往伴随着非生产性消费向生产性消费的转移，这也会提高财富创造和生产力提升。从这个意义上说，收入差距的缩小并不一定导致经济增长速度的下降，关键还在于，社会产品以及产品剩余用于何处。

［9］海约克. 物价与生产［M］. 滕维藻，朱宗风，译. 上海：上海人民出版社，1958.

［10］奥德利斯库，舍诺伊. 通货膨胀、衰退和滞涨［M］//埃德温·多兰. 现代奥地利学派经济学的基础. 王文玉，译. 杭州：浙江大学出版社，2008.

［11］亨特·刘易斯. 经济学的真相：凯恩斯错在哪里［M］. 曹占涛，译. 北京：东方出版社，2010.

［12］阿兰·斯密德. 制度与行为经济学［M］. 刘璨等，译. 北京：中国人民大学出版社，2004.

［13］朱富强. "经济人"分析范式内含的理性悖论——长远利益、为己利他与行为理性的理解［J］. 上海财经大学学报，2012（4）：10-17.

［14］安格斯·迪顿. 逃离不平等：健康、财富及不平等的起源［M］. 崔传刚，译. 北京：中信出版社，2014.

［15］迈克尔·雅各布斯，玛丽安娜·马祖卡尔. 重思资本主义：实现持续性、包容性增长的经济与政策［M］. 李磊，等，译. 北京：中信出版集团，2017.

［16］理查德·S. 格罗斯曼. 格罗斯曼说经济为什么会失败［M］. 张淼，译. 北京：新世界出版社，2017.

［17］朱富强. 纯粹市场经济体系能否满足社会大众的需求：反思现代主流经济学的两大市场信念［J］. 财经研究，2013（5）：17-28.

［18］杰弗墨，萨克斯. 文明的代价：回归繁荣之路［M］. 钟振明，译. 杭州：浙江大学出版社，2014.

［19］查理·芒格. 论学院派经济学：考虑跨学科需求之后的优点和缺点［EB/OL］. https：//new. qq. com/omn/20190207/20190207A03TA6. html，2019-02-07.

［20］理查德·亨利·托尼. 宗教与资本主义的兴起［M］. 沈汉，等，译. 北京：商务印书馆，2017.

［21］丹尼尔·贝尔. 资本主义文化矛盾［M］. 赵一凡，等，译. 北京：生活·读书·新知三联书店，1989.

［22］朱富强. 文化特质与社会经济的可持续发展：兼论中国特色社会主义的文化基础［J］. 东北财经大学学报，2020（2）：3-13.

［23］海曼·P. 明斯基. 稳定不稳定的经济：一种金融不稳定视角［M］. 石宝峰，张慧卉，译. 北京：清华大学出版社，2015.

［24］朱富强. 现代消费理论三大基本假设缺陷：兼评现代主流经济学的逻辑前提［J］. 东北财经大学学报，2018（4）：10-23.

［25］彼得·德·哈恩. 从凯恩斯到皮凯蒂：20 世纪的经济学巨变［M］. 朱杰，安子旺，于东升，译. 北京：新华出版社，2017.

［26］朱富强. 中国经济增长何以告别制度无序性［J］. 探索与争鸣，2017（3）：112-120.

论文执行编辑：皮建才

论文接收日期：2020 年 1 月 17 日。

作者简介：

朱富强（1971—），江苏丹阳人，经济学博士，河南大学中国经济学研究中心特聘教授、中山大学岭南学院副教授，主要研究领域为理论经济学。E-mail：zhufq@mail. sysu. edu. cn。

Why the Modern Economic Crisis is Getting Worse and Worse:

A Survey of Modern Credit System

Fuqiang Zhu

(China Economics Research Center, Henan University, Kaifeng, Henan
Lingnan College, Sun Yat-Sen University, Guangzhou, Guangdong)

Abstract: The economic crisis is increasingly showing such prominent features: economic cycle is prolonged while economic crisis is deepened. The important mechanism giving rise of these phenomena is the modern credit system. On the one hand, it makes up for the shortage of savings in a certain period of time, thus delaying the outbreak of the economic crisis. On the other hand, it stimulates excessive consumption and improper investment, thus aggravating the extent of the economic crisis. Exactly based on these dual effects, the credit system of modern society must be limited to a certain extent in order to avoid the aggravation of the economic crisis resulted from the expansion of credit, let alone take the credit expansion as a normal way to promote economic growth. Besides, the reason why modern credit system will disintegrate the foundation of social and economic growth is that it will weaken or dissipate people's will and restraint, and then reduce people's rationality. Accordingly, in order to alleviate the excessive consumption caused by credit system, it is needed to establish a set of institutional arrangements to enhance social responsibilities, which is in line with the Confucian cultural tradition of emphasizing the social responsibility of "do one's utmost".

Key Words: Economic Crisis; Market Pricing System; Credit System; Social Culture; Confucianism

JEL Classification: E32

高管薪酬粘性区间效应及其影响机理研究*

□ 孙世敏　张汉南　马智颖

摘　要：以2013~2016年沪深A股上市公司为研究对象，实证检验高管薪酬业绩敏感性及薪酬粘性区间效应，并探索其形成机理，发现如下三点结论：①高管薪酬与公司业绩并非简单线性相关，而是呈“中间陡、两端平缓”的关系。②高管薪酬业绩敏感性与高管薪酬粘性存在区间效应：业绩适中时高管薪酬业绩敏感性较强，薪酬粘性不显著；业绩过高或过低时高管薪酬业绩敏感性减弱，薪酬粘性特征凸显。③多维度业绩评价差异性和盈余管理加剧了高管薪酬粘性特征，证明两者是高管薪酬粘性区间效应形成的重要影响机制。

关键词：高管薪酬粘性；区间效应；多维度业绩评价差异性；盈余管理

JEL分类：M41

引言

最优契约论认为高管薪酬与公司业绩应保持高度相关性，以避免道德风险和逆向选择而产生代理成本（黄志忠、郗群，2009；陈骏、徐玉德，2012）。依据最优契约论观点，理论界对高管薪酬业绩敏感性进行了大量研究，得出两种大相径庭的结论：一种是认为薪酬与业绩存在正相关关系（Banker et al.，2012；张俊瑞等，2003；杜兴强、王丽华，2007），另一种是证实两者弱相关或不相关（Elston and Goldberg，2003；Rapp and Wolff，2010）。这一分歧令理论界困惑许久，部分学者也在尝试解释分歧产生的原因，如指标选取不同、衡量标准差异等。综观该方面研究文献，不难发现现有研究大多基于线性相关性假设来检验薪酬与业绩关系，而忽略了薪酬

* 基金项目：国家社会科学基金一般项目“薪酬外部公平性对高管行为选择的影响研究”（17BGL244）。

业绩敏感性的区间效应。当经营环境稳定、业绩收益适中时，公司可能主要通过盈利水平衡量高管业绩，并将其作为薪酬契约设计的重要依据，此时薪酬业绩存在高度相关性。当公司盈利水平向高低两个极端偏离时，往往意味着公司经营环境发生巨变，可能是长期经营形成的垄断地位与优势资源条件提升了公司业绩，也可能是经济形势恶化、行业竞争加剧等外部不可控因素加速了业绩下跌。当出现上述非常态情况时，公司往往通过多维度指标来评价高管业绩，盈利水平不再是薪酬确定的唯一考量因素，薪酬业绩敏感性大大降低。由此推测，高管薪酬与公司业绩可能并非简单的线性关系，可能存在“中间陡、两端平缓”的关系，薪酬业绩敏感性存在区间效应。

高管薪酬粘性指业绩上升和下降时薪酬业绩敏感性的不对称性，薪酬业绩敏感性存在区间效应很可能导致薪酬粘性出现区间效应。此外，当业绩出现过高或过低趋势时，公司普遍采用多维度业绩评价方法，各维度评价结果的差异性更增加了高管努力水平的衡量难度（Feltham and Xie，1994；Datar et al.，2001）。为宣示自己的努力付出，高管一方面倾向于将权重向评价结果更优的指标倾斜，另一方面会通过盈余管理粉饰业绩。由此推测，多维度业绩评价差异性和盈余管理可能加剧高管薪酬粘性特征。目前，有关高管薪酬粘性区间效应理论界研究甚少，其影响机理不清，影响因素不明，上述推测至今尚未取得证据支持，需要深入探索。

本文学术贡献表现在如下三个方面：①突破薪酬业绩线性相关性研究假设，发现高管薪酬与公司业绩呈现“中间陡、两端平缓”的复杂关系，薪酬业绩敏感性随业绩提高或降低呈降低趋势；②证实高管薪酬业绩敏感性与薪酬粘性存在区间效应，对困惑理论界多年的薪酬业绩相关性研究结论分歧原因给出了明确答案；③从多维度业绩评价差异性和盈余管理两个视角探究高管薪酬粘性区间效应影响机理，为高管薪酬粘性研究开辟了一条新思路，有助于理论界对其进行更深层次的探索。本文研究结论可为高管薪酬契约有效性研究提供理论支撑，亦可为高管薪酬激励实践提供有益借鉴。

1 文献回顾

1.1 高管薪酬业绩敏感性

理论界对高管薪酬业绩敏感性问题研究已久，结论不一。少数学者认为高管薪酬与公司业绩弱相关或不相关（Elston and Goldberg，2003；Rapp and Wolff，2010），但更多研究证实两者具有显著正相关性（Banker et al.，2012；张俊瑞等，2003；李燕平等，2008）。上述分歧产生的原因至今不明，部分学者进行尝试性探索，认为可能与业绩指标选取不同以及衡量标准存在差异有关[①]（胡丽燕，2013）。公司业绩存在多种评价方法，从传统的财务评价发展到经济增加值和平衡计分卡，从单维度业绩评价

① 公司业绩包括会计业绩和市场业绩两类，其衡量指标较多。比较常见的会计业绩指标有资产报酬率（ROA）、权益报酬率（ROE）以及每股收益（EPS）等，比较常见的市场业绩指标有股票市场价格和 Tobin'Q 等。不同业绩指标计量口径和方法不同，会导致公司业绩结果出现差异。

发展到多维度综合业绩评价。早期的财务评价和经济增加值评价着眼于公司的财务表现，维度单一、容易被高管操纵，且会导致短视行为（章刚勇、王立彦，2016）。Kaplan 和 Nordon（1992）提出的平衡计分卡首次将非财务指标引进到业绩评价指标体系中来，综合衡量公司经营业绩，使多维度综合业绩评价方法得到了广泛运用（苏为华，2012）。但蒋涛等（2014）发现多重业绩指标评价结果总会产生差异，该业绩计量差异会直接影响高管薪酬与公司业绩相关性，可在一定程度上为高管薪酬业绩敏感性研究结论分歧提供理论诠释。

依据最优契约理论，与公司业绩相挂钩的薪酬契约可激励高管提升努力水平，因而是一种有效的薪酬契约。但该种薪酬安排可能诱使高管通过盈余操纵粉饰业绩，以达到薪酬辩护目的。Dechow 和 Sloan（1991）的研究指出，公司财务状况较好时高管可以取得与盈余相关的奖酬，这种薪酬契约会促使高管为提高收益而进行盈余管理。Healy 和 Wahlen（1999）认为契约动机是高管进行盈余管理的主要目的，高管会选择优化公司整体财务状况以获取高额薪酬。罗宏等（2014）实证研究结果显示，高管会利用"政府补贴"粉饰业绩评价结果以获得高额薪酬。程新生等（2015）从薪酬辩护视角探究信息披露动机，发现高管为提高超额薪酬获取的合理性和正当性，会选择披露更多战略信息展现个人才能和努力水平。盈余管理会改变公司业绩评价结果，导致高管薪酬与公司业绩相关性发生变化，这可能是高管薪酬业绩敏感性研究结论不一致的另一重要原因。高管盈余管理与公司财务状况有关，经营环境恶化导致财务业绩下滑时盈余管理动机较强，其结果极可能导致高管薪酬业绩敏感性出现区间效应。

1.2 高管薪酬粘性及其影响因素

高管薪酬粘性指业绩下降时薪酬减少幅度小于业绩升高时薪酬增加的幅度，即高管薪酬业绩敏感性在业绩上升和下降时存在不对称性（方军雄，2009；陈修德等，2014）。早在 20 世纪 90 年代，高管薪酬粘性特征已引起国外学者关注，研究发现业绩增长为高管带来高额回报，而业绩下降却没使高管遭受同等损失（Garvey and Milbourn，2006）。Jackson 等（2008）对高管薪酬粘性特征进行了描述与解释，指出高管薪酬与公司业绩的正相关性在会计收益降低时旋即消失，该结论表明高管薪酬业绩敏感性存在不对称性。国内对高管薪酬粘性研究始于 2009 年左右，方军雄（2009）和陈修德等（2014）以中国上市公司为研究对象，得出类似结论。

目前，高管薪酬粘性影响因素研究主要集中于公司治理方面，大多数研究认为管理层权力失控会破坏最优薪酬契约，降低公司治理效率，薪酬粘性是高管利用职权攫取利益的表现。Garvey 和 Milbourn（2006）以及 Morse 等（2011）的研究指出，管理层权力、董事会规模以及独立董事数量等公司治理因素会对高管薪酬粘性产生影响；Jackson 等（2008）研究认为高管权力会影响薪酬契约制定，引发薪酬粘性。中国特殊制度背景下，高管利用职权干预薪酬制定的可能性更大，公司治理对高管薪酬粘性的解释更具说服力。方军雄（2009）发现董事会独立性增强有助于降低薪酬粘性；罗正英等（2016）

证实提高内部控制质量能够增强薪酬业绩敏感性、降低薪酬粘性，国有控股公司和产品竞争激烈行业效果更显著；张路和张瀚文（2017）的研究显示，超募资金使用增强高管薪酬粘性，大股东两权分离会加剧超募资金对高管薪酬契约的负面影响。此外，国内学者尝试性探索行业特征对高管薪酬粘性影响，发现民营公司和中央控股国有公司高管薪酬粘性较低（方军雄，2009），地方控股国有公司高管薪酬粘性较强（步丹璐、张晨宇，2012），社会责任信息披露可有效抑制高管薪酬粘性（张秀敏、高云霞，2017）。陈修德等（2014）的研究表明，CEO 薪酬粘性具有明显的行业差异性和显著的时变趋势，保护性行业上市公司 CEO 薪酬粘性更强、业绩敏感性更弱，并且这种偏离最优契约的薪酬粘性现象并未随时间演进而得到有效缓解，反而呈日益增强趋势。

1.3 文献评价

高管薪酬业绩敏感性与薪酬粘性研究已取得部分颇具创新性研究成果，为高管薪酬契约有效性研究提供了理论支持与经验借鉴。但由于薪酬粘性研究起步较晚，该领域研究相对比较薄弱，存在如下三方面缺陷：

（1）基于线性相关性假设研究高管薪酬业绩敏感性，研究结论存在诸多分歧，且部分结论与管理学理论相悖。事实上，不同业绩条件下高管薪酬业绩敏感性存在较大差异性，薪酬与业绩并非简单呈线性关系，很可能存在“中间陡、两端平缓”的复杂关系。上述推测目前尚未取得足够的证据支持，需要深入探索。

（2）没有考虑高管薪酬粘性的区间效应。现有研究大都运用线性回归模型检验业绩上升与下降时高管薪酬业绩敏感性的不对称性，忽略了不同业绩区间上薪酬业绩敏感性的差异及其对粘性特征的影响。从理论上分析，业绩适中情况下高管薪酬业绩敏感性较强，薪酬粘性特征未必存在；业绩过高或过低时因业绩噪声、盈余操纵等诸多因素影响，薪酬业绩敏感性大大降低，薪酬粘性特征凸显。该方面研究成果极少，需要深入研究。

（3）现有文献大都围绕股权结构与治理结构来研究高管薪酬粘性，将其视为代理问题，缺乏粘性影响机制的深层次探索。业绩过高或过低时，公司倾向于采用多维度业绩评价体系，各指标评价结果的差异性加大了高管努力的衡量难度，很可能削弱薪酬契约有效性，产生薪酬粘性。此外，该业绩区间内高管有盈余管理动机，扩大业绩噪声，从而削弱了薪酬业绩敏感性，引发薪酬粘性。该部分研究十分薄弱，目前尚未查阅到相关研究报道，亟须进一步探索。

2 理论分析与研究假设

2.1 高管薪酬业绩敏感性区间效应研究假设

两权分离条件下，为把高管利益与股东利益牢牢捆绑在一起，公司倾向于将业绩作为高管薪酬契约设计依据。最优契约论认为，高管薪酬业绩敏感度是衡量薪酬契约有效性的重要标准，但自 Taussing 和 Baker 开创性地检验了高管薪酬业绩敏感性以来，大量研究结果显示高管薪酬契约并未达到设计初衷，高管薪酬中只有很少一部分可以用公司业绩来解释（Wilson et al., 1992)。有关高管薪酬与公司业绩相关性研究得出多种大相径庭的结论，部分学者认为两者呈显著正相关，也有学者认为两者弱相关。上述结论分歧很可能源于线性相关性研究假设，因为高管薪酬业绩敏感性在不同环境和业绩条件下存在显著差异，简单的线性相关假设隐藏了公司业绩与高管薪酬之间的微妙关系（Sabiwalsky，2010）。无论高管薪酬与公司业绩呈何种关系，薪酬契约设计初衷均为提高激励效果，促使高管努力工作以增加股东利益。Grossman 和 Hart（1983）指出，线性与非线性薪酬业绩关系均能发挥激励作用，何种关系更优取决于高管与股东的效用函数，如图 1 所示。

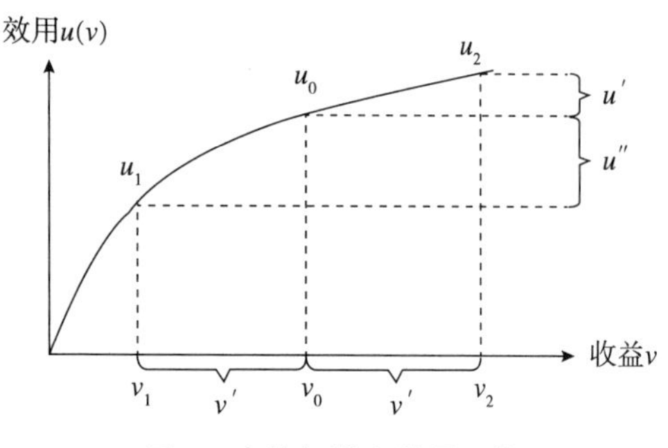

图 1　高管与股东效用函数

高管收益主要体现为薪酬，股东收益主要表现为公司业绩。假定高管与股东初始收益为 v_0，其效用为 u_0；当收益损失 v'下降至 v_1时，其效用从 u_0降至 u_1，减少了 u''；同理，收益增加 v'至 v_2时，效用增加 u'。依据行为经济学理论，个体具有损失厌恶特征（贺京同、那艺，2015），等量损失 v'带来的效用损失 u''远大于等量收入 v'带来的效用增量 u'，即 $u''\gg u'$。从中可见高管与股东效用函数具有边际递减特征，收益越高，其边际效用越低。业绩水平较低时，股东有强烈愿望提升公司业绩，但由于高管效用函数呈边际递减趋势，与公司业绩线性相关的薪酬安排会使高管激励效用增量逐渐下降。股东为促使高管努力工作，需要加大薪酬激励强度来抵消边际效用递减影响，使业绩较低区域高管薪酬业绩敏感性呈边际递增趋势。业绩水平较高时，股东已因较高公司业绩获得丰厚的利益回报。受效用函数边际递减趋势影响，股东对更高业绩产出的追求欲望降低，对高管增强激励动机随之减弱，导致业绩较高区域高管薪酬业绩敏感性呈现边际递减趋势。综合上述分析，推测高管薪酬与公司业绩关系远比线性更为复杂，不同业绩条件下高管薪酬业绩敏感性很可能存在差异，呈现出“中间陡、两端平缓”的关系。

由于高管薪酬与公司业绩可能存在“中间陡、两端平缓”的关系，业绩适中区间内高管薪酬业绩敏感性较高，业绩过高或过低时薪酬业绩相关性降低，薪酬业绩敏感性可能存在区间效应。公司业绩并非仅与高管努力程度有关，还受市场竞争、行业和地区营商环境、宏观经济形势等诸多因素影响。股东与高管存在信息不对称，无法直接观测高管努力水平，只能通过公司经营状况来判断。当公司经营环境稳定、业绩收益平稳时，股东可以简单地透过公司盈利判断高管努力程度，并以此设计高管薪酬契约，此时高管薪酬与公司盈利存在高度敏感性。当公司盈利趋于高低两个极端时，常常伴随经营环境剧变，可能是前期经营形成的垄断或聚集优势资源大大提升了公司盈利，亦可能是经济低迷、行业或地区营商环境恶化等外部不可控因素加速了盈利下跌。此类非常态情况发生时盈利水平难以衡量高管努力程度，公司倾向于选择多维度业绩评价体系，导致薪酬业绩敏感性显著降低。基于上述分析，提出假设 1。

假设 1：高管薪酬与公司业绩呈现“中间陡、两端平缓”关系，导致高管薪酬业绩敏感性存在区间效应，业绩水平适中时高管薪酬业绩敏感性较高，业绩过高或过低时高管薪酬业绩敏感性降低。

2.2 高管薪酬粘性区间效应研究假设

薪酬粘性是业绩上升和下降时高管薪酬业绩敏感性的不对称性（方军雄，2009；陈修德等，2014），薪酬业绩敏感性的区间效应必然导致薪酬粘性出现区间效应。当经营环境稳定、业绩表现适中时，高管努力程度会被股东透过业绩升降准确捕捉，并给予相应奖惩。该区间内公司业绩良好，高管收益需求得以满足，进行薪酬辩护和盈余管理的动机较弱，此时高管薪酬业绩具有高度相关性，业绩上升与下降时的不对称现象不明显。当公司业绩向高低两个极端趋近时，由于外部不确定和不可控因素影响，股东很难通过盈利判断高管努力水平，为高管薪酬辩护和盈余管理提供了空间。依据行为经济学理论，高管是理性有限经济人，具有损失厌恶特征（贺京同、那艺，2015），对薪酬下调普遍存在规避心理。出于自身利益考虑，高管常常具有“邀功诿过”表现，将行业垄断和竞争优势带来的业绩增长归功于个人努力，而将经营不善导致的业绩下滑归咎于外部经济环境，极尽努力进行薪酬辩护（罗宏等，2014），甚至通过盈余管理粉饰业绩（Healy and Wahlen，1999），使高管薪酬与公司业绩相关性变得扑朔迷离，导致盈利上升与下降时高管薪酬升降幅度出现严重不对称性。此外，部分公司出于高管利益保障考虑，设置了高管薪酬下限（Holthausen et al.，1995），导致业绩严重下滑时高管薪酬不降或降幅很小，薪酬粘性特征凸显。基于上述分析，提出假设 2。

假设 2：高管薪酬粘性存在区间效应，业绩水平适中时薪酬粘性特征不明显，业绩过高或过低时薪酬粘性特征凸显。

2.3 高管薪酬粘性区间效应影响机理研究假设

信息不对称是委托代理问题的突出表现，股东无法直接观测高管努力程度，只能通过业绩来判断，而盈利水平是评价高管业绩最常用的指标，有关薪酬业绩敏感性研究也多以盈利指标衡量高管业绩产出（杜兴强、王丽华，2007；李燕平等，2008）。但现有盈利能力评价指标（如 ROA、ROE 以及 EPS 等）受行业环境和经营风险影响，不能完全代表高管努力水平。公司盈利来源于两个方面：一方面是受行业冲击影响的，另一方面是依靠高管自身经营能力取得的（李增福、骆欣怡，2018）。公司盈利水平出现过高或过低趋势时，往往伴随着宏观经济形势及行业地区营商环境的巨大变化，经营风险加剧了公司盈利的波动性和不确定性，使盈利指标的噪声更大。此时高管薪酬契约制定除了考虑盈利因素外，还可能兼顾公司基本面特征，公司倾向于构建多维度业绩指标体系综合评价高管努力水平。高管薪酬不仅取决于盈利表现，更多地受到其他非盈利指标评价结果影响（章刚勇、王立彦，2016），这是薪酬业绩敏感性削弱的重要根源。综合业绩评价方法会导致各维度指标评价结果产生差异（蒋涛等，2014），加大了高管努力水平的衡量难度（Feltham and Xie，

1994; Datar et al., 2001)。高管是理性经济人，盈利下滑时出于规避损失目的，倾向于利用盈利指标与非盈利指标评价结果差异性将权重向评价结果更优的一方倾斜（缪毅、胡奕明，2016），以保证盈利下降时依然拥有良好的业绩表现。多维度业绩评价结果的差异性越大，高管进行上述调节的动机越强。基于上述分析，提出假设3。

假设3：多维度业绩评价结果的差异性越大，高管薪酬粘性特征越明显。

早期经验研究发现，基于公司业绩制定薪酬契约会诱发高管盈余管理行为，部分实证研究也证实盈余管理对高管薪酬业绩敏感性具有显著影响（朱星文等，2008）。管理层权力理论认为，高管有能力通过盈余管理操纵业绩，粉饰自身努力水平（缪毅、胡奕明，2016）。公司盈利过高或过低时，股东难以透过盈利准确衡量高管努力水平，此时高管具有更强的薪酬辩护动机和更大的薪酬辩护空间。依据前景理论，人们对相同额度损失和收益的敏感度不同，损失带给高管的痛苦远远大于收益产生的快乐，因此高管具有损失规避偏好（贺京同、那艺，2015）。业绩下滑时高管为避免遭受责难和薪酬惩罚，倾向于通过盈余管理调整会计盈余，从而获得与不良业绩表现不相匹配的薪酬，其结果必然导致业绩下滑时高管薪酬降低幅度远远低于业绩上升时高管薪酬增长幅度，薪酬粘性特征凸显。此外，薪酬管制使大多数公司对高管薪酬设置了上限门槛，业绩水平过高时公司业绩对高管薪酬的边际效应递减，高管难以获得与高盈利相匹配的业绩薪酬，会竭尽所能通过盈余管理维护应得利益；业绩下滑时高管盈余管理粉饰收益以达到规避薪酬损失的动机增强，薪酬粘性愈发显现。基于上述分析，提出假设4。

假设4：盈余管理会加剧高管薪酬粘性，盈余管理程度越大，高管薪酬粘性特征越明显。

3 实证研究设计

3.1 样本选取与数据来源

本文将2013~2016年沪深两市A股上市公司选取为研究对象，并对样本进行两次处理以满足研究需要：①初筛。剔除ST、*ST和SST类公司样本、数据残缺或取值异常的样本以及金融类公司样本。经过筛选后，保留了1862家公司，共7448个有效观测值。②初筛样本分组。为检验薪酬业绩敏感性与薪酬粘性区间效应，分行业、分年度地将初筛样本按照净资产收益率（Roe）由低到高排序并均分为四等份，Roe处于最低和最高两等份的样本被归为“业绩过高或过低”样本组（3683个）；Roe处于中间两等份的样本被归为“业绩适中”样本组（3765个）[①]。本文实证研究数据来自国泰安金融数据库。本文对连续变量中处于首尾1%的样本进行了Winsorize缩尾处理以消除极端值影响。

① 采用STATA15.0相关指令（quantiles）分行业、分年份对样本按照Roe由低至高排序，并均分为四等份。由于部分样本Roe分布较为集中或存在部分样本Roe相等情况，引起每个等份样本量有少许差异，致使“业绩过高或过低”样本组与“业绩适中”样本组样本数出现些微差异。

3.2 变量选取

3.2.1 被解释变量

本文被解释变量为高管薪酬（Comp），以年报附注中披露的薪酬最高的前三位高管薪酬总额为计量基础。为消除通货膨胀因素影响，利用以 2011 年为基期的 CPI 计算各年通货膨胀指数，并对各期高管薪酬进行调整，以通货膨胀调整后的高管薪酬自然对数作为变量值。

3.2.2 解释变量

（1）净资产收益率（Roe）。公司业绩是本文研究的一个重要解释变量，其计量指标较多，常见的有息税前利润（Ebit）、每股收益（Eps）、资产收益率（Roa）以及净资产收益率（Roe）等。本文选取净资产收益率（Roe）作为公司业绩的替代变量。

（2）业绩评价结果差异（Dif）。指多维度业绩评价时盈利指标与非盈利指标（Un）评价结果的差异。盈利指标选取净资产收益率（Roe），非盈利指标从偿债能力、发展能力、风险水平和运营能力四个方面选取九个代表性指标（见表 1），经标准化处理后进行主成分分析，合成一个“非盈利指标（Un）”。

表 1 非盈利指标名称及计量方法

评价维度	指标名称	计量方法
偿债能力	速动比率	速动资产/流动负债
	利息保障倍数	息税前利润/利息费用
发展能力	资本保值增值率	期末所有者权益总额/期初所有者权益总额
	总资产增长率	（本期期末资产总额-上期期末资产总额）/上期期末资产总额
	可持续增长率	净资产收益率×留存收益率/（1-净资产收益率×留存收益率）
风险水平	财务杠杆	息税前利润/（息税前利润-利息费用）
	经营杠杆	（销售收入-变动成本）/（销售收入-变动成本-固定成本）
运营能力	存货周转率	销售成本/平均存货
	净资产周转率	销售收入/平均净资产

为计量盈利指标与非盈利指标评价结果差异，本文参考蒋涛等（2014）的做法，分别将样本公司净资产收益率（Roe）和非盈利指标（Un）按照年度及行业升序排列，等分为十组，并由低至高分别赋予 1~10 的分值，分值越高表明此项指标（Roe 或 Un）取值越大，评价结果越好。净资产收益率（Roe）和非盈利指标（Un）的分值分别用 Roes 和 Uns 表示，以两者之差的绝对值衡量“业绩评价结果差异（Dif）”，计算方法如式（1）所示。

$$业绩评价结果差异（Dif）=|Roes-Uns| \quad (1)$$

（3）盈余管理程度（Surf）。借鉴缪毅和胡奕明（2016）的做法，采用 Jones 模型来估计盈余管理程度，如式（2）所示。其中，Tac 代表应计项目总额，以营业利润与经营现金流量的差值来表示；Ta 代表资产总额；ΔRev 代表销售收入变化量；Ppe 代表固定资产总额。使用时间序列样本数据对模型（2）进行估计，其中的残差项 ε 代表了可操纵性应计利润，其数值越大表示盈余管理程度越高，因此本文借鉴陈汉文等（2019）的做法，采用残差 ε 的绝对值代表盈余管理程度。

$$\frac{Tac_{i,t}}{Ta_{i,t-1}}=\beta_0\frac{1}{Ta_{i,t-1}}+\beta_1\frac{\Delta Rev_{i,t}}{Ta_{i,t-1}}+\beta_2\frac{Ppe_{i,t}}{Ta_{i,t-1}}+\varepsilon_{i,t} \tag{2}$$

（4）业绩下降（D）。虚拟变量，业绩下降取值 1，否则取值 0。

（5）业绩组别（Gr）。虚拟变量，“业绩过高或过低”样本组取值 1，“业绩适中”样本组取值 0。

3.2.3　控制变量

为保证实证研究质量，提高回归结果准确性，本文选取了资产负债率（Lev）、董事会规模（Board）、公司规模（Size）、是否两职兼任（Dual）、股权性质（Nat）、独立董事比例（Ddp）、管理层持股比例（Msh）、监事会持股比例（Jsh）以及第一大股东持股比例（Fsh）九个控制变量，同时设置年份（Year）和行业（Ind）虚拟变量。上述各变量名称、符号及计量方法如表 2 所示。

表 2　变量名称、符号及计量方法

类型	变量名称	符号	变量计量方法
被解释变量	高管薪酬	Comp	通货膨胀调整后薪酬最高的前三名高管薪酬总额的自然对数
解释变量	净资产收益率	Roe	净利润/净资产平均余额
	业绩下降	D	虚拟变量，业绩下降取值 1，否则取值 0
	业绩组别	Gr	虚拟变量，“业绩过高或过低”样本组取值 1，“业绩适中”样本组取值 0
	业绩评价结果差异	Dif	参考蒋涛等（2014）的做法，见式（1）
	盈余管理程度	Surf	借鉴缪毅和胡奕明（2016）的做法，见式（2）
控制变量	资产负债率	Lev	负债总额/资产总额
	董事会规模	Board	董事会人数
	公司规模	Size	年末总资产的自然对数
	是否两职兼任	Dual	虚拟变量，董事长兼任总经理取值 1，否则取值 0
	股权性质	Nat	虚拟变量，国有公司取值 1，否则取值 0
	独立董事比例	Ddp	独立董事人数/董事会人数
	管理层持股比例	Msh	管理层持股数量/公司股份总量
	监事会持股比例	Jsh	监事会持股数量/公司股份总量
	第一大股东持股比例	Fsh	第一大股东持股数量/公司股份总量
	年份	Year	属于该年份取值 1，否则取值 0
	行业	Ind	属于该行业取值 1，否则取值 0

取值 0。

表3　描述性统计及相关性分析结果

变量	描述性统计		相关性分析													
	均值	标准差	Comp	Roe	D	Dif	Surf	Dual	Board	Fsh	Msh	Jsh	Ddp	Nat	Size	Lev
Comp	14.236	0.660	1	0.338***	0.010	-0.014	-0.049***	-0.026**	0.116***	0.066***	0.002	0.035***	-0.011	0.062***	0.439***	0.109***
Roe	0.066	0.115	0.281***	1	-0.243***	-0.014	-0.000	0.007	0.031***	0.117***	0.119***	0.066***	-0.030***	-0.076***	0.181***	-0.061***
D	0.535	0.499	0.009	-0.255***	1	0.041***	-0.014	-0.020*	0.008	0.021*	-0.049***	-0.021*	0.027**	0.061***	0.065***	0.010
Dif	3.661	2.797	-0.027**	-0.129***	0.049***	1	0.078***	-0.033***	0.025**	0.011	-0.073***	-0.033***	0.005	0.071***	0.035***	0.052***
Surf	0.057	0.076	-0.051***	-0.002	-0.023**	0.075***	1	0.011	-0.088***	-0.030***	0.002	-0.017	0.025**	-0.060***	-0.090***	0.075***
Dual	0.236	0.424	-0.018	0.020*	-0.020*	-0.036***	0.011	1	-0.208***	-0.061***	0.242***	0.085***	0.110***	-0.281***	-0.172***	-0.115***
Board	8.683	1.720	0.124***	0.018	0.017	0.032***	-0.077***	-0.198***	1	0.015	-0.160***	-0.001	-0.551***	0.246***	0.249***	0.141***
Fsh	0.352	0.147	0.073***	0.100***	0.023**	0.019*	-0.005	-0.068***	0.036***	1	-0.238***	-0.160***	0.022*	0.235***	0.248***	0.113***
Msh	0.110	0.183	-0.098***	0.072***	-0.044***	-0.082***	-0.035***	0.238***	-0.198***	-0.137***	1	0.487***	0.040***	-0.582***	-0.258***	-0.324***
Jsh	0.002	0.009	-0.049***	0.036***	-0.027**	-0.032***	-0.030***	0.087***	-0.039***	-0.143***	0.406***	1	-0.017	-0.192***	-0.064***	-0.131***
Ddp	0.374	0.053	-0.016	-0.024**	0.027**	-0.004	0.010	0.114***	-0.475***	0.035***	0.092***	-0.018	1	-0.062***	-0.014	-0.012
Nat	0.421	0.494	0.059***	-0.089***	0.061***	0.082***	-0.056***	-0.281***	0.263***	0.234***	-0.491***	-0.203***	-0.063***	1	0.341***	0.304***
Size	22.250	1.260	0.441***	0.139***	0.068***	0.027**	-0.074***	-0.170***	0.279***	0.283***	-0.304***	-0.146***	0.005	0.350***	1	0.509***
Lev	0.446	0.211	0.107***	-0.152***	0.012	0.094***	0.098***	-0.116***	0.158***	0.111***	-0.331***	-0.173***	-0.012	0.304***	0.493***	1

注：①篇幅所限，描述性统计仅列示各变量均值和标准差。Dif 和 Surf 样本量为 3683，其余变量样本量为 7448。

②相关性分析中对角线下方和上方分别为 Pearson 系数和 Spearman 系数；***、**和*分别表示在 1%、5%和 10%水平下显著，下同。

4 实证过程及结果分析

4.1 主要变量描述性与相关性分析

为清晰展示各变量整体水平和偏差情况，首先对主要变量进行描述性统计。高管薪酬（Comp）最大值为 16.073，最小值为 12.678，相差较为悬殊，说明上市公司高管薪酬存在严重不均衡现象。净资产收益率（Roe）最小值（-0.573）与最大值（0.379）相去甚远，说明我国上市公司业绩存在两极分化现象；均值只有 0.066，说明我国上市公司整体盈利能力较弱。虚拟变量（D）均值为 0.535，证明半数以上公司出现业绩下滑情况。总体上看，我国上市公司业绩欠佳，亟待改善。业绩评价结果差异（Dif）均值为 3.661，表明大多公司盈利指标（Roe）与非盈利指标（Un）评价结果存在差异性。盈余管理程度（Surf）最小值为 0.000，最大值为 0.476，均值为 0.057，表明我国上市公司存在程度不一的盈余管理行为。其余变量描述性统计结果如表 3 所示。

净资产收益率（Roe）与高管薪酬（Comp）的 Pearson 相关系数为 0.281，Spearman 相关系数为 0.338，且通过 1% 显著性水平检验，表明中国上市公司高管薪酬与公司业绩存在显著正相关关系。两者究竟完全线性相关还是存在“中间陡、两端平缓”的关系，还需进行更细致的回归检验。其余变量相关性结果如表 3 所示。

4.2 高管薪酬业绩敏感性区间效应检验

为检验高管薪酬与公司业绩是否呈现“中间陡、两端平缓”关系，证实薪酬业绩敏感性是否存在区间效应，引入净资产收益率（Roe）、业绩组别（Gr）（“业绩过高或过低”样本组取值 1，“业绩适中”样本组取值 0）以及二者交乘项（Gr×Roe），构建式（3）回归模型，回归结果如表 4 所示。模型中 a_0 为常数项，a_i（i = 1，2，…，12）为各变量回归系数，ε 为残差项，其他符号含义见表 2。对模型中的解释变量计算方差膨胀因子，证实模型不存在严重多重共线性，下同。

$$Comp_{i,t} = a_0 + a_1 Gr_{i,t} + a_2 Roe_{i,t} + a_3 Gr_{i,t} \times Roe_{i,t} + a_4 Dual_{i,t} + a_5 Board_{i,t} + a_6 Fsh_{i,t} + a_7 Msh_{i,t} + a_8 Jsh_{i,t} + a_9 Ddp_{i,t} + a_{10} Nat_{i,t} + a_{11} Size_{i,t} + a_{12} Lev_{i,t} + \sum Year + \sum Ind + \varepsilon_{i,t} \quad (3)$$

表 4　高管薪酬业绩敏感性区间效应检验结果

变量	回归系数	t 值	变量	回归系数	t 值
常数项	8.351***	53.596	管理层持股比例（Msh）	-0.115**	-2.539
业绩组别（Gr）	0.050***	3.850	监事会持股比例（Jsh）	-0.358	-0.437
净资产收益率（Roe）	2.590***	7.747	独立董事比例（Ddp）	-0.052	-0.366
交乘项（Gr×Roe）	-1.511***	-4.498	股权性质（Nat）	-0.057***	-3.428
是否两职兼任（Dual）	0.069***	4.281	公司规模（Size）	0.250***	35.976
董事会规模（Board）	0.014***	2.993	资产负债率（Lev）	-0.336***	-8.530
第一大股东持股比例（Fsh）	-0.214***	-4.515	年份（Year）和行业（Ind）	控制	
样本数（N）	7448		F 值	90.577	
调整后 R^2	0.296		显著性	0.000	

表4中，由于“业绩适中”样本组业绩组别（Gr）为0，公司业绩对高管薪酬的影响程度可通过净资产收益率（Roe）回归系数来体现，该系数为2.590，且通过1%显著性水平检验，表明“业绩适中”样本组高管薪酬与公司业绩存在显著正相关关系。“业绩过高或过低”样本组业绩组别（Gr）取值1，公司业绩对高管薪酬的影响程度需要通过净资产收益率（Roe）与交乘项（Gr×Roe）回归系数共同体现。交乘项（Gr×Roe）回归系数为-1.511，且通过1%显著性水平检验，证明“业绩过高或过低”样本组高管薪酬与公司业绩间的正相关性减弱。上述结论表明高管薪酬业绩敏感性存在区间效应，“业绩适中”样本组公司业绩对高管薪酬影响较大，“业绩过高或过低”样本组薪酬业绩敏感性大大降低，证实高管薪酬与公司业绩并非简单的完全线性关系，而是呈现出“中间陡、两端平缓”的复杂关系，假设1得证。

4.3 高管薪酬粘性区间效应检验

薪酬粘性指业绩上升和下降时高管薪酬业绩敏感性的不对称性，薪酬业绩敏感性存在区间效应，可能导致高管薪酬粘性出现区间效应。为验证上述推测，构建式（4）回归模型，分组检验高管薪酬粘性，并比较两组实证结果的差异性。实证结果如表5所示。

$$Comp_{i,t} = a_0 + a_1 D_{i,t} + a_2 Roe_{i,t} + a_3 D_{i,t} \times Roe_{i,t} + a_4 Dual_{i,t} + a_5 Board_{i,t} + a_6 Fsh_{i,t} + a_7 Msh_{i,t} + a_8 Jsh_{i,t} + a_9 Ddp_{i,t} + a_{10} Nat_{i,t} + a_{11} Size_{i,t} + a_{12} Lev_{i,t} + \sum Year + \sum Ind + \varepsilon_{i,t} \tag{4}$$

表5 高管薪酬粘性区间效应检验结果

变量	“业绩适中”样本组		“业绩过高或过低”样本组	
	回归系数	t值	回归系数	t值
常数项	8.364***	36.178	8.358***	38.601
业绩下降（D）	0.056***	3.051	0.062***	2.987
净资产收益率（Roe）	3.165***	6.694	1.637***	12.465
交乘项（D×Roe）	-0.355	-0.586	-0.746***	-4.980
是否两职兼任（Dual）	0.090***	4.133	0.054**	2.271
董事会规模（Board）	0.018***	2.827	0.010	1.491
第一大股东持股比例（Fsh）	-0.318***	-4.788	-0.137**	-2.034
管理层持股比例（Msh）	-0.157***	-2.601	-0.048	-0.708
监事会持股比例（Jsh）	-0.216	-0.210	-0.906	-0.678
独立董事比例（Ddp）	0.077	0.391	-0.155	-0.771
股权性质（Nat）	0.017	0.728	-0.117***	-4.961
公司规模（Size）	0.241***	22.671	0.256***	27.284
资产负债率（Lev）	-0.354***	-6.052	-0.332***	-6.036
年份（Year）、行业（Ind）	控制		控制	
样本数（N）	3765		3683	
调整后 R^2	0.255		0.344	
F值	37.876		56.085	
显著性	0.000		0.000	

注：净资产收益率（Roe）组间差异SUR检验，卡方（chi^2）为9.220，P值为0.002。

表5结果显示，“业绩适中”样本组和“业绩过高或过低”样本组净资产收益率（Roe）回归系数分别为3.165和1.637，均通过1%显著性水平检验，表明我国上市公司已建立起有效的薪酬激励机制。借鉴连玉君和廖俊平（2017）的研究，采用SUR（似无相关）检验方法，验证“业绩适中”样本组和“业绩过高或过低”样本组Roe回归系数是否存在组间差异。检验结果显示，chi^2为9.220，P值为0.002，通过1%显著性水平检验，证明两组样本高管薪酬业绩敏感性存在显著差异，“业绩适中”样本组高管薪酬业绩敏感性较“业绩过高或过低”样本组更强，高管薪酬业绩敏感性存在区间效应，支持了假设1。

观察表5两组样本交乘项（D×Roe），发现“业绩适中”样本组回归系数虽为-0.355，但没有通过显著性检验，说明业绩上升与下降时高管薪酬业绩敏感性没有显著差异，高管薪酬不存在粘性特征。“业绩过高或过低”样本组交乘项（D×Roe）回归系数在1%水平下显著为负（-0.746），表明业绩下滑时高管薪酬业绩敏感性降低，薪酬粘性特征凸显。综合上述分析，不同业绩区间内高管薪酬粘性特征存在显著差异，证明高管薪酬粘性具有区间效应，假设2得证。

4.4 高管薪酬粘性影响机理实证检验

为进一步探索高管薪酬粘性影响机理，以“业绩过高或过低”样本组为研究对象，借鉴张路和张瀚文（2017）的研究方法建立式（5）和式（6）回归模型，检验多维度业绩评价结果差异性及盈余管理对薪酬粘性的影响，实证结果如表6所示。

$$Comp_{i,t} = a_0 + a_1 D_{i,t} + a_2 Roe_{i,t} + a_3 D_{i,t} \times Roe_{i,t} + a_4 Dif_{i,t} + a_5 D_{i,t} \times Roe_{i,t} \times Dif_{i,t} + a_6 Dual_{i,t} + a_7 Board_{i,t} + a_8 Fsh_{i,t} + a_9 Msh_{i,t} + a_{10} Jsh_{i,t} + a_{11} Ddp_{i,t} + a_{12} Nat_{i,t} + a_{13} Size_{i,t} + a_{14} Lev_{i,t} + \sum Year + \sum Ind + \varepsilon_{i,t} \tag{5}$$

表6 业绩评价结果差异性与盈余管理对薪酬粘性影响检验结果

变量	模型（5）		模型（6）	
	回归系数	t值	回归系数	t值
常数项	8.411***	38.641	8.396***	38.401
业绩下降（D）	0.061***	2.920	0.064***	3.087
净资产收益率（Roe）	1.641***	12.479	1.654***	12.541
交乘项（D×Roe）	-0.577***	-3.591	-0.582***	-3.807
业绩评价结果差异（Dif）	0.000	0.063	—	—
交乘项（D×Roe×Dif）	-0.064***	-2.835	—	—
盈余管理程度（Surf）	—	—	-0.097	-0.755
交乘项（D×Roe×Surf）	—	—	-4.610***	-5.930
是否两职兼任（Dual）	0.053**	2.210	0.056**	2.375
董事会规模（Board）	0.010	1.534	0.009	1.410
第一大股东持股比例（Fsh）	-0.141**	-2.086	-0.133**	-1.971

续表

变量	模型（5）		模型（6）	
	回归系数	t 值	回归系数	t 值
管理层持股比例（Msh）	-0.059	-0.870	-0.046	-0.681
监事会持股比例（Jsh）	-0.923	-0.691	-0.920	-0.691
独立董事比例（Ddp）	-0.150	-0.747	-0.170	-0.848
股权性质（Nat）	-0.118***	-4.984	-0.114***	-4.827
公司规模（Size）	0.254***	27.040	0.254***	26.933
资产负债率（Lev）	-0.362***	-6.477	-0.311***	-5.636
年份（Year）、行业（Ind）	控制		控制	
样本数（N）	3683		3683	
调整后 R^2	0.345		0.350	
F 值	53.378		54.487	
显著性	0.000		0.000	

$$Comp_{i,t} = a_0 + a_1D_{i,t} + a_2Roe_{i,t} + a_3D_{i,t} \times Roe_{i,t} + a_4Surf_{i,t} + a_5D_{i,t} \times Roe_{i,t} \times Surf_{i,t} + a_6Dual_{i,t} + a_7Board_{i,t} + a_8Fsh_{i,t} + a_9Msh_{i,t} + a_{10}Jsh_{i,t} + a_{11}Ddp_{i,t} + a_{12}Nat_{i,t} + a_{13}Size_{i,t} + a_{14}Lev_{i,t} + \sum Year + \sum Ind + \varepsilon_{i,t} \tag{6}$$

观察表 6 模型（5）和模型（6）回归结果，发现净资产收益率（Roe）和高管薪酬（Comp）均在 1%水平下显著正相关，说明我国上市公司高管薪酬契约是有效的。交乘项（D×Roe）回归系数均在 1%水平下显著为负，表明业绩过高和过低样本组高管薪酬存在粘性特征。进一步观察交乘项（D×Roe×Dif），其回归系数为-0.064，且通过 1%显著性水平检验，证明业绩评价结果差异（Dif）加剧了高管薪酬粘性特征，盈利指标与非盈利指标评价结果差异性越大，高管越有动机调整两类指标权重，因盈利下滑而遭受降薪惩罚的可能性越小，薪酬粘性特征越明显，假设 3 得证。交乘项（D×Roe×Surf）回归系数在 1%水平下显著为负（-4.610），证明盈余管理加剧了高管薪酬粘性特征，盈余管理程度（Surf）越大，业绩下滑时高管薪酬降低幅度越小，薪酬粘性特征越明显，假设 4 得证。

综合上述分析，业绩过高或过低时囿于高管努力水平难以通过业绩表现准确衡量，薪酬业绩敏感度弱于业绩适中时，薪酬粘性特征凸显。多维度业绩评价结果的差异性提升了高管努力水平的衡量难度，高管盈余管理行为扩大了盈利噪声，它们均会误导股东对高管实际经营状况的判断，使其难以有理有据地惩罚业绩不佳的高管，导致业绩下降时高管薪酬无法同比削减，薪酬粘性现象越发显著。可见，多维度业绩评价结果差异和盈余管理行为是高管薪酬粘性的重要影响机理。

5 稳健性检验

为验证实证结果的可靠性，进行如下稳健性检验：

（1）在薪酬业绩敏感性和薪酬粘性区间效应检验中，以总资产报酬率（Roa）替代净资产收益率（Roe），并按照Roa重新划分“业绩适中”样本组和“业绩过高或过低”样本组，重新进行实证检验，主要变量回归结果如表7和表8所示。

表7 高管薪酬业绩敏感性区间效应稳健性检验结果

变量	回归系数	t值	变量	回归系数	t值
总资产报酬率（Roa）	4.792***	8.836	交乘项（Gr×Roa）	-2.023**	-3.710
样本数（N）	7448		F值	92.280	
调整后R^2	0.300		显著性	0.000	

表8 高管薪酬粘性区间效应稳健性检验结果

变量	“业绩适中”样本组		“业绩过高或过低”样本组	
	回归系数	t值	回归系数	t值
总资产报酬率（Roa）	6.191***	7.997	3.202***	12.434
交乘项（D×Roa）	-0.327	-0.341	-0.686**	-2.281
样本数（N）	3765		3683	
调整后R^2	0.299		0.318	
F值	46.821		50.004	
显著性	0.000		0.000	

注：Roa组间差异SUR检验，卡方（chi^2）为12.110，P值为0.001。

（2）在高管薪酬粘性影响机理研究中，采用“业绩评价结果差异率（Difd）”替代“业绩评价结果差异（Dif）”，计算方法如式（7）所示；“盈余管理程度（Surf）”采用“横截面的Jones模型”重新计量，模型虽与前文一致，但运用经过行业分组的不同年份数据估计模型参数。主要变量回归结果如表9所示。

$$\text{业绩评价结果差异率（Difd）} = \left|\frac{\text{Roes-Uns}}{\text{Roes}}\right| \tag{7}$$

表9 业绩评价结果差异与盈余管理对薪酬粘性影响稳健性检验结果

变量	模型（5）		模型（6）	
	回归系数	t值	回归系数	t值
净资产收益率（Roe）	1.515***	11.138	1.696***	12.825
交乘项（D×Roe）	-0.341**	-2.031	-0.674***	-4.424
交乘项（D×Roe×Difd）	-0.130***	-5.754	—	—
交乘项（D×Roe×Surf）	—	—	-1.859***	-4.752

续表

变量	模型（5）		模型（6）	
	回归系数	t 值	回归系数	t 值
样本数（N）	3683		3683	
调整后 R^2	0.349		0.348	
F 值	54.453		54.095	
显著性	0.000		0.000	

稳健性检验结果显示，除模型估计参数大小和个别变量显著性出现少许差异外，研究结论与前文具有良好的一致性，证明本文研究结论是稳健的。

6 结论与启示

本文以 2013~2016 年沪深 A 股上市公司为研究对象，检验高管薪酬业绩敏感性及薪酬粘性区间效应，并探索薪酬粘性影响机理，得出如下三点结论：①高管薪酬与公司业绩并非简单线性相关，而是呈“中间陡、两端平缓”的关系。②高管薪酬业绩敏感性与薪酬粘性存在区间效应：业绩适中时高管薪酬业绩敏感性较强，薪酬粘性不显著；业绩过高或过低时高管薪酬业绩敏感性减弱，薪酬粘性特征凸显。③多维度业绩评价结果差异和盈余管理加剧了高管薪酬粘性特征，证明两者是高管薪酬粘性区间效应形成的重要影响机制。本文研究结论可对高管激励实践提供两点启示：①高管薪酬契约可依据业绩条件灵活设计。公司经营环境稳定、盈利水平适中时，可将盈利作为薪酬制定依据；公司经营环境变化导致盈利向高低两个极端延伸时，应选择综合业绩评价方法，并据此设计高管薪酬契约。②公司业绩出现过高或过低趋势时，应强化公司治理力度并优化治理结构，健全业绩评价机制，遏制高管盈余管理行为，提升薪酬契约有效性。

参考文献

［1］步丹璐，张晨宇. 产权性质、风险业绩和薪酬粘性［J］. 中国会计评论，2012，10（3）：325-346.

［2］陈汉文，廖方楠，韩洪灵. 独立董事联结与内部控制对盈余管理的治理效应［J］. 经济管理，2019，41（5）：171-191.

［3］陈骏，徐玉德. 高管薪酬激励会关注债权人利益吗？——基于我国上市公司债务期限约束视角的经验证据［J］. 会计研究，2012（9）：73-81，97.

［4］陈修德，彭玉莲，吴小节. 中国上市公司 CEO 薪酬粘性的特征研究［J］. 管理科学，2014，27（3）：61-74.

［5］程新生，刘建梅，陈靖涵. 才能信号抑或薪酬辩护：超额薪酬与战略信息披露［J］. 金融研究，2015（12）：146-161.

［6］杜胜利，翟艳玲. 总经理年度报酬决定因素的实证分析——以我国上市公司为例［J］. 管理世界，2005（8）：114-120.

［7］杜兴强，王丽华. 高层管理当局薪酬与上市公司业绩的相关性实证研究［J］. 会计研究，2007（1）：58-65，93.

［8］方军雄. 我国上市公司高管的薪酬存在粘性吗？［J］. 经济研究，2009，44（3）：110-124.

[9] 贺京同，那艺. 行为经济学：选择、互动与宏观行为 [M]. 北京：中国人民大学出版社，2015.

[10] 胡丽燕. 高管薪酬激励与企业业绩关系文献综述 [J]. 特区经济，2013（7）：216-218.

[11] 黄志忠，郗群. 薪酬制度考虑外部监管了吗——来自中国上市公司的证据 [J]. 南开管理评论，2009，12（1）：49-56.

[12] 蒋涛，刘运国，徐悦. 会计业绩信息异质性与高管薪酬 [J]. 会计研究，2014（3）：18-25，95.

[13] 李燕萍，孙红，张银. 高管报酬激励、战略并购重组与公司绩效——来自中国 A 股上市公司的实证 [J]. 管理世界，2008（12）：177-179.

[14] 连玉君，廖俊平. 如何检验分组回归后的组间系数差异？[J]. 郑州航空工业管理学院学报，2017，35（6）：97-109.

[15] 罗宏，黄敏，周大伟，等. 政府补助、超额薪酬与薪酬辩护 [J]. 会计研究，2014（1）：42-48，95.

[16] 罗正英，詹乾隆，段姝. 内部控制质量与企业高管薪酬契约 [J]. 中国软科学，2016（2）：169-178.

[17] 李增福，骆欣怡. 高管薪酬凭能力还是凭运气——基于高管薪酬业绩敏感性的研究 [J]. 财贸研究，2018，29（7）：91-101.

[18] 缪毅，胡奕明. 内部收入差距、辩护动机与高管薪酬辩护 [J]. 南开管理评论，2016，19（2）：32-41.

[19] 苏为华. 我国多指标综合评价技术与应用研究的回顾与认识 [J]. 统计研究，2012，29（8）：98-107.

[20] 章刚勇，王立彦. 相对绩效评价方法研究：来自我国上市银行的经验证据 [J]. 中国软科学，2016（11）：167-174.

[21] 张俊瑞，赵进文，张建. 高级管理层激励与上市公司经营绩效相关性的实证分析 [J]. 会计研究，2003（9）：29-34.

[22] 张路，张瀚文. 超募资金与高管薪酬契约 [J]. 会计研究，2017（4）：38-44，95.

[23] 张秀敏，高云霞. 社会责任信息披露与高管薪酬粘性 [J]. 软科学，2017，31（11）：134-138.

[24] 朱星文，蔡吉甫，谢盛纹. 公司治理、盈余质量与经理报酬研究——来自中国上市公司数据的检验 [J]. 南开管理评论，2008（2）：28-33，68.

[25] Banker R. D., et al.. The Relation between CEO Compensation and Past Performance [J]. The Accounting Review, 2012, 88 (1): 1-30.

[26] Datar S., Kulp S., Lambert R. Balancing Performance Measures [J]. Journal of Accounting Research, 2001, 39 (1): 75-92.

[27] Dechow P. M., Sloan R. G. Executive Incentives and the Horizon Problem: An Empirical Investigation [J]. Journal of Accounting & Economics, 1991, 14 (1): 51-89.

[28] Elston J. A., Goldberg L. G. Executive Compensation and Agency Costs in Germany [J]. Journal of Banking and Finance, 2003 (27): 1391-1410.

[29] Feltham G., Xie J. Performance Measure Congruity and Diversity in Multi-task Principal/Agent Relations [J]. The Accounting Review, 1994, 69 (3): 429-453.

[30] Garvey G. T., Milbourn T. T. Asymmetric Benchmarking in Compensation: Executives Are Rewarded for Good Luck But Not Penalized for Bad [J]. Journal of Financial Economics, 2006, 82 (1): 197-225.

[31] Grossman S. J., Hart O. D. An Analysis of Principal-Agent Problem [J]. Econometrica, 1983, 51 (1): 7-45.

[32] Healy P. M., Wahlen J. M. A Review of the Earnings Management Literature and its Implications for Standard Setting [J]. Social Science Electronic Publishing, 1999, 13 (4): 365-383.

[33] Holthausen R. W., Larcker D. F., Sloan R. G. Annual Bonus Schemes and the Manipulation of Earnings [J]. Journal of Accounting and Economics, 1995 (19): 29-74.

[34] Jackson S. B., Lopez T. J., Reitenga A. L. Accounting Fundamentals and CEO Bonus Compensation [J]. Journal of Accounting & Public Policy, 2008, 27 (5): 374-393.

[35] Kaplan R., Nordon D. The Balanced Scorecard: Measures That Drive Performance [J]. The Harvard Business Review, 1992 (1): 71-79.

[36] Morse A., Nanda V., Seru A. Are Incentive Contracts Rigged by Powerful CEOs? [J]. The Journal of Finance, 2011, 66 (5): 1779-1821.

[37] Rapp M. S., Wolff M. Determinanten der Vorstandsverguetung. Eine Empirische Untersuchung der Deutschen Prime-Standard-Unternehmen [J]. Zeitschrift Fuer Betriebswirtschaft, 2010 (80): 1075-1112.

[38] Sabiwalsky R. Executive Compensation Regulation and the Dynamics of the Pay-Performance Sensitivity [J]. Sfb Discussion Papers, 2010, 520 (3): 981-986.

[39] Wilson M. A., Chacko T. I., Shrader C. B., et al.. Top Executive Pay and Firm Performance [J]. Journal of Business and Psychology, 1992 (6): 495-501.

论文执行编辑： 贾良定

论文接收日期： 2019 年 5 月 5 日

作者简介：

孙世敏（1966—），女，辽宁瓦房店人，东北大学工商管理学院教授，博士生导师，管理学博士，研究方向为薪酬与绩效管理、会计与财务管理。E-mail：smsun@mail. neu. edu. cn。

张汉南（1993—）（通讯作者），男，辽宁昌图人，东北大学工商管理学院博士研究生，研究方向为薪酬与绩效管理。E-mail：1728047049@qq. com。

马智颖（1993—），女，辽宁辽阳人，东北大学工商管理学院博士研究生，研究方向为薪酬与绩效管理。E-mail：mazhiying999@126. com。

Research on Interval Effect of Executive Compensation Stickiness and Its Influence Mechanism

Shimin Sun　Hannan Zhang　Zhiying Ma

(School of Business Administration, Northeastern University, Shenyang, China)

Abstract: Taking Shanghai and Shenzhen A-share listed companies from 2013 to 2016 as research object, the paper tested the interval effect of executive's compensation performance sensitivity and compensation stickiness, and explored their formation mechanism. Three conclusions are as follows: ①The relationship between executive compensation and corporate performance is not simply linear, but "steep in the middle and smooth at both ends". ②There is an interval effect for executive's compensation performance sensitivity and compensation stickiness, that the compensation performance sensitivity is stronger but the compensation stickiness is not significant when the performance is moderate, however, when the performance is too high or too low, the compensation performance sensitivity is weakened and the characteristic of compensation stickiness is prominent. ③The difference of multi-dimensional performance evaluation results and the earnings management significantly aggravate the characteristics of executive compensation stickiness, which proves that they are the important formation mechanism for the interval effect of executive compensation stickiness.

Key Words: Executive Compensation Stickiness; Interval Effect; Differences in Multi-dimensional Performance Evaluation; Earnings Management

JEL Classification: M41

字体类型对消费者购买意愿的影响
——来自眼动实验的探索性证据*

□ 李　珊　蒋雪灵　周寿江　邓一帆　王　虹

摘　要：从视觉注意视角切入，通过眼动实验和情景实验共同考察出产品包装上文字的字体类型（衬线 vs. 无衬线）对消费者购买意愿的影响显著。通过进一步分析主效应过程中的内在机制及作用边界，验证了在字体类型对消费者购买意愿产生影响的过程中，视觉注意起中介作用，产品类型起调节作用。调节作用具体表现为：对享乐品而言，若产品包装上的文字为“无衬线字体”，则产品包装与消费者心理诉求的契合程度高，能增强其对产品的购买意愿；而对实用品而言，若产品包装上的文字为“衬线字体”，则能提升消费者对产品的信任度，进而增强其对产品的购买意愿。

关键词：衬线字体；无衬线字体；视觉注意；重复曝光；购买意愿

JEL 分类：M31

引　言

文字是文化的载体，而字体是文字的表意形式，它是作者传递客观信息并与读者进行沟通的重要媒介（Henderson and Cote，1998）。大众可以通过字体对事物的内在特质进行推断，而字体的特征能够使个体产生更进一步的推想（Kashdan et al.，2012），并使其对拥有字体的承载物产生联想（任星耀等，2014）。字体除了有大小、正斜、粗细等常见特征之分，还可从“衬线”与“无衬线”的角度进行区分研究。“衬线”一词起源于旧式德语中形容钢笔笔触的词汇（吉姆斯・菲利奇，2006）。“衬线字体”是指单字或字母笔画的结尾有小附属物，笔画粗细有所不同且在尾处向外扩展（见图 1），“无衬线字体”则是指单字或字母在笔画中趋于同样的粗细，没有转角（刘兴华，2007）（见图 2）。

* 基金项目：本文获得国家自然科学基金项目（71702119）、中国博士后科学基金面上资助项目（2018M640027）、教育部人文社会科学项目（17YJC630065）、四川大学中央高校基本科研业务费（LH2018010）资助。

衬线

图 1　衬线字体

衬线

图 2　无衬线字体

延伸到营销领域，品牌厂商为吸引消费者的眼光，会通过产品包装、广告语宣传、图文设计等不同的方式向消费者展示产品，将产品或品牌的个性（魏华等，2018）、核心价值主张（Grohmann et al.，2015）、企业文化（Doyle and Bottomley，2006）等内容呈现出来，并借助产品或品牌的视觉信息将其传递给消费者。其中，字体是最不可或缺的设计要素，而不同的字体特征会给消费者带来差异化的视觉感知（Mc-carthy and Mothersbaugh，2010），故字体被认为是重要的视觉工具。衬线字体与无衬线字体在营销领域已被商家广泛使用，但其使用效果却并不明确。从传统意义上讲，衬线字体较无衬线字体有更高的可读性（刘兴华，2007；Kate L. Turabian，1987）。Bernard 等（2001）通过组内实验证实对老年人而言，衬线字体可提升其阅读速度，但其对无衬线字体却有更多的阅读偏好。对儿童来说，相较于衬线字体，无衬线字体更能提升其阅读过程中的流畅性和易读性（Woods R. J.，2005）。之后，Moret-Tatay 等（2011）对“衬线”是否只是对识别文本生效的历史产物，或者“衬线”是否能在词意获取过程中起重要作用提出思考和质疑。但以往研究关注的是衬线与无衬线字体对人的视觉及心理方面的影响，几乎没有营销学者研究字体类型（衬线 vs. 无衬线）是否会影响消费者对产品的购买意愿。

对字体类型的研究诸多且繁杂，但许多研究方法和实验设计都有不同程度的不足与差异（Tinker，1963；Qi et al.，2004；Burt et al.，2011）。在以往对字体类型（衬线 vs. 无衬线）的研究中，学者的研究重点与分歧在于：“衬线”与“无衬线”谁更适合阅读文本？谁更有助于加工视觉信息？谁更应该被广泛地使用？等。但同时，关于以上的问题，以往的学者都没有给出明确的答案。与前人更关注字体类型（衬线 vs. 无衬线）影响个体识别视觉信息、处理视觉信息、阅读表现等方面不同，本文则是在前人研究字体类型影响个体视觉感知的基础上，将其拓展至营销领域内，考察产品包装上文字的字体类型是否会对消费者的购买意愿产生影响，同时引入视觉注意和产品类型两个变量，提出三个假设：字体类型对消费者的购买意愿有显著影响；视觉注意在字体类型影响消费者购买意愿的过程中起中介作用；在字体类型影响消费者购买意愿的过程中，产品类型（享乐品 vs. 实用品）起调节作用。

1　文献回顾与假设

1.1　字体类型与消费者购买意愿

为研究字体类型（衬线 vs. 无衬线）与消费者购买意愿之间的关系，本文将从心理和视觉感知两个方面进行阐述。在心理上，一些神经心理学家提出，激活个体识别衬线字体的脑区明显不同于无衬线字体（Marieke et al., 2008），并且相较于无衬线字体，衬线字体更能激活大脑的辅助运动区，即对自愿行为的计划与控制（Burt et al., 2011）。在此基础上，Rendl 等（2014）通过实验提出，若产品标签上的文字为衬线字体，消费者触摸产品的欲望能得到提高，对产品的整体评价也能得到进一步提升。此外，Jordan 等（2017）认为个体对衬线字体的感知通常是：优雅、迷人、多变、独特、美丽和有趣，而对无衬线字体的感知则通常是：男子气概、有力、智能、高级、响亮。

在视觉感知上，目标的外部特征会影响个体的内在感知（任星耀等，2014）。衬线字体在字的笔画开始、结束的地方有额外的装饰，而无衬线字体则通常是机械的，没有额外的装饰，笔画粗细在视觉上基本一致。但相比无衬线字体，普遍认为衬线字体能带来更佳的可读性（Crutchley，1981）。此外，"衬线"从视觉上增加了对字母的阅读参照（Tantillo et al., 2010），故衬线字体常被用于大段落的文章中，而无衬线字体则常被用在标题、较短的文字段落或者一些通俗读物中。过往有学者认为，衬线字体区别于无衬线字体的特征（笔画结尾的附属物）可以为读者提供文字注意的提示信息（Rubinstein R., 1988），也使个体对文字的感知更加独特以及文字更易被个体识别（Crutchley, 1981）。这些观点支持：相较于无衬线字体，衬线字体更能增强个体对文本信息的识别和加工处理能力。

结合上述分析可以发现：在心理上，相较于无衬线字体，衬线字体更能激活个体感知和识别文本信息的内在能力。此外，衬线字体带来的个体感知更具人性化以及更易接近，能缩短消费者与产品之间的心理距离，更能使消费者感受到商家赋予产品的温暖和感性关怀，从而能提高消费者对产品的态度评价和购买意愿。同时，在视觉感知上，相较于无衬线字体，衬线字体更易被个体识别和注意，其可读性和易读性更强，这使个体对文本信息的感知流畅性更高。由信息加工理论可知，受众对产品信息的感知流畅性越高，其对产品的内在态度和外在行为则越积极，从而能优化受众对产品的熟悉度、态度评价、偏好以及购买意愿（单从文等，2017；Nenkov G. et al., 2014）。

综上所述，本文提出以下假设。

H1：产品包装上文字的字体类型（衬线 vs. 无衬线）对消费者的购买意愿有显著影响，并且相较于无衬线字体，当产品包装上的文字为衬线字体时，消费者的购买意愿更强。

1.2 视觉注意与重复曝光效应

视觉注意会对消费者的态度和行为产生影响（Boerman et al., 2015），其很有可能是通过重复曝光效应来实现的。重复曝光效应（Mere Exposure Effect）是指，当个体面对某一频繁出现的刺激物时，其对该刺激物的评价会显著优于曝光少的刺激物（Zajonc and S. P. M. S. Pt, 1965；Berlyne, 1970；Dechêne et al., 2009），并且重复曝光效应的发生与个体的主观意志无关（Inoue et al., 2018），且当个体处于无意识状态时，其对个体产生的影响显著大于个体处于有意识状态时（Hansen and Wänke, 2009）。

对重复曝光效应的理论解释，普遍接受的是流畅性理论（Fluency），即重复曝光的增加能够提升消费者处理信息的流畅性。加工流畅性（Processing Fluency）是指个体加工和处理信息难易程度的一种主观体验（Alter and Oppenheimer，2009）。有学者通过研究发现高加工流畅性的对象会让个体产生正面的情绪和积极的行为（Winkielman P. and Huber D. E.，2009），并且产品对消费者的吸引力以及个体偏好也会受到加工流畅性的影响，比如 Miceli 等（2014）发现，增加标签在消费者视觉上的曝光次数，会显著提升消费者的加工流畅性，最终使标签更加吸引消费者，同时也会正向影响消费者对标签的态度偏好。此外，也有学者发现加工流畅性会增加消费者对产品的熟悉和喜好，从而使消费者对该产品产生强烈的购买动机和购买意愿（Pocheptsova and Novemsky，2010；Westerman et al.，2015）。

承前文所述，衬线字体较无衬线字体更易被个体感知和识别，故衬线字体更容易获得消费者的视觉注意。此外，因衬线字体的笔画曲线较无衬线字体更复杂多变，而大众往往对具有独特性、差异性特征的物体充满好奇欲和探知欲，因此对消费者而言，相较于无衬线字体，衬线字体获得的重复曝光次数更多，对提高产品包装的信息加工流畅性更为明显。故本文认为，当产品包装上的文字以不同字体（衬线/无衬线）形式展现时，产品包装吸引消费者视觉注意的程度有所不同，这也会使消费者在无意识状态下多次或是少次注视目标信息，从而造成不同字体给消费者的重复曝光效应也有强弱程度差异，而其带来的信息加工流畅性差异会显著影响消费者对产品的态度评价和购买意愿。

基于以上分析，本文提出以下假设。

H2：视觉注意在字体类型（衬线 vs. 无衬线）影响消费者购买意愿的过程中起到了中介作用。

1.3 产品类型的调节作用

产品类型有多种分类方式。在营销实践和学术界，享乐品和实用品是一种常见的产品类型分类（Henderson and Cote，1998b），其在市场营销中一直是研究的热点话题（Alba et al.，1997；Dhar and Wertenbroch，2000；Khan and Dhar，2006；Kivetz and Zheng，2006；Xu and Schwarz，2009）。Hirschman 等（1982）提出“享乐品是指能让人在感官或情感体验中，获得愉悦或满足感的产品或服务”。然而“实用品又称必需品，是指基于理性认知（Strahilevitz and Myers，1998），维持大众基本生活需求或达到某种目标的产品或服务”（郑毓煌，2007）。以往研究认为享乐品和实用品两者间的关键区别在于：必需品是人类维持其生活所必需的（Maslow，1970），因此享乐品的重要性远低于实用品（Maslow，1970；Anchor，1996）。章璇等（2012）借鉴心理学的延迟满足理论，证实享乐品会比实用品更能引起消费者的享乐欲望从而引发购买行为（Hoch and Loewenstein，1991；Keinan and Ran，2008）。

此外，相较于实用品更符合消费者对长期利益的诉求，享乐品在给人们带来短期快乐的同时，也激发了较高的负罪感（童璐琼等，2011）。先前的实验发现有很多理由使消费者更有可能选择或购买享乐品，并且自我控制中的正向作用对于有高负罪感的消费者强度更大（Kivetz and Zheng，2006）。正如郑毓煌（2007）提出的“理由启发式”决策过程，它指出消费者在面临是否购买享乐品的艰难抉择时，会通过寻找到正当理由来降低负罪感。然而为降低负罪感，并使购买行为变得容易，消费者在产品浏览和购买之间需要跨越一道“心理门槛”（姚卿等，2013）。同时，在思虑并抉择是否购买的过程中也产生了时间距离。当消费者面对享乐品时，时间距离对消费者产生的影响要比其面对实用品时更明显（章璇和景奉杰，2012）。

承上所述，大众在心理及视觉上对文字字体类型（衬线 vs. 无衬线）的感知及偏好存在个体差异，而不同的字体会携带不同的内涵和隐喻，并会使消费者对文字的解释和理解产生影响，最终会影响到消费者对品牌和产品内涵的解读（任星耀等，2014），同时也可能会影响消费者推荐品牌、购买产品的可能性（Grohmann et al.，2015）。当面对享乐品时，消费者会更多地关注产品带来的满足和享乐程度。对大部分人而言，无衬线字体通常给人一种休闲轻松的感觉，而这种特性与享乐品满足消费者获得愉悦或满足感的产品属性相契合，从而更能迎合消费者的心理诉求。换言之，无衬线字体的特性更能获得消费者的视觉偏好，从而带来更多的视觉注意。据此，本文推测，当产品为享乐品时，相较于“衬线字体”，“无衬线字体”的产品文字描述会显著提升消费者的购买意愿。

然而当消费者面对具有实用属性的产品则不然，此时消费者会重点关注产品本身是否能维持其基本生活需求或是否能达到某种目的，此时则更关注产品的可靠程度和保障程度。如前文所述，字体的视觉特征能够传递产品的内在特质并影响消费者对产品内涵的解读。因此，当实用性产品的文字描述使用“衬线字体”时，其拟人化的温暖感知能从心理上提升消费者对产品的信任度和可靠性，从而更能迎合消费者的心理诉求。换而言之，衬线字体的特性更能获得消费者的视觉偏好，从而带来更多的视觉注意。由此，本文推测，当产品为实用品时，相较于“无衬线字体”，“衬线字体”的产品文字描述会显著提升消费者的购买意愿。

基于此，本文提出以下假设。

H3：产品类型在字体类型（衬线 vs. 无衬线）影响消费者购买意愿的过程中起调节作用。

H3a：当消费者购买享乐品时，与衬线字体相比，若产品包装上的文字为无衬线字体，则更能激发其购买意愿。

H3b：当消费者购买实用品时，与无衬线字体相比，若产品包装上的文字为衬线字体，则更能激发其购买意愿。

2 研究一：字体类型对购买意愿的影响

2.1 预实验

预实验目的在于确定研究一所需的刺激物。以超市内实际产品包装为对象，对其进行微调以适应研究需求。选择热水袋及护肤露两类产品包装作为候选实验刺激物，并对两类产品包装的文字描述分别做如下处理：衬线采用中文字体“仿宋”，字号为“小四”；无衬线则采用中文字体“黑体”，字号为“小四”。通过 PowerPoint 将产品文字描述以图片形式呈现，并将其嵌入问卷之中。两种产品包装的文字描述差异仅体现在“字体有无衬线”角度，而文字的字体大小、颜色、字符间距、文字行数等其他视觉特征均一致（两种字体字号均为“小四”，颜色均为“黑色”，字符间距均为“标准”，同一行中字数一样且总行数相等）。

为检验“衬线”组与“无衬线”组刺激物在视觉复杂度、熟悉度、吸引度、美观度等方面是否存在差异，借助问卷星平台，共招募162名被试对两类产品的包装进行评价。根据预实验结果，最终选择“护肤露”的包装作为正式实验的刺激物。两组被试在产品包装视觉复杂度［$M_{衬线}$ = 3.51，$M_{无衬线}$ = 3.47；$F(1, 160)$ = 0.06，p = 0.802］、熟悉度［$M_{衬线}$ = 3.34，$M_{无衬线}$ = 3.32；$F(1, 160)$ = 0.01，p = 0.927］、易记程度［$M_{衬线}$ = 3.05，$M_{无衬线}$ = 3.25；$F(1, 160)$ = 0.73，p = 0.393］、吸引度［$M_{衬线}$ = 4.77，$M_{无衬线}$ = 4.89；$F(1, 160)$ = 0.30，p = 0.583］、美观度［$M_{衬线}$ = 1.72，$M_{无衬线}$ = 1.68；$F(1, 160)$ = 0.07，p = 0.794］等方面均无显著差异。以上结果表明刺激物设计成功，可以进入正式实验。

2.2 实验设计与过程

正式实验采用单因素（字体类型：衬线 vs. 无衬线）组间设计。借助问卷星平台，共招募146名被试参与实验，并将其随机分配至“衬线”和“无衬线”两个条件组。两条件组除产品描述部分存在字体差异外，无其他方面的不同。其中，10人因数据有缺失（未能完善相关信息或填写有误，如年龄为100，4.1%）而被剔除。最终，“衬线”组获得68名被试的数据（M_{age} = 22.35，SD = 3.64；女性52人，76.47%）；“无衬线”组也获得了68名被试的数据（M_{age} = 23.36，SD = 3.16；女性45人，66.18%）。

将某高校的Mobile Consumer Data Science实验室作为进行正式实验的场地，该实验室有良好的隔音及抗干扰条件。在被试进入实验室后，研究人员按照实验计划向其介绍相关的实验流程。待被试知悉实验流程后，其将被要求阅读［实验知情同意书］并确认签字。之后，按照随机数生成器确定的分配顺序，将其分配至两条件组。随后，被试将在由PowerPoint生成的页面上阅读指导语“欢迎您参加此次试验，您将看到1段文字，结束后您将完成一份问卷，请认真作答”。为避免被试形成预判，指导语隐去实验目的。览毕，被试将在iPad Air2上完成视觉复杂度、熟悉度、易记程度、吸引度、美观度等题项的作答，并补充性别、年龄等人口统计信息。为避免观察者效应的干扰，在被试填写问卷时，相关操作人员将离场。每名被试完成实验需5~10分钟，结束后将赠送价值3元的小礼品作为感谢。

变量均采用7点Likert量表测量（1表示完全不同意，7表示完全同意），多题项变量以其得分均值为其最终值。其中，购买意愿使用Chattopadhyay等（1990）提出的3题项测量（对于该产品，我：一定会购买；非常可能购买；肯定购买；α = 0.92）。

2.3 研究结果

单因素方差（ANOVA）分析表明，两组被试在视觉复杂度、熟悉度、易记程度、吸引度、美观度等方面的评分均无显著差异（p's>0.21，见表1），进一步证明刺激物设计成功。双因素方差分析结果表明，性别和字体类型的交互项统计不显著［F（1，134）= 3.28，p = 0.072，η_p^2 <0.01］，证明了研究一不存在性别差异。之后，采用因子分析对问卷所有题项进行分析，

未旋转的第一公因子值为 32.771%，表明共同方法偏差情况不会对研究结论造成影响。

单因素方差分析进一步发现，两组被试在产品购买意愿上存在显著差异，且当产品包装上的文字描述以衬线字体形式呈现时，消费者对产品的购买意愿更强［$M_{衬线}=4.55$，$M_{无衬线}=4.11$；$F(1,134)=10.28$，$p<0.01$，$\eta_p^2=0.07$］（见表 1）。这与 H1 的推论一致，即相较于无衬线字体，当产品包装上的文字为衬线字体时，消费者对产品的购买意愿更强。由此，H1 得到支持。

表 1　研究一实验 ANOVA 分析结果

	$M_{衬线}$	$M_{无衬线}$	F（1，134）	p
视觉复杂度	5.08（1.27）	5.38（1.50）	1.53	0.219
熟悉度	4.42（1.07）	4.47（1.16）	0.08	0.778
易记程度	4.79（1.39）	4.60（1.66）	0.53	0.467
吸引度	4.94（1.21）	4.87（1.38）	0.11	0.742
美观度	3.58（1.65）	3.37（1.58）	0.57	0.451
购买意愿	4.55（1.08）	4.11（1.11）	10.28	0.002**
n	68	68	—	—

注：括号内为标准偏差（SD）；*、**、*** 分别表示在 5%、1%、0.1%的水平上显著。

2.4　讨论

字体类型确实会对消费者的购买意愿产生显著影响。研究一通过实验，利用实际产品包装刺激物证实了这一假设（H1）。具体而言，相较于无衬线字体，当产品包装上的文字为衬线字体时，消费者对产品的购买意愿更强。

研究一的结果支持了 H1，并为后续中介效应和调节效应的检验提供了实验基础，但研究一仅考察了字体类型对消费者购买意愿的影响，依旧存在不足，还须深入研究这一过程中潜在的作用机制。此外，研究一中仅选取了两种字体（衬线—仿宋；无衬线—黑体）进行实验，那么对于其他形式的（衬线/无衬线）字体，研究一的结论是否成立？尚需探索。为解决以上问题，提升研究结论的信度和效度，研究二将以“衬线—楷体；无衬线—微软雅黑”作为产品文字描述的字体以检验主效应与中介效应。

3　研究二：视觉注意的中介作用

研究二旨在通过眼动实验检验视觉注意在字体类型影响消费者购买意愿过程中的中介作用（H2），并再次验证 H1。

3.1　预实验

在正式实验开始前需进行一项预实验，其目的是选择并确定进入正式实验的刺激物。研究二的刺激物采用产品图片与产品文字描述的组合形式呈现，即刺激物图片的左侧为产品图片，右侧为产品描述（见图 3）。为避免产品（或品牌）先验知识对研究结论造成影响，研究二刺激物图片中的产品是实体产品，但产品文字描述与实际文字描述有内容差异。故此处需要说明的是对文字描述内容的选择程序：首先，以产品实际描述为参考进行创作得到四组文字描述（每组仅存在文本内容差异）。其次，招募 50 名被试对四组文字描述进行熟悉度、态度、复杂度、易记程度、美观度等评价。再次，根据评价结果选择各项指标评分最为中立的那组文本内容作为最终产品描述。最后，在实验中，描述产品的文字字体分别被设定为两种类型：“衬线”与“无衬线”。为提升研究结论的效度，研究二中的“衬线字体”选取“小四”号中文字体“楷体”；“无衬线字体”选取“小四”号中文字体“微软雅黑”。邀请专业平面设计师对三组产品包装图进行细微调整，以满足实验需求。与研究一一致，两种产品包装的文字描述差异仅体现在“字体有无衬线”角度，而文字的字体大小、颜色、字符间距、文字行数等其他视觉特征均一致（两种字体字号均为“小四”，颜色均为“黑色”，字符间距均为“标准”，同一行中字数一样且总行数相等）。

EyeLink Fixation Map (Duration Based) for IP: "Full Trial Interest Period".
Trial Data for Group "1.png" - Trials=33, Fixations:1652. Max: 646.78 msec.

（a）衬线

EyeLink Fixation Map (Duration Based) for IP: "Full Trial Interest Period".
Trial Data for Group "1.png" - Trials=31, Fixations:1391. Max: 696.04 msec.

（b）无衬线

图3 研究二热力图

借助问卷星平台，招募 77 名被试对三组刺激物图片进行视觉复杂度、熟悉度、易记程度、吸引度、美观度等方面的评价。根据数据分析结果，最终选择“咖啡”产品包装为正式实验的刺激物图片。两组被试对该产品包装的视觉复杂度［$M_{衬线}$ = 4.92，$M_{无衬线}$ = 4.88；F（1，75）= 0.03，p = 0.87］、熟悉度［$M_{衬线}$ = 4.22，$M_{无衬线}$ = 3.93；F（1，75）= 0.76，p = 0.386］、易记程度［$M_{衬线}$ = 3.77，$M_{无衬线}$ = 4.04；F（1，75）= 1.15，p = 0.287］、吸引度［$M_{衬线}$ = 3.49，$M_{无衬线}$ = 3.90；F（1，75）= 1.38，p = 0.244］、美观度［$M_{衬线}$ = 3.75，$M_{无衬线}$ = 4.04；F（1，75）= 1.31，p = 0.256］均无显著差异。结果表明刺激物设计成功，可以进入正式实验。

在正式实验中，各实验组均使用 6 张刺激物图片，包括 1 张实验图片，5 张 Filler。首张及末张均为 Filler，以防止出现首因效应及近因效应（Lee et al.，2012），第 3 张刺激物设置为实验图片。

3.2 实验设计与过程

3.2.1 实验设计和被试

正式实验采用单因素（字体类型：衬线 vs. 无衬线）组间设计。通过线上平台（微信、QQ 群等），共招募 63 名在校大学生参与此次实验，所有被试均无色盲、眼弱等疾病，且其视力或矫正视力均达到 1.0 或以上。被试被随机分配至“衬线”或“无衬线”两条件组，两条件组除产品文字描述部分存在字体差异外，无其他方面的不同。其中，1 人因数据有缺失（未能填写真实信息，1.5%），1 人未能通过九点校准测试（1.5%）而被剔除。最终，“衬线”组获得 30 名被试的数据（M_{age} = 23.22，SD = 2.29；女性 16 人，53.33%）；“无衬线”组获得 31 名被试的数据（M_{age} = 22.95，SD = 3.24；女性 18 人，58.06%）。

3.2.2 实验设备

正式实验使用的设备为加拿大 SR Research 公司研制的 EyeLink 1000Plus 桌面式眼动仪，其由主试机与被试机两台计算机组成。在实验中，用主试机记录被试的眼动数据，其刷新频率为 140Hz；用被试机呈现相关实验材料及实验指导语，其液晶显示器为 21 寸，界面分辨率为 1024 × 768 像素，采样率为 1000Hz。此外，借助设备自带的 EB（Experiment-Builder）设计实验程序。此次实验在某大学的 Mobile Consumer Data Science 实验室进行，该实验室的隔音及抗干扰条件均符合实验要求。在实验过程中，被试的头部及下巴由仪器——下巴托固定，设定被试眼睛与显示屏中央距离约为 75cm，与眼动仪距离约为 55cm。被试在实验中双眼注视屏幕，但只记录被试右眼的浏览轨迹。

3.2.3 实验流程及测量

被试到达实验室后，由两名研究人员向其介绍实验流程及相关注意事项。为避免形成预判，实验前不告知被试真实的实验目的。被试获悉实验流程后，将阅读［实验知情同意书］并确认签字。随后，将被试随机分至“衬线”或“无衬线”任一条件组。实验时，被试坐在指定位置，浏览显示器上的实验指导语：“欢迎……，请将您的下巴固定在托盘之上，并全程保持固定。稍后，您将浏览 6 张某产品的包装图片，浏览完毕后按‘空格键’可播放下一张”。览毕，工作人员将再次向其简述指导语，以确保被试明确实验要求。随后，工作人员对被试进行九点校准，校准的误差值控制在 0.10 以下。待被试浏览 2 张图片后，对其进行单点校准，合格后方能继续进行实验。

被试完成眼动实验后，被带至另一外部隔音的实验室，其将通过 iPad 终端对相应问卷进行作答。研究二所用问卷及题项设计与研究一相同，此处不再细述。待被试填写完问卷后，每名被试将获得 25 元现金报酬（未通过校准者获得 15 元），并由工作人员向其表示感谢。每名被试完成实验需 10~15 分钟。

视觉注意以兴趣区内注视次数（Fixation Count）进行衡量。注视次数是指注视点落在兴趣区的总次数，反映被试在无意识状态下对刺激物进行了信息处理加工，注视次数越多，被试所获取的信息越多，其记忆效果也越好（Mullen and Johnson，2011；程利等，2007）。因此，注视次数的多少会显著影响个体的记忆程度，从而使个体对目标对象的熟悉度产生显著差异，最终也会影响个体的态度评价和购买意愿。

3.3 实验结果

单因素方差分析表明，两组被试在产品视觉复杂度、熟悉度、易记程度、吸引度、美观度等方面均无显著差异（p's >0.10，见表 2）。双因素方差分析结果表明，性别和字体类型的交互项统计不显著［F（1，59）= 1.87，p = 0.181，η_p^2 <0.01］，并且性别和注视次数的交互项统计也不显著［F（1，59）= 1.18，p = 0.282，η_p^2 <0.01］，故研究二不存在性别差异。进行共同方法偏差检验，结果表明其不会对实验结论造成影响（CMV 值为 33.421%，低于 40%）。

表 2　研究二实验 ANOVA 分析结果

	$M_{衬线}$	$M_{无衬线}$	F（1，59）	p
视觉复杂度	4.27 （1.29）	3.65 （1.60）	2.78	0.101
熟悉度	4.24 （1.18）	3.86 （1.50）	1.23	0.272
易记程度	4.40 （1.61）	3.94 （1.77）	1.15	0.288
态度	4.82 （0.96）	4.69 （1.00）	0.24	0.626
吸引度	4.63 （1.35）	4.75 （1.34）	0.12	0.731
美观度	4.43 （1.70）	4.74 （1.44）	0.59	0.446
注视次数	77.33 （18.30）	49.23 （23.06）	27.692	0.000***
购买意愿	5.19 （0.79）	3.84 （1.29）	24.071	0.000***
n	30	31	—	—

注：括号内为标准偏差（SD）；*、**、*** 分别表示在 5%、1%、0.1% 的水平上显著；注视时长单位为毫秒（ms）。

3.3.1 购买意愿

以字体类型为自变量，消费者购买意愿为因变量，进行单因素方差分析。结果显示，字体类型对消费者购买意愿的影响显著［F（1，59）= 24.071，p <0.05，η_p^2 = 0.03］。相较于“无衬线”组，“衬线”组被试对产品有更强烈的购买意愿（$M_{衬线}$=5.19，SD=0.79；$M_{无衬线}$= 3.84，SD=1.29）。由此，H1 再次得到验证。

3.3.2 视觉注意

分别以视觉注意的两个指标为因变量，进行单因素方差分析。结果显示，字体类型对注视次数［F（1，59）= 27.692，p <0.05，η_p^2 = 0.02］的影响显著。具体而言，相较于“无衬线字体”，产品描述以“衬线字体”的形式呈现能获得更多的注视次数（$M_{衬线}$ = 77.33，SD = 18.30；$M_{无衬线}$ = 49.23，SD = 23.06）。这表明，产品描述的字体以“衬线”的形式展现，能获得被试更多的视觉注意，从而能增强刺激物对被试的重复曝光。

3.3.3　视觉注意的中介作用

为进一步验证视觉注意在字体类型影响消费者购买意愿过程中的中介作用，本文依据 Hayes（2013）及 Preacher 等（Preacher et al.，2004）提出的 Bootstrap 方法（Model 4），对“注视次数”进行中介效应检验。结果显示：“注视次数”的中介效应显著，非直接路径中（$LLCI$ = -1.8934，$ULCI$ = -0.8514）没有包含 0，且中介效应大小为 -1.3628。在进一步控制“注视次数”这一中介变量后，自变量对因变量的影响不显著（p = 0.912），区间（$LLCI$ = -0.2152，$ULCI$ = 0.2405）包含 0（见表 3）。以上分析表明，“注视次数”在字体类型影响消费者购买意愿的过程中起中介作用。

表 3　中介效应检验结果

	中介效应检验			控制中介变量后，自变量对因变量的直接影响		
	LLCI	*ULCI*	中介效应	*LLCI*	*ULCI*	*p*
注视次数	-1.8934	-0.8514	-1.3628	-0.2152	0.2405	0.912

综合上述分析可得出结论：视觉注意在字体类型影响消费者购买意愿的过程中起到中介作用，且是完全中介。由此，H2 得到了支持。

3.4　讨论

研究二通过选取其他类型的衬线（无衬线）字体重复证实，产品包装上的字体类型对消费者的购买意愿有显著的影响，这为 H1 再次提供了支持。此外，研究二借助眼动技术，在研究一的基础上进行深入研究，并证实了在字体类型影响消费者购买意愿的过程中，视觉注意起中介作用。产品包装在获得消费者多次注视的同时带来更多的视觉注意，而越多的视觉注意与越强的曝光效应相关联（Lee et al.，2012），从而能提升消费者的购买意愿，这为后续购买行为的实现提供重要条件（Montoya et al.，2017）。

然而，尽管研究二引入视觉注意对研究一的作用过程进行了解释，但研究二仍存在不足。以往研究表明，不同产品会对消费者的购买决策和行为产生重要的影响，并导致个体产生偏好差异，其很可能会通过影响消费者的视觉注意从而来影响购买意愿。有鉴于此，研究三将产品类型引入到研究之中，考察当消费者面对不同类型的产品时，产品包装上的字体类型（衬线 vs. 无衬线）对消费者购买意愿的影响。

4　研究三：产品类型的调节作用

研究三的目的是确定字体类型对消费者购买意愿的作用边界，即产品类型在这一影响过程中的调节作用（H3、H3a、H3b）。

4.1　预实验

预实验的目的是选择正式实验所需的两种产

品类型下的具体刺激物，以排除因对产品分类不当、个体诉求差异等造成的偏差。根据以往研究（Hirschman and Holbrook，1982；Strahilevitz and Myers，1998；姚卿等，2013），整理得到6种产品。其中，薯片、巧克力、玩具被视为具有享乐属性；微波炉、订书机、热水壶被视为具有实用属性（见图4和图5）。实验招募48名被试（M_{age} = 24.65，SD=4.98；女性28人，58.33%）对这6种产品的产品属性、购买可能性、吸引力等进行评价。变量均采用7点Likert量表测量（1表示完全不同意，7表示完全同意），多题项变量以其均值为最终值。研究三刺激物图片中的产品是实体产品，产品描述的选择方式与研究二实验一致。需特别提及的是，产品类型的操控参考Kevin等（2003）的研究，使用12题项“我认为该产品包装是（1表示非常令人不快乐的/非常令人不享受的/非常无趣的/非常不美观的/非常无聊的/非常令人不愉悦的/非常令人不兴奋的/非常不吸引人的/非常令人不高兴的/非常令人不激动的/非常没有美感的/非常不宜人的；7表示非常令人快乐的/非常令人享受的/非常有趣的/非常美观的/非常好玩的/非常令人愉悦的/非常令人兴奋的/非常吸引人的/非常令人高兴的/非常令人激动的/非常有美感的/非常宜人的）”对产品属性进行操控。

EyeLink Fixation Map (Duration Based) for IP: "Full Trial Interest Period".
Trial Data for Group "5.png" - Trials=32, Fixations:1642. Max: 1118.82 msec.

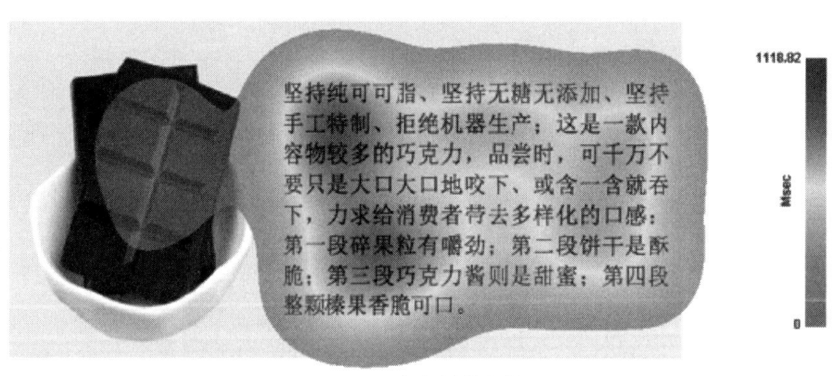

（a）衬线字体

EyeLink Fixation Map (Duration Based) for IP: "Full Trial Interest Period".
Trial Data for Group "5.png" - Trials=31, Fixations:1811. Max: 1194.44 msec.

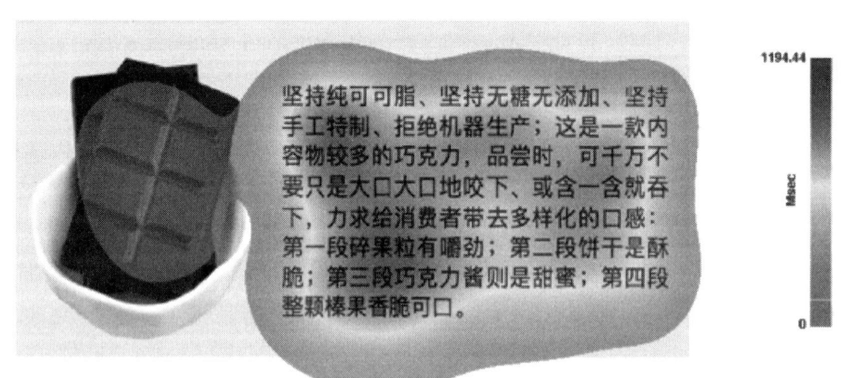

（b）无衬线字体

图4　享乐品（巧克力）热力图

EyeLink Fixation Map (Duration Based) for IP: "Full Trial Interest Period".
Trial Data for Group "4.png" - Trials=32, Fixations:1642. Max: 1134.43 msec.

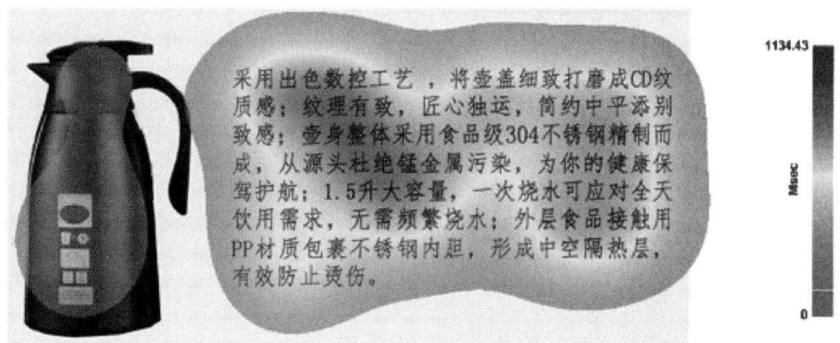

（a）衬线字体

EyeLink Fixation Map (Duration Based) for IP: "Full Trial Interest Period".
Trial Data for Group "4.png" - Trials=31, Fixations:1811. Max: 1319.84 msec.

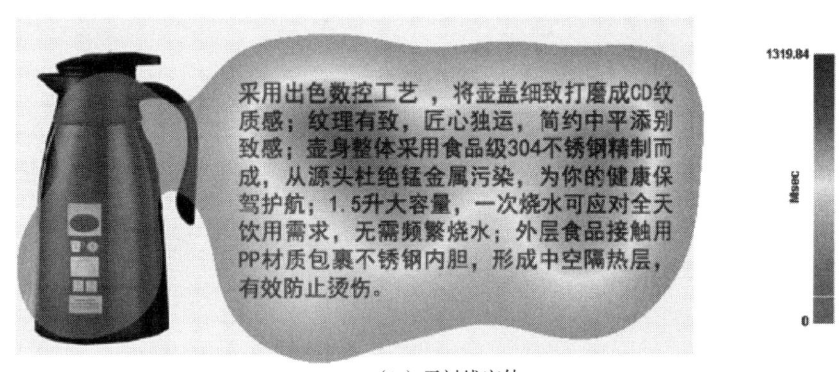

（b）无衬线字体

图 5　实用品（热水壶）热力图

根据配对样本 t 检验的结果，最终选择巧克力和热水壶分别作为具有享乐属性和实用属性的产品 [$M_{巧克力} = 5.15$，SD = 0.99；$M_{热水壶} = 3.75$，SD = 0.44；$t\ (94) = 8.89$，$p < 0.001$]，且两者产品包装在视觉复杂度、熟悉度、易记程度、吸引力、美观度等方面无显著差异（p's >0.40）。以上预实验结果表明，以巧克力和热水壶产品包装作为正式实验刺激物是合适的。邀请专业平面设计师分别设计两款巧克力、热水壶包装，长宽比均为 1.618：1。巧克力与热水壶包装图片的明度、亮度、颜色饱和度等均保持一致，而在文字设计方面，研究三中，巧克力包装的"衬线"选取"小四"号中文字体"宋体"，"无衬线"选取"小四"号中文字体"苹方"；热水壶包装上的"衬线"选取"小四"号中文字体"仿宋"，"无衬线"选取"小四"号中文字体"黑体"。字符间距、文字行数等方面的操控则与实验一和实验二一致。

4.2　实验设计与方法

实验采用 2（字体类型：衬线 vs. 无衬线）× 2（产品类型：享乐品 vs. 实用品）组间设计，以购买意愿为因变量，产品类型为调节变量对 H3、H3a 和 H3b 进行检验。共招募 63 名在校大学生参与实验，并将其随机分配至"衬线"或"无衬线"两条件组。其中，1 名被试未能通过九点校准（1.6%），2 名被试校准误差值大于

0.10 而被剔除（3.2%）。最终，共 60 名被试进入正式实验，“衬线”组获得 30 名被试数据（$M_{age}=23.44$，$SD=1.60$；女性 15 人，50%）；“无衬线”组获得 30 名被试数据（$M_{age}=21.04$，$SD=1.83$；女性 16 人，53.33%）。

研究三的实验流程、变量测量均与研究一、研究二实验一致，此处不做赘述。待被试按要求完成眼动实验后（实验流程及注意事项见研究二），由工作人员引导并带其进入另一外部隔音实验室，通过 iPad 终端对相应问卷进行作答。填完问卷后，每名被试将获得￥ 20 元现金报酬（未通过校准者获得 10 元），并由工作人员向其表示感谢。每个被试完成实验需花费 10~15 分钟。在以上过程中，被试接触的所有信息均隐去与实验目的有关的内容，以避免其形成预判。对产品类型的操控，与研究三预实验一致。

4.3 研究结果

首先对问卷所有题项做因子分析，未旋转的第一公因子值为 36.74%（< 40%）。因此，研究三结论不会受共同方法偏差产生影响。Tukey 事后检验表明，两组被试在刺激物视觉复杂度、熟悉度、易记程度、吸引度、美观度等方面均无显著差异（p's >0.23），证明研究三刺激物的成功选择与设计。

4.3.1 操控检验

单因素方差分析发现，相比于热水壶（$M_{热水壶}=3.43$，$SD=1.37$），被试对巧克力的品类评分显著地偏向享乐品［$M_{巧克力}=5.56$，$SD=1.43$，$F(1, 58)=9.62$，$p<0.001$，$\eta_p^2=0.14$］，说明本实验的产品类型得到成功操控。

4.3.2 视觉注意

对享乐品（巧克力）的数据进行单因素方差分析，以字体类型为自变量，以视觉注意的指标——注视次数为因变量，结果显示，字体类型对注视次数［$F(1, 58)=6.67$，$p<0.05$，$\eta_p^2=0.09$］的影响显著。具体而言，相较于“衬线字体”，产品描述以“无衬线字体”的形式呈现能获得更多的注视次数（$M_{衬线}=56.33$，$SD=18.73$；$M_{无衬线}=73.24$，$SD=19.56$）。这表明，对享乐品而言，当产品描述的字体以“无衬线”的形式展现，能获得被试更多的视觉注意，从而能增强被试对产品的熟悉度。

同样，对实用品（热水壶）的数据进行单因素方差分析。结果发现，字体类型对注视次数［$F(1, 58)=7.23$，$p<0.05$，$\eta_p^2=0.10$］的影响显著。具体而言，相较于“无衬线字体”，产品描述以“衬线字体”的形式呈现能获得更多的注视次数（$M_{衬线}=69.22$，$SD=18.21$；$M_{无衬线}=46.39$，$SD=16.74$）。这表明，对实用品而言，当产品描述的字体以“衬线”的形式展现，能获得被试更多的视觉注意，从而能提高被试对产品的熟悉度和记忆。

4.3.3 产品类型的调节作用

引入产品类型作调节变量，双因素方差分析结果表明，产品类型和字体类型的交互项统计显著［$F(1, 58)=13.27$，$p<0.05$，$\eta_p^2=0.14$］，证明了调节作用的存在。由此，H3 得到了支持。

简单效应检验进一步发现：对于产品类型为享乐品的产品而言，无衬线组被试的购买意愿显著高于衬线组［$M_{无衬线}=4.97$，$M_{衬线}=4.13$；

$F(1, 58) = 5.87$，$p = 0.019$，$\eta_p^2 = 0.09$]。这与 H3a 的推测一致，即当消费者面对享乐品时，产品包装上的文字为“无衬线字体”时的购买意愿显著高于为“衬线字体”时的购买意愿，H3a 得到了支持。对于产品类型为实用品的产品而言，衬线组被试的购买意愿显著高于无衬线组被试［$M_{衬线} = 4.86$，$M_{无衬线} = 4.18$；$F(1, 58) = 6.37$，$p = 0.016$，$\eta_p^2 = 0.10$］（见图 6）。这说明，当消费者面对实用品时，产品包装上的文字为“衬线字体”时的购买意愿显著高于“无衬线字体”时的购买意愿，H3b 得到了支持。

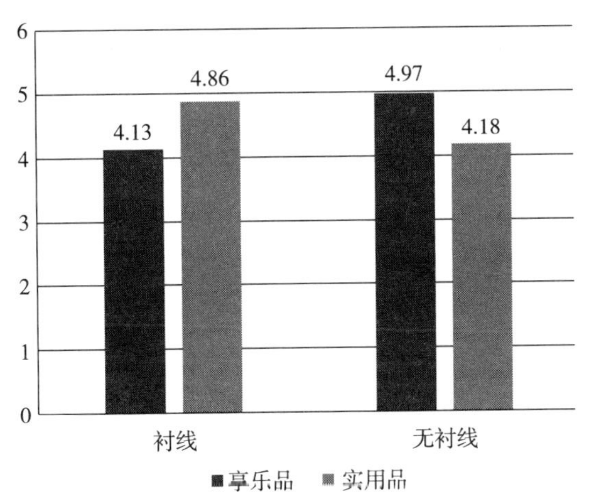

图 6　不同产品类型下消费者的购买意愿

对享乐品（巧克力）和实用品（热水壶）数据分别进行中介效应检验，结果显示：产品属性为享乐品的巧克力，视觉注意的非直接路径中不包含 0（$LLCI = 0.0223$，$ULCI = 0.4811$），中介效应为 0.1197；同样，产品属性为实用品的热水壶，视觉注意的非直接路径中也不包含 0（$LLCI = 0.0357$，$ULCI = 0.4239$），中介效应为 0.1762。视觉注意的中介分析表明，视觉注意中介了字体类型对消费者购买意愿的影响。结果再次支持了视觉注意的中介作用（H2）。

4.4　讨论

研究三借助两类（享乐品 vs. 实用品）产品刺激物检验了产品类型的调节作用。研究结果发现：对享乐品而言，当产品包装上的文字以无衬线字体形式展现时，更能获得消费者的视觉偏好并带来更多的视觉注意，从而增强消费者的购买意愿。

对实用品则不然，该类型的产品传递出能满足消费者基本生存需求的实用属性。当消费者搜寻此类商品时，若产品包装上的文字为衬线字体，则更能获得消费者的视觉偏好并带来更多的视觉注意，也相应地增强了消费者的购买意愿。

5　研究结论与讨论

本文通过三个实验分别检验了产品包装上文字的字体类型（衬线 vs. 无衬线）对消费者购买意愿的直接影响、中介效应和调节效应。据三个实验的结果发现：产品包装上文字的字体类型（衬线 vs. 无衬线）对消费者的购买意愿有显著影响（研究一、研究二）。此外，在产品包装上文字的字体类型（衬线 vs. 无衬线）影响消费者购买意愿的过程中，视觉注意起中介作用（研究二），产品类型起调节作用（研究三）。

5.1　理论贡献

首先，本文首次考察了产品包装上文字的字体类型（衬线 vs. 无衬线）对消费者购买意愿的影响。在以往对“衬线字体”与“无衬线字体”的研究中，众多学者仅从阅读速度（Chan and

Ng, 2012)、阅读效果（Bernard et al., 2001）、阅读偏好（Rubinstein, 1988）、阅读流畅性（Arditi and Cho, 2005）等维度出发来探讨其在印刷、电子屏幕、设计等行业领域内对受众的影响，但鲜有研究深入考察字体类型在营销领域内对消费者心理及行为的影响。本文通过研究发现，字体（衬线 vs. 无衬线）在营销领域内，对消费者的购买意愿有显著影响。

其次，本文研究发现，消费者会因产品包装上不同的字体类型形成差异化的视觉特征，其会使消费者产生不同程度的视觉注意。就产品包装上的字体而言，消费者只有先获取文字的视觉信息形成视觉注意，才能进一步引发对产品的购买意愿。本文通过眼动实验证实，产品包装上文字的字体差异（有无衬线）会显著影响消费者的视觉注意，并通过注视次数的多少反映出不同的视觉注意程度，从而显著影响消费者对产品的熟悉度和关注度，最终对消费者的购买意愿产生影响。

最后，以往关于字体类型的研究诸多，并且众多观点认为“无衬线字体”较“衬线字体”更能获得受众的偏好（Bernard et al., 2001; Rubinstein, 1988; Arditi and Cho, 2005），因此很多学者相继提出应将“无衬线字体”作为各行业的首选字体（Moret-Tatay and Perea, 2011; Gomez et al., 2008）。但本文引入产品类型作调节变量，通过眼动实验和问卷研究来考察字体类型对消费者购买意愿的作用边界。结果表明，对享乐品而言，当产品包装上的文字描述的字体为“无衬线”时，产品包装更能获得消费者的视觉注意进而使消费者对产品产生更强的购买意愿；而对实用品而言，当产品包装上文字描述的字体为“衬线”时，产品包装更能获得消费者的注视偏好进而增强消费者的购买意愿。

5.2 营销启示

首先，通过产品包装的视觉特征吸引消费者注意，并向消费者传递产品或品牌自身的核心价值与企业理念，一直是企业决策者考虑的重点问题之一。企业常在产品包装的设计、更迭上投入巨资，以此迎合不断变化的市场趋势以及消费者日渐丰富多样化的口味需求。本文结论对企业战略管理的决策具有重要参考作用。本文结论表明，产品包装上文字的字体特征差异，会对消费者的视觉注意、购买意愿产生显著影响。对于企业而言，营销决策者可以通过提升产品包装上文字的视觉吸引力，达到增强消费者视觉注意的目的，从而有效提高其对产品的购买意愿。

其次，本文结论也有利于营销者开展精准营销。研究发现，消费者对不同字体类型（衬线 vs. 无衬线）下产品的购买意愿与产品类型有关。如果一个产品要强调其享乐的属性，凸显其能带给消费者愉悦、享受、满足感的优势，应该优先采用“无衬线字体”来设计产品包装。例如，对于“游戏机”“珠宝”等具有享乐属性的产品，在设计产品包装时，使用“无衬线字体”进行文字描述会更能吸引消费者的视觉注意，从而提高大众的购买意愿。但是如果一个产品要强调其实用的属性，凸显其必需、稳定、可靠和安全的特征，应该优先采用“衬线字体”来设计产品包装。例如，对于“微波炉”“电饭煲”等具有实用属性的产品，在设计产品包装时，使用“衬线字体”进行文字描述则更能吸引消费者的视觉注意，以此提高大众的购买意愿。因此，营销者可以产品本身的属性为产品包装设计的切入点，抓住消费者的心理诉求，将其作为精准营销方案实施中的先决参考条件之一，从而提升企业的营销效果。

5.3 研究不足与未来研究方向

本文的研究不足主要有：首先，字体类型（衬线 vs. 无衬线）的差异不仅存在于产品的包装上，还存在于产品的品牌标识以及广告等元素之中。诸多产品宣传元素中文字的字体类型差异也可能会影响消费者对产品的购买意愿，这是未来值得研究的方向。此外，由于很多衬线字体是根据其衬线形状而得名的，故衬线字体也可被划分为很多类，比如弧形衬线体、非弧形衬线体、粗衬线体、极细衬线字体、楔形衬线字体（刘兴华，2007），不同形状的衬线字体对消费者的视觉注意也可能产生不同的视觉效果。那么，不同的衬线形状又是否会对消费者的购买意愿产生差异化的影响呢？因此，未来的研究可以考察不同类型的衬线字体对消费者视觉注意以及购买意愿的影响。其次，本文介入产品类型研究字体类型对消费者购买意愿影响过程中的调节作用，但消费者的购买意愿及其对字体类型的偏好也很有可能会受到消费者自身特征的影响。有学者发现消费者对于事件关联营销的偏爱受到自我构念的影响（Zhang and Shrum，2009）。因此，消费者的个体特征很可能会调节产品包装上文字的字体类型对消费者购买意愿的影响。因此，未来的研究可结合不同的调节变量深入研究它们对消费者心理和行为的影响。最后，本文只探讨了字体类型对消费者购买意愿的影响，尚未考察在营销情景中字体类型对其他变量的作用。那么，其他产品感知和行为层面的显性变量是否会被字体类型所直接影响，又是否会引起其他有研究价值的变化？未来的研究可以检验字体类型对消费者速度、效率、安全、创新性等个体知觉或其他消费者行为的影响。

参考文献

［1］Alba J., Lynch J., Weitz B., et al. Interactive Home Shopping: Consumer, Retailer, and Manufacturer Incentives to Participate in Electronic Marketplaces［J］. Journal of Marketing, 1997, 61 (3): 38-53.

［2］Alter A. L., Oppenheimer D. M. Uniting the Tribes of Fluency to Form a Metacognitive Nation［J］. Personality & Social Psychology Review, 2009, 13 (3): 219-235.

［3］Arditi A., Cho J. Serifs and Font Legibility［J］. Vision Research, 2005, 45 (23): 2926-2933.

［4］Berlyne D. E. Novelty, Complexity, and Hedonic Value［J］. Perception & Psychophysics, 1970, 8 (5): 279-286.

［5］Bernard M., Liao, et al., The Effects of Font Type and Size on the Legibility and Reading Time of Online Text by Older Adults［C］// CHI 2001 Extended Abstracts on Human Factors in Computer Systems, ACM, 2001: 175.

［6］Boerman S. C., Reijmersdal E. A. V., Neijens P. C. Using Eye Tracking to Understand the Effects of Brand Placement Disclosure Types in Television Programs［J］. Journal of Advertising, 2015, 44 (3): 196-207.

［7］Burt C., Cooper W. F., Martin J. L. A Psychological Study of Typography［J］. British Journal of Mathematical & Statistical Psychology, 2011, 8 (1): 29-56.

［8］Chan A. H., Ng A. W. Effects of Display Factors on Chinese Proofreading Performance and Preferences［J］.

Ergonomics, 2012, 55 (11): 1316-1330.

[9] Chattopadhyay A., Basu K. Humor in Advertising: The Moderating Role of Prior Brand Evaluation [J]. Journal of Marketing Research, 1990, 27 (4): 466-476.

[10] Christopher J. Berry. The Idea of Luxury: A Conceptual and Historical Investigation [M]. New York: Cambridge University Press, 1994.

[11] Crutchley B. The Thames and Hudson Manual of Typography by Ruari McLean [J]. Journal of the Royal Society of Arts, 1981, 129 (5299): 451-452.

[12] Dechêne A., Stahl C., Hansen J., et al. Mix Me a List: Context Moderates the Truth Effect and the Mere-exposure Effect [J]. Journal of Experimental Social Psychology, 2009, 45 (5): 1117-1122.

[13] Dhar R., Wertenbroch K. Consumer Choice Between Hedonic and Utilitarian Goods [J]. Journal of Marketing Research, 2000, 37 (1): 60-71.

[14] Doyle J. R., Bottomley P. A. Dressed for the Occasion: Font - product Congruity in the Perception of Logotype [J]. Journal of Consumer Psychology, 2006, 16 (2): 112-123.

[15] Gomez P., Ratcliff R., Perea M. The Overlap Model: A Model of Letter Position Coding [J]. Psychological Review, 2008, 115 (3): 577-600.

[16] Grohmann B., Herrmann A., Lieven T., et al. The Effect of Brand Design on Brand Gender Perceptions and Brand Preference [J]. European Journal of Marketing, 2015, 49 (1/2): 146-169.

[17] Hansen J., Wänke M. Liking What's Familiar: The Importance of Unconscious Familiarity in the Mere-exposure Effect [J]. Social Cognition, 2009, 27 (2): 161-182.

[18] Hayes A. Introduction to Mediation, Moderation, and Conditional Process Analysis [J]. Journal of Educational Measurement, 2013, 51 (3): 335-337.

[19] Henderson P. W., Cote J. A. Guidelines for Selecting or Modifying Logos [J]. Journal of Marketing, 1998, 62 (2): 14-30.

[20] Hirschman E. C., Holbrook M. B. Hedonic Consumption: Emerging Concepts, Methods and Propositions [J]. Journal of Marketing, 1982, 46 (3): 92-101.

[21] Hoch S. J., Loewenstein G. F. Time-inconsistent Preferences and Consumer Self-control [J]. Journal of Consumer Research, 1991, 17 (4): 492-507.

[22] Inoue K., Yagi Y., Sato N. The Mere Exposure Effect for Visual Image [J]. Memory & Cognition, 2018, 46 (2): 1-10.

[23] Jordan T. R., Alshamsi A. S., Yekani H. A. K., et al. What's in a Typeface? Evidence of the Existence of Print Personalities in Arabic [J]. Frontiers in Psychology, 2017, 8 (3): 1229-1235.

[24] Kashdan T. B., Young K. C., Mcknight P. E. When is Rumination an Adaptive Mood Repair Strategy? Day-to-day Rhythms of Life in Combat Veterans with and Without Posttraumatic Stress Disorder [J]. Journal of Anxiety Disorders, 2012, 26 (7): 762-768.

[25] Kate L. Turabian. Manual for Writers of Research Papers, Theses, and Dissertations [M]. New York: The univ. Pr, 1987.

[26] Keinan A., Ran K. Remedying Hyperopia: The Effects of Self-control Regret on Consumer Behavior [J]. Journal of Marketing Research, 2008, 45 (6): 676-689.

[27] Khan U., Dhar R. Licensing Effect in Consumer Choice [J]. Journal of Marketing Research, 2006, 43 (2): 259-266.

[28] Kivetz R., Zheng Y. Determinants of Justification and Self-control [J]. J Exp Psychol Gen, 2006, 135 (4): 572-587.

[29] Lee J. W., Ahn J. H. Attention to Banner Ads

and Their Effectiveness: An Eye-tracking Approach [J]. International Journal of Electronic Commerce, 2012, 17 (1): 119-137.

[30] Marieke L., Céline B., Jean-Claude G., et al. Learning Through Hand or Typewriting Influences Visual Recognition of New Graphic Shapes: Behavioral and Functional Imaging Evidence [J]. Journal of Cognitive Neuroscience, 2008, 20 (5): 802-815.

[31] Maslow A. H. Motivation and Personality [J]. Quarterly Review of Biology, 1970, 6 (1): 187-202.

[32] Mccarthy M. S., Mothersbaugh D. L. Effects of Typographic Factors in Advertising-based Persuasion: A General Model and Initial Empirical Tests [J]. Psychology & Marketing, 2010, 19 (7-8): 663-691.

[33] Miceli G. Nino, Scopelliti I., Raimondo M. A., et al. Breaking Through Complexity: Visual and Conceptual Dimensions in Logo Evaluation Across Exposures [J]. Psychology & Marketing, 2014, 31 (10): 886-899.

[34] Montoya R. M., Horton R. S., Vevea J. L., et al. A Re-examination of the Mere Exposure Effect: The Influence of Repeated Exposure on Recognition, Familiarity, and Liking [J]. Psychological Bulletin, 2017, 143 (5): 459-498.

[35] Moret-Tatay C., Perea M. Do Serifs Provide an Advantage in the Recognition of Written Words? [J]. Journal of Cognitive Psychology, 2011, 23 (5): 619-624.

[36] Mullen B., Johnson C. Distinctiveness-based Illusory Correlations and Stereotyping: A Meta-analytic Integration [J]. British Journal of Social Psychology, 2011, 29 (1): 11-28.

[37] Nenkov G., H. K. L., Kim M. J. Optimizing Outcome Elaboration Strategies for Effective Self-control [J]. Social Psychological and Personality Science, 2014, 5 (7): 769-776.

[38] Pocheptsova A., Novemsky N. When do Incidental Mood Effects Last? Lay Beliefs Versus Actual Effects [J]. Journal of Consumer Research, 2010, 36 (6): 992-1001.

[39] Preacher K. J., A. F. Hayes. SPSS and SAS Procedures for Estimating Indirect Effects in Simple Mediation Models [J]. Behavior Research Methods Instruments & Computers, 2004, 36 (4): 717-731.

[40] Qi L., Peng Z., Chen, D. Why Serifs are Important: The Perception of Small Print: Robinson [J]. Applied Ergonomics, 2004, 4 (1): 353-359.

[41] Rendl C., Kim D., Fanello S., et al. FlexSense: A Transparent Self-sensing Deformable Surface [C]. St Andrews, U. K: User Interface Software & Technology, 2014.

[42] Rubinstein R. Digital Typography: An Introduction to Type and Composition for Computer System Design [M]. New York: Addison-Wesley Longman Publishing Co., Inc, 1988.

[43] Strahilevitz M., Myers J. G. Donations to Charity As Purchase Incentives: How well They Work May Depend on What You are Trying to Sell [J]. Journal of Consumer Research, 1988, 24 (4): 434-446.

[44] Tantillo J., Lorenzo-Aiss J. D., Mathisen, R. E. Quantifying Perceived Differences in Type Styles: An Exploratory Study [J]. Psychology & Marketing, 2010, 12 (5): 447-457.

[45] Tinker M. A. Legibility of Print [M]. Ames: Iowa State University Press, 1964.

[46] Voss K. E., Spangenberg E. R., Grohmann B. Measuring the Hedonic and Utilitarian Dimensions of Consumer Attitude [J]. Journal of Marketing Research, 2003, 40 (3): 310-320.

[47] Westerman D. L., Lanska M., Olds J. M. The Effect of Processing Fluency on Impressions of Familiarity and Liking [J]. Journal of Experimental Psychology: Learn-

ing Memory & Cognition, 2015, 41 (2): 426-438.

[48] Winkielman P, Huber D. E. Dynamics and Evaluation: The Warm Glow of Processing Fluency [J]. Encyclopedia of Complexity and Systems Science, 2009 (6): 2242-2253.

[49] Woods R. J., Davis K., Scharff L. F. Effects of Typeface and Font Size on Legibility for Children [J]. American Journal of Psychological Research, 2005 (1): 86-102.

[50] Xu J., Schwarz N. Do We Really Need a Reason to Indulge? [J]. Journal of Marketing Research, 2009, 46 (1): 25-36.

[51] Zajonc, Robert B. The Attitudinal Effects of Mere Exposure [J]. Journal of Personality and Social Psychology, 1968, 9 (2): 1-27.

[52] Zhang Y., Shrum L. J. The Influence of Self-construal on Impulsive Consumption [J]. Journal of Consumer Research, 2009, 35 (5): 838-850.

[53] 程利, 杨治良, 王新法. 不同呈现方式的网页广告的眼动研究 [J]. 心理科学, 2007, 30 (3): 584-587.

[54] 单从文, 余明阳, 薛可. 信息流畅性对消费者品牌危机评价的影响研究 [J]. 当代财经, 2017 (12): 68-77.

[55] 吉姆斯·菲利奇. 字体设计应用技术完全教程 [M]. 上海: 上海人民美术出版社, 2006.

[56] 刘兴华. 英文字母衬线与汉字字角的比较分析 [J]. 装饰, 2007, 6 (12): 82-83.

[57] 任星耀, 杜建刚, Lan X. 字体能够给我们带来温暖还是能力? ——基于心理距离的中介作用 [Z]. 营销科学学报委员会. 2014 年中国营销科学学术年会优秀论文, 2014.

[58] 童璐琼, 郑毓煌, 赵平. 努力程度对消费者购买意愿的影响 [J]. 心理学报, 2011, 43 (10): 1211-1218.

[59] 魏华, 汪涛, 冯文婷, 等. 文字品牌标识正斜对消费者知觉和态度的影响 [J]. 管理评论, 2018, 30 (2): 136-145.

[60] 姚卿, 陈荣, 段苏桓. 产品类型对购物冲量效应的调节作用分析 [J]. 心理学报, 2013, 45 (2): 206-216.

[61] 章璇, 景奉杰. 网购商品的类型对在线冲动性购买行为的影响 [J]. 管理科学, 2012, 25 (3): 69-77.

[62] 郑毓煌. 理由启发式: 消费者赠买或选择享乐品的一个简单而有效的决策过程 [J]. 营销科学学报, 2007, 3 (4): 63-72.

论文执行编辑: 黄榅慧

论文接收日期: 2019 年 6 月 17 日

作者简介:

李珊 (1978—), 四川大学商学院副教授, 硕士生导师, 研究方向为营销安全管理与消费者行为。E-mail: lishan@ scu. edu. cn。

蒋雪灵 (1995—), 四川大学商学院硕士研究生。

周寿江 (1995—) (通讯作者), 四川大学商学院博士研究生, 研究方向为品牌与消费者行为。E-mail: zhoushoujiang@ foxmail. com。

邓一帆 (2001—), 武汉科技大学管理学院本科生。

王虹 (1989—), 成都理工大学商学院副教授, 管理学博士, 研究方向为消费者行为。

The Influence of Font Type on Consumers' Purchase Intention

—Exploratory Evidence from Eye Movement Experiments

Shan Li[1] Xueling Jiang[1] Shoujiang Zhou[1] Yifan Deng[2] Hong Wang[3]

(1. Business School of Sichuan University, Chengdu, China

2. Management School of Wuhan University of Science and Technology, Wuhan, China

3. Business School of Chengdu University of Technology, Chengdu, China)

Abstract: From the perspective of visual attention, eye movement experiment and situational experiment were used to investigate the significant influence of font type (serif vs. sans serif) on consumer's purchase intention. By further analyzing the internal mechanism and action boundary of the main effect process, it is verified that visual attention play a mediating role and product types play a regulating role in the process of font type influencing consumer's purchase intention. For hedonic goods, if the text on the product packaging is "sans serif font", the product packaging has a high degree of agreement with consumers' psychological demand and can enhance their willingness to buy the product. For utilitarian goods, if the text on the product packaging is "serif font", it can improve consumers' trust in the product, and then enhance their willingness to buy the product.

Key Words: Serif Font; Sans Serif Font; Visual Attention; Repeated Exposure; Purchase Intention

JEL Classification: M31

强扭的瓜不甜——顾客被迫使用自助服务技术对态度的影响及机理研究*

□ 曹忠鹏　胡小丹

摘　要：随着自助服务技术越来越普遍，服务商积极鼓励顾客使用自助服务技术，有时甚至强迫顾客使用。研究借鉴权力接近/抑制理论和补偿控制理论，探讨顾客被迫使用自助服务技术后的无力感及对态度的影响机理和边界条件。通过研究发现：顾客被迫使用自助服务技术将对技术和服务商产生消极态度（研究 1）；顾客无力感在被迫使用自助服务技术与对服务商态度之间起中介作用，而在被迫使用自助服务技术与对技术态度之间没有中介作用（研究 2）；无力感的中介作用受到熟悉度和服务人员临场的调节（研究 3）。研究阐明了顾客被迫使用自助服务技术时的心理反应，确定了顾客态度形成的潜在机理及边界条件，为进一步探讨顾客对服务商态度和无力感奠定了基础，也为服务商推行自助服务技术，设计服务渠道提供了理论指导和借鉴。

关键词：自助服务技术；无力感；熟悉度；服务人员临场

JEL 分类：M31

引　言

自助服务技术（Self-Service Technologies，SSTs）指顾客借助于服务商提供的技术自行创造服务，在整个过程中没有服务人员的介入（Meuter et al.，2000）。自动存取款机（ATM）、网上银行、自动售票机等，基于 SSTs 能为服务商节约劳动力成本、提高工作效率（Curran et al.，2003；Dabholkar，1996）。于是，为了最大化这些优势，服务商想方设法引导顾客积极地参与到服务中来，有的甚至取消人员服务，只提供自助服务技术（Bendapudi and Leone，2003）。如某银行柜台面前提示“5000 元以下转账和取款业务请到 ATM 机自行办理”；2016 年 11 月 15 日起北京地铁 7 号线、8 号

* 基金项目：国家自然科学基金——自助服务技术（SSTs）情境下顾客报怨和沉默行为研究（71672028）。

线、15 号线、房山线四条地铁线路实施全程自助售票充值服务，人工售票窗口全部取消（邹乐，2016）。无独有偶，早在 2015 年大连市开通地铁时就有过相似的情况，地铁公司在提供运营服务过程中，取消了人工窗口，建议顾客使用自动售票机和明珠卡（王博文，2015）。面对这种只提供自助服务技术的服务方式，有些市民显得很无奈并呼吁服务商“请不要关闭人工售票窗口”，“莫让智能机器替代人性化服务”（邱修海，2019）。国外也早有类似的情况出现，某些航空公司如今主要提供自助值机服务并减少人员服务；一些电话公司也鼓励顾客使用自助缴费终端，逐渐取消人员服务（White et al.，2012）。已有学者针对强迫使用自助服务技术展开了研究（Liu，2012；Reinders et al.，2008；Wang and Lu，2014；White et al.，2012），研究结论虽然能够帮助我们了解顾客被迫使用 SSTs 带来的结果，但对顾客心理机制的探讨却很少，尤其是从权力和控制的角度。究竟是什么原因让顾客产生消极态度？顾客的情绪究竟有怎样的变化？在什么情境下情绪变化和消极态度会有所缓解？值得进一步研究。

服务提供商取消人员服务，只提供 SSTs，限制了顾客对服务方式的选择。如果将服务方式视为一种资源，被迫使用 SSTs 将减少顾客对资源选择的控制，而控制的减少又将促使顾客无力感的产生（Rucker and Galinsky，2008）。无力感作为一种令人厌恶的状态会激发个体的负面情绪，使个体更加关注威胁和惩罚（Keltner et al.，2003）。那么，顾客被迫使用 SSTs 后，顾客是否产生无力感？无力感能否解释顾客消极态度的产生？此外，如果顾客被迫使用的是非常熟悉的自助取款机，或者 SSTs 旁边有服务人员在场随时提供帮助，那么顾客被迫使用 SSTs 所减少的控制感能否通过这些方式得到补偿（Landau et al.，2015），顾客无力感和消极态度是否得以改善？以上内容将是本文的研究重点。研究将借鉴权力接近/抑制理论和补偿控制理论构建模型，探究被迫使用 SSTs 对顾客态度的影响及其内在机理，以及不同情境下内在机理变化的边界条件，明确顾客被迫使用 SSTs 对态度的影响过程。研究结论能够帮助服务商了解强制使用 SSTs 给顾客带来的情绪反应及对态度的影响，以及其中的作用机理，为设计更好的服务方式和服务支持提供指导和借鉴。

1　文献回顾

1.1　顾客被迫使用自助服务技术

Bitner 等（2002）研究指出，SSTs 虽然十分可靠，但是并不是所有顾客都愿意使用，顾客希望能从服务商那里得到充分的选择权，不希望只使用一种方式，否则顾客满意度就会降低。人们都不喜欢被迫去做事情，都愿意按照自己的意愿去行事。决策自主性能增加活力，当个体处于被迫状态时，他们会增加一些不好的行为，而不好行为带来的罪恶感较低（Chen and Sengupta，2014）。目前已有学者对顾客被迫选择 SSTs 进行了研究。例如，Reinders 等学者运用决策理论和心理抗拒理论，探讨强迫顾客使用 SSTs 带来的负面效应，发现当用自助售票机取代传统人工售票服务时，顾客会对新服务产生负面态度，并降低对服务商的评价，提高转换行为（Reinders et al.，2008）。2015 年，

Reinders 等学者将 SSTs 使用者划分为专家型和菜鸟型，前者比后者有更少的正向期望，后者反而比前者对 SSTs 有更积极的评价。White 等（2012）以零售业中自助结算系统为研究对象，结合公平启发式理论，从感知公平角度出发，发现在被迫使用 SSTs 情境下，个人因素（技术准备、惰性和互动需求）和环境因素（快速性和队伍大小）对顾客感知公平有影响，进而影响顾客忠诚、未来支出和负面口碑等行为。

Liu（2012）同样探究了被迫使用 SSTs 对顾客满意度和行为意向的影响，他从营销和心理角度出发，选取线下自助服务机器作为研究对象，结合心理抗拒理论和认知失调理论，用心理因素（技术焦虑和技术信任）解释了被迫选择为什么影响顾客情绪和行为意向。Wang 和 Lu（2014）在研究航空公司强迫旅客使用自助值机办理登机手续的研究中得出，这样虽然降低了航空公司的成本，方便了旅客，但同时也提高了自助值机的被迫感。研究结果显示，被迫接受和被迫拒绝这两种力量都让旅客在自助值机中产生威胁感，引发心理上的抗拒，进而不喜欢自助值机，降低使用意图和提高转换意图。Feng 等（2019）认为，顾客被迫接受机场自助值机（新 SSTs）会产生心理抗拒，在这个过程中感知自由威胁起到了中介作用。

1.2 无力感与补偿控制

强迫顾客使用 SSTs，限制了顾客的选择，减少了顾客感知控制，控制是权力的重要来源，控制的减少将增加顾客无力感。无力感是个体没有能力实现预期结果，并基于一定情境而产生的情绪状态（Rucker and Galinsky，2008）。在国外的研究中，无力感（Powerlessness）是以低权力状态（A State of Low Power）形式出现的，两者可以通用。Keltner 等（2003）认为无力感状态是相对于有权力状态而存在的，当个体对自己行为或者其他人行为缺乏控制时，就会产生无力感。其实早在 1959 年，Seeman 就指出无力感是个体行为不能实现自己想要结果时所产生的情绪。在接待业中，消费者遇到接待服务失败时，他们会产生无力感，在后续服务补救过程中，他们更喜欢提升地位的补偿，如升舱服务，而不是金钱之类的效用补偿（Wong et al.，2016）。在服务营销中，服务失败发生后，个体在接受服务商提供的补救措施时，如果没有能力决定服务补救结果，同样可能产生无力感（Bunker and Ball，2009）。

营销环境中无力感的研究非常重要，因为在交易关系中，产生无力感的一方会以警觉的方式对待有权力的一方以及这种交易关系（Fiske et al.，1996）。在双方关系交换过程中，如果服务商拥有主动权，那么顾客就失去选择权甚至陷入困境，顾客产生无力感并谨慎对待服务商和交易关系。权力接近/抑制理论能够很好地解释权力对个体行为的影响，由 Keltner 等学者 2003 年基于以往的研究推演而来。当个体感知权力增加时，他们认为自己拥有较多资源并处于行动自由的环境，从而激发与接近相关的正面情感，更为关注奖励和回报，能够自动地进行信息处理，以及更多的摆脱束缚行为；反之，当个体感知权力减少时，他们认为自己拥有较少资源并且受到较多限制，所以会激发与抑制相关的负面情感，更为关注威胁和惩罚，更为谨慎、系统地认知以及采取拘泥于情景的受限行为。权力态度对消费者选择的影响也符合该理论，Mourali 和 Nagpal（2013）研究发现，低权力顾客特别关注环境中的消极信息和威胁，较多地考虑被选对象的消极特性，并倾向根据这些消极特性做出拒绝决定；高权力顾客则更关注积极信息，做决策时更看重被选择对象的积极特性，倾向做出选择决定。

顾客被迫使用 SSTs 是因为企业限制了顾客的选择方式，减少了顾客对选择权的感知控制。感知控制是个体相信自己有能力获得期望的结果、避免不想要的结果或实现目标（Burger，1985），人们都有动机使自己的控制保持一个稳定的水平。尽管人们都希望一切尽在自己控制之下，但是通常面对的环境和信息都可能减少感知控制。补偿控制理论认为，当个体感知个人控制低或减弱时，他们有恢复个人控制的动机，基于代理的补偿控制策略主要有个人代理和外部代理（Landau et al.，2015）。个人控制首先来自于个人代理（Personal Agency）：个体相信自己有必要的资源去实现某种结果或目的，这些资源是指技能、知识和其他能力。因此，当人们面对感知控制减少的情境，会通过储备的资源来恢复控制，有时甚至会产生自己有能力控制随机事件这样的控制幻觉，如在博彩游戏中（Cowley et al.，2015）。然而个体并不完全依赖自己，有时他们需要外部代理（External Agency）：个体依靠除自己之外的外部系统来帮助自己实现某种结果或目的，他们相信这些外部系统拥有决定结果的能力（如上帝、政府等）。当个体回忆起缺乏控制的事件时，他们对上帝的信仰和政府的信任也会增加，所以控制的减少可以增加外部代理的吸引力（Kay et al.，2008）。

2 研究假设的提出

通过上述研究能够看出，过去学者较多关注被迫使用后顾客态度或行为的变化，忽视了其内在机理。顾客态度形成究竟经历怎样的过程，形成过程受到哪些边界条件影响；强迫顾客使用 SSTs 减少了顾客感知控制，控制的减少将如何影响顾客无力感，无力感的产生是否会影响顾客态度；如果感知控制得到补偿，顾客的无力感将发生怎样的改变，其态度是否也会随之变化等问题不得而知。因此，本文从权力角度探讨被迫使用 SSTs 对顾客态度的影响及其内在机理，以及从控制补偿角度探索无力感产生的边界条件，将依据权力接近/抑制理论和补偿控制理论构建模型提出假设，并利用一系列实验验证假设。

2.1 被迫使用 SSTs 对顾客态度的影响

2.1.1 被迫使用 SSTs 对顾客技术态度的影响

顾客被迫使用 SSTs 是指服务商只提供 SSTs 没有提供其他服务渠道，无论顾客愿意还是不愿意，都必须自己通过设备来自行完成服务的生产和传递（Liu，2012；Wang and Lu，2014；White et al.，2012）。这种情境下，服务商只提供自助服务方式，取消传统人员服务。心理抗拒理论认为，被排除在外的选项更吸引人，而强迫顾客选择的选项则有较少的吸引力（Clee and Wicklund，1980）。因此，如果企业营销策略让顾客感觉到企业想要影响或控制他的行为时，顾客将产生较强的心理抗拒反应（Godfrey et al.，2011）。研究发现，如果强迫给顾客暴露广告，顾客在心理上就产生抗拒，从而对广告持消极态度并给予抵制（Bleier and Eisenbeiss，2015）。心理抗拒不仅来自于强迫选择某个选项，而且还来自被限制选择其他选项（Shen and Dillard，2005）。

顾客对技术的态度是指顾客对技术的整体情感状态，这种情感状态与认知评价有关（Dabholkar and Bagozzi，2002）。在被迫使用SSTs情境下，传统的人员服务或其他的服务方式被服务商排除在外，因此这些服务方式对顾客来说更有吸引力；相反，无论顾客愿意还是不愿意，必须要使用的SSTs对顾客来说有较小的吸引力。如果服务商提供全面服务，既有传统人员服务又有基于技术的自助服务，顾客有充足的选择权，那么他们会根据各自的情况选择恰当的服务方式，顾客对自助服务技术的态度也相对较积极。根据以上论述可以提出如下假设。

H1：相对于全面服务（人员服务和自助服务），顾客被迫使用SSTs后对自助服务技术的态度较消极。

2.1.2 被迫使用SSTs对顾客对服务商态度的影响

顾客在被迫使用SSTs情境下，选择权力受到限制，选择自由被剥夺。当个体感觉到选择或自由被限制时将产生心理紧张状态，激发负面情绪（Dillard and Shen，2005），并对产生限制的来源给予消极评价（Clee and Wicklund，1980）。Weiner（1985）认为归因理论是关于判断和解释他人或自己行为结果的一种动机理论，将成功和失败原因划分为三个维度：归因控制点、稳定性和可控性。依据归因理论，限制顾客选择权的始作俑者就是服务提供商，服务商是促使顾客被迫使用SSTs的控制点，顾客的心理抗拒、负面情绪都是服务商造成的。根据归因的可控性维度进一步分析，服务商完全能够控制提供的服务方式，他们既可以提供人员服务也可以提供自助服务，因此顾客被迫使用SSTs的心理抗拒、负面情绪是可以避免的。顾客对服务商的态度是指顾客对服务商的整体情感状态。个体对事件因果关系的推断影响他们态度和行为的产生（Kelley and Michela，1980）。在服务营销领域，如果服务失败是服务人员造成，并且失败原因是可控时，顾客将产生较高的不满意，补救期望也较高（Choi and Mattila，2008）。同理，顾客被迫使用SSTs是由服务商造成的，而且服务商对服务方式是可控的，所以相对于服务商提供全面服务，顾客对服务商将有较消极的态度，因此可以提出如下假设。

H2：相对于全面服务（人员服务和自助服务），顾客被迫使用SSTs后对服务商的态度较消极。

2.2 被迫使用SSTs对顾客态度的影响——无力感的中介效应

2.2.1 被迫使用SSTs对顾客无力感的影响

过去已有学者探讨过限制选择对顾客心理和行为的影响，Linder等（1967）研究表明，限制顾客选择会导致负面反应。当赋予个体活动和时间分配的选择权时，个体的内在动机就会变强，反之则不然（Zuckerman，1978）。Walton（1985）研究指出，顾客可以选择的数量是感知决策自由的前导变量，不同程度的感知决策自由会导致不同的认知、情感、行为等结果。

自助服务技术情境下，服务商可以提供包括人员服务和自助服务的全面服务满足不同群体对服务渠道的偏好，让顾客有更多选择，顾客可以根据自身情况进行自由选择，可以去人工柜台，也可以去自助机器，顾客有很大选择权。如果选择权作为一种资源来说，此时顾客拥有较多资源和自由，因此顾客权力感较高（Magee and Galinsky，2008）。相反，当服务商只提供自助服务机器时，顾客想完成服务必须使用自助服务技术，顾客没有其他服务渠道可选，无论是愿意还是不愿意都是被迫选择。服务商剥夺了顾客选择服务渠道的权力，减少了顾客资源和选择自由，因此顾客会产生低权力感，也就是所谓的无力感。此外，顾客在与服务商的交往中，在服务方式决定权上处于弱势一方，而服务商则拥有较多主动权（Bunker and Ball，2009），因此，当顾客面临被迫使用 SSTs 情形时，由于不能掌控服务生产和传递方式会产生无力感。综上所述，研究可以提出以下假设。

H3：相对于全面服务（人员服务和自助服务），被迫使用 SSTs 时，顾客将产生较高的无力感。

2.2.2　*无力感对顾客态度的影响及其中介效应*

对权力的渴求是人类行为基本动机，有权力使人置身于奖赏丰厚、免受环境压力、行为自由的环境。相对于有权力感状态，人们非常厌恶无权力感，因为无权力意味着自身无法控制环境和产生一系列严重的负面结果，如习得无助、更多不确定性（Anderson and Galinsky，2006；Brinol et al.，2007），以及较低物质和社会认同的获得性。消费者决策研究发现，权力能够增加消费者选择倾向，而无力感则能够增加消费者拒绝倾向（Mourali and Nagpal，2013），高权力个体行为接近系统的激活能够使他们更关注选项值得肯定的方面（Anderson and Galinsky，2006）。当顾客被迫使用 SSTs 时，相对于全面服务方式，顾客资源和选择自由都受到限制，因此产生的无力感（低权力状态）促使他们更关注自助服务技术负面特性以及由此导致的威胁和惩罚，例如机器不够人性化（Dabholkar，1996）、偶尔不便利等，顾客对无权力感的厌恶促使人们渴望改变这种状态，于是产生对技术的消极态度，甚至拒绝使用这些技术。基于以上论证，可以提出以下假设。

H4：无力感显著地负向影响顾客对技术的态度。

H5：无力感将在顾客被迫使用 SSTs 与对技术态度之间起到中介效应。

顾客被迫使用 SSTs 最根本的原因是服务商没有提供其他服务方式，例如人员服务，选择权被剥夺的始作俑者是服务商。相对于有权力感的状态，人们非常厌恶无权力感（Anderson and Galinsky，2006；Brinol et al.，2007），因此无力感是一种负面情绪，对顾客来说是一种不愉快的经历。根据归因理论，面对这种不愉快经历时，顾客通常会进行外部归因（Weiner，1985），他们会认为自己的无力感是由服务商造成的。根据归因的可控性来分析，服务商完全可以同时提供自助服务和人员服务，所以说无力感的产生是企业能够控制的，因此顾客将对服务商持有负面评价。另外，根据权力的接近/抑制理论，当顾客感知权力减少时会激发与抑制相关的负面情感，更为关注威胁和惩罚（Keltner et al.，2003）。为避免威胁和惩罚，减少负面情感，他们也会对服务商产生负面评价，甚至脱离关系。综上所述，研究可以提出以下假设。

H6：无力感显著地负向影响顾客对服务商的态度。

H7：无力感将在顾客被迫使用 SSTs 与对服务商态度之间起到中介效应。

2.3 无力感的边界条件及被调节的中介效应

本文选择 SSTs 熟悉度和服务人员临场作为被迫使用 SSTs 和无力感之间的调节变量，考察无力感产生的边界条件及被调节的中介效应。原因有以下两点：一是根据补偿控制理论（Landau et al.，2015），顾客对 SSTs 熟悉度是顾客拥有使用 SSTs 知识的多少，可以视为顾客的个人代理；服务人员临场是顾客感知和服务人员在一起（或沟通），必要时候其能够为自身提供信息和帮助，可以视为顾客的外部代理。两种不同的补偿策略能够恢复由被迫使用 SSTs 而减少的感知控制，因此可以缓解无力感的产生。二是从服务商的角度考虑，其通常只强迫顾客使用自身较熟悉的自助服务技术，而在新技术推行阶段仍然提供人员服务和自助服务相结合的全面服务，即使强迫顾客使用自助服务技术，也通常会安排服务人员进行一定的指导和帮助。因此研究主要探讨无力感中介效应被 SSTs 熟悉度和服务人员临场的调节作用。

2.3.1 被 SSTs 熟悉度调节的无力感中介效应

消费者拥有产品或服务专门知识的多少代表了他们的熟悉度（Mäenpää et al.，2008）。消费者对他们使用过的产品和购买产品的环境拥有各种各样的知识，多次使用产品能够让消费者产生行为路径，而这些又构成程序性知识（Cohen，2000）。程序性知识等同于专门知识，也就是熟悉度（Philippe and Ngobo，1999）。学者发现，消费者对产品的熟悉度调节了新产品属性和偏好之间的关系（Zhou and Nakamoto，2007）；个体对互联网的经验和专门知识能够调节他们对互联网的态度以及在线上的搜索绩效（Lazonder et al.，2000）；相对于不熟悉互联网的消费者，高熟悉度消费者对网络广告更喜欢（Bruner and Kumar，2000）。

根据熟悉度定义，熟悉自助服务技术的顾客通常拥有较多的使用经验，将有关自助服务技术的操作和特点的程序性知识存储于记忆中。根据消费者熟悉度对线上搜索绩效的调节作用（Lazonder et al.，2000），推测熟悉 SSTs 的顾客能较快地对自己生产和传递怎样的任务做出快速且准确的反应，他们只需要较少的行动和时间就可以完成任务。虽然服务商只提供自助服务技术，减少了顾客的选择，但是由于这些顾客拥有较多的使用经验，这些经验和知识也可称为一种资源，能够增加顾客对自助服务技术的控制，选择权的丧失正好可以通过对 SSTs 操作的行为控制加以弥补，因此对 SSTs 较熟悉的顾客无力感较低，对服务商的态度相对较高，无力感的中介效应较弱；相反，当顾客不熟悉自助服务技术，不了解这些技术的特点，没有拥有这些专门知识，不知道如何去熟练操作时，他们需要花费较多的努力和时间去使用自助服务技术，于是对自助服务技术的行为控制就受到限制，而此时服务商又只提供自助服务技术，剥夺了顾客使用人工服务的选择权，双重控制的丧失使顾客产生较高的无力感，他们将对服务商持有更低的态度，无力感的中介效应就会加强。根据以上论述，可以提出如下假设。

H8：对SSTs的熟悉度将调节顾客被迫使用SSTs与对服务商态度间无力感的中介效应。

也就是说，顾客被迫使用SSTs与对服务商态度之间将存在一个被调节（SSTs熟悉度）的中介效应（无力感）。具体来说，相对于全面服务，被迫使用SSTs情境下，顾客无力感对服务商态度的中介关系在顾客不熟悉的SSTs情况下将更加凸显。

2.3.2 被服务人员临场调节的无力感中介效应

和服务人员相比，顾客拥有较低水平的专门知识，特别是如果顾客不懂技术或特定类型的自助服务技术（Forbes，2008）。服务商有时安排服务人员在机器旁边，其目的是为顾客提供帮助或信息。服务人员是一种社会角色，社会临场则是指个体和其他人在一起（或交流）的感觉（Ijsselsteijn et al.，2000）。因此，服务人员临场可以被定义为顾客和服务人员在一起（或沟通）的感觉。服务人员临场主要针对非互联网自助服务技术，在自助服务技术情境中，服务人员在现场（Availability）属于使用者感知的外部控制（Venkatesh，2000），外部控制是指有利于顾客使用新系统的组织资源和支持结构（Venkatesh and Bala，2008）。顾客与服务人员的互动影响顾客对SSTs质量的感知、使用SSTs的态度（Reinders et al.，2008），以及使用SSTs的意愿（Curran and Meuter，2005），如果服务人员对顾客使用SSTs有应答，顾客将对SSTs有较高的感知行为控制（Demoulin and Djelassi，2016）。

在顾客被迫使用SSTs情境中，如果服务商安排服务人员在场，哪怕是一个员工负责几台自助机器设备，也能够在顾客遇到服务失败时提供帮助（Forbes，2008）。虽然服务商只提供自助服务技术，限制了顾客的选择方式，但是有服务人员临场，能够为顾客提供情感支持或者信息支持，帮助顾客解答操作过程中遇到的问题，增加顾客的信息控制和行为控制，促使顾客摆脱因被迫使用SSTs带来的无力感，此时顾客无力感较低，对服务商的态度没有那么消极。Forbes（2008）也指出在非互联网自助服务技术中，失败是不可避免的，主要的问题是服务补救，因此服务商需要安排服务人员在机器旁边为顾客提供信息。相反，如果没有服务人员临场，顾客在被迫使用SSTs操作过程中遇到问题没有服务人员可咨询，更谈不上与服务人员的互动，没有充足的信息来使用机器设备，对自助服务技术有较低的行为控制，加上服务商限制，其就会产生较高的无力感，对服务商的态度更加消极。因此，研究可以提出以下假设。

H9：服务人员临场将调节顾客被迫使用SSTs与对服务商态度间无力感的中介效应。

也就是说，顾客被迫使用SSTs与对服务商态度之间将存在一个被调节（服务人员临场）的中介效应（无力感）。具体来说，相对于全面服务，被迫使用SSTs情境下，顾客无力感对服务商态度的中介关系在没有服务人员临场的情况下将更加凸显。

3 研究方法及研究结果

3.1 研究1

研究1重点考察H1和H2：相对于全面服务，顾客被迫使用SSTs将对技术和服务商产生较低的态度。

3.1.1 实验1设计

研究将采取单一因子（被迫使用SSTs：有vs.无）组间实验设计来收集数据并验证假设，实验设计采用服务营销中经常使用的基于角色扮演的情境模拟方法，这种方法多用于消费者研究（Dabholkar，1996；Jin et al.，2014）。实验情境限定为有、无被迫使用SSTs，有的情境是服务商只提供SSTs，而没提供人员服务；无的情境为全面服务，指服务商同时提供人员服务和自助服务，顾客可以自由选择服务方式。本文借鉴Hui和Bateson（1991）的感知选择量表进行操控检验，当被迫使用自助服务时，顾客感知选择较低。

沈阳某高校管理学院70名大学二、三年级学生参加了实验1，被随机分到全面服务和被迫使用两种情境，每名被试领取一瓶饮料作为报酬。删除漏填和错填问卷的6人，得到有效样本64人，全面服务组为30人，被迫使用组为34人。年轻人是新技术主要接受者和使用者，因此实验选取大学生一定程度上能够代表自助服务技术的主要顾客（Elliott and Hall，2005）。

3.1.2 实验1程序

在专业教师指导下，每组被试阅读实验材料。被迫使用情境为："请您想象一下，某天您来到人工柜台打算给寝室交电费，发现人工窗口没开，并且门上贴了通知，后勤服务中心决定暂停人工窗口缴费，请同学们使用圈存机①自助办理，给您带来的不便敬请谅解。"全面服务情境为："不仅有人工窗口，旁边还有圈存机可以缴费。"然后，被试根据情境描述回答关于情境真实性检验的2个题项（Fan et al.，2016）、被迫使用SSTs的操控检验的2个题项（Hui and Bateson，1991）、技术态度测量的4个题项（Dabholkar and Bagozzi，2002）、服务商态度测量的3个题项（Reinders et al.，2008）。全部量表都是成熟量表，大多来自服务营销顶级国际期刊，具有良好的信、效度，只需要根据实验情境适当调整措辞即可。量表采用Likert 7等尺度，1为非常不同意，7为非常同意。最后，被试回答有关年龄和性别等人口统计信息。

3.1.3 实验1结果

真实性检验和操控检验。通过单一样本T检验对实验真实性进行检验，真实性测量（Cronbach's $\alpha=0.80$）均值显著大于中位数4［$M_{真实性}=6.50$，$SD=0.53$；$t(63)=37.95$，$p=0.00$］，说明实验描述的情境接近真实情况。通过方差分析对实验操控进行检验，被迫使用测量（Cronbach's $\alpha=0.73$）在全面服务情境中的均值（$M_{全面服务}=2.17$，$SD=0.96$）显著小于被迫使用SSTs的均值［$M_{被迫使用}=4.09$，$SD=1.63$；$F(1,62)=31.93$，$p=0.00$］，因此实验操控检验通过。

① 圈存机是指能够完成圈存操作的机器，即在收款单位与银行签订相关协议的情况下，可以通过用户的银行账户向特定消费卡上转账的终端设备，校园内圈存机主要处理的是校园一卡通业务。

信、效度及假设检验。因变量包括顾客对技术的态度和对服务商的态度。通过因子分析可以发现全部题项的 KMO 为 0.83；累计方差解释率为 78.75%，旋转后明确提取两个因子，因子间不存在交叉载荷大于 0.5 的题项，因子载荷最小为 0.73（技术态度 1），最大为 0.91（服务商态度 3）；内部一致性系数 Cronbach's α 分别为 0.84、0.94。这些说明全部测量量表达到效度和信度要求。

方差分析可以发现面对全面服务时，顾客对技术态度（$M_{全面服务}=6.03$，SD=0.75）显著大于被迫使用情境下对技术态度 [$M_{被迫使用}=5.52$，SD=0.96；F（1，62）=5.49，p=0.02]；顾客对服务商态度（$M_{全面服务}=6.10$，SD=0.73）显著大于被迫使用情境下对服务商态度 [$M_{被迫使用}=4.94$，SD=1.49；F（1，62）=14.91，p=0.00]，因此假设 1 和假设 2 得到验证。

3.1.4 研究 1 讨论

实验 1 的分析结果支持了研究的基本假设，即服务相对全面时，顾客被迫使用 SSTs 会产生较低的对技术态度和较低的对服务商态度。尽管假设得以验证，但是面对被迫选择情境时，顾客消极态度产生的内在机理却依然不清晰；同时实验情境选取学生利用校园内的圈存机交电费，服务商是学校，大学生和学校之间的关系是否真如顾客与服务提供商之间的服务关系还有待进一步检验。

3.2 研究 2

研究 2 将重点考察无力感在顾客被迫使用 SSTs 与态度之间的中介效应，实验情境设计也将进一步拓展到校园以外的自助服务技术来增加研究的外部效度。

3.2.1 实验 2 设计

研究仍然采取单一因子（被迫使用 SSTs：有 vs. 无）组间实验设计来收集数据并验证假设，同样使用情境模拟方法。为增加研究结论的外部效度，实验设计将选取顾客使用地铁自助售票机购买地铁票的情境。

沈阳某高校管理学院 70 名大学二、三年级学生参加了实验 2，被随机分到全面服务和被迫使用两种情境，每名被试领取一瓶饮料作为报酬。删除漏填和错填问卷的 3 人，得到有效样本 67 个，全面服务组为 32 人，被迫使用组为 35 人。在地铁交通非常发达的今天，每名大学生都乘坐过地铁，是地铁公司的消费者。

3.2.2 实验 2 程序

在专业教师指导下，每组被试阅读实验材料。被迫使用自助服务的情境为："请您想象一下，您计划坐地铁外出逛街，当您到达地铁站准备买票时，发现人工窗口没开，并且窗口上贴了通知，地铁公司决定暂停人工窗口售票，请各位乘客使用自助售票机自助买票，给您带来的不便敬请谅解。"全面服务的情境为："不仅有人工窗口可以买票，旁边还有自助售票机，可以按照机器上的指示说明来买票。"然后，被试根据情境回答与实验 1 完全一样的测量问题以及无力感测量的 3 个题项（Bunker and Ball，2009）。

3.2.3 实验 2 结果

真实性检验和操控检验。通过单一样本 T 检验对实验真实性进行检验，真实性检验测量（Cronbach's α=0.88）的均值显著大于中位数 4 [$M_{真实性}=6.08$，SD=1.01；t（66）=16.88， p=0.00]，说明实验描述的情境接近真实情况。通过方差分析对实验操控进行检验，被迫使用测量（Cronbach's α=0.81）在全面服务情境中的均值（$M_{全面服务}$=2.13，SD=1.15）显著小于被迫使用自助服务的均值 [$M_{被迫使用}$=4.91，SD=0.84；F（1，65）=129.57，p=0.00]，因此实验操控检验通过。

信、效度及假设检验。因变量主要包括无力感、顾客对技术的态度和对服务商的态度。通过因子分析可以发现全部题项的 KMO 为 0.76；累计方差解释率为 82.48%，旋转后明确提取 3 个因子，因子间不存在交叉载荷大于 0.5 的题项，因子载荷最小为 0.78（无力感 3），最大为 0.93（服务商态度 3）；内部一致性系数 Cronbach's α 分别为 0.91、0.87、0.95。这些说明全部测量量表达到效度和信度要求。

方差分析显示，全面服务时顾客对技术的态度（$M_{全面服务}$=6.18，SD=0.59）显著大于被迫使用情境对技术的态度 [$M_{被迫使用}$=5.32，SD=0.93；F（1，65）=35.38，p=0.00]；顾客对服务商的态度（$M_{全面服务}$=6.17，SD=0.80）显著大于被迫使用情境对服务商的态度 [$M_{被迫使用}$=4.83，SD=1.59；F（1，65）=20.08，p=0.00]，H1 和 H2 再次得到验证。方差分析发现被迫使用对无力感的主效应是显著的 [F（1，65）=35.38，p=0.00]，顾客全面服务时的无力感（$M_{全面服务}$=2.03，SD=0.95）显著小于被迫使用 SSTs 时的无力感（$M_{被迫使用}$=3.71，SD=1.32），H3 得到验证。通过相关分析可以看出，无力感与顾客对技术的态度呈现显著的负相关关系（r=-0.38，p<0.01）；与顾客对服务商的态度也呈现显著的负相关关系（r=-0.55，p<0.01），H4 和 H6 也得到验证。按照 Zhao 等（2010）提出的中介效应分析程序，参考 Preacher 和 Hayes（2004）的 Bootstrap 方法（采取偏差校正抽样方法，样本 5000，模型 4）进行中介效应检验。通过分析无力感在顾客被迫使用 SSTs 与对技术的态度间的中介效应发现，在 95%置信区间下，无力感的中介效应是不显著的（β=0.15，95%CI=-0.16~0.55），H5 未被验证，如表 1 所示。而无力感在顾客被迫使用 SSTs 与对服务商的态度间的中介效应却是显著的（β=0.71，95%CI=0.26~1.22），按 Zhao 等（2010）的定义，无力感是顾客被迫使用 SSTs 与对服务商态度间唯一的中介，H7 被验证。

表 1 回归系数与无力感对被迫使用与顾客对技术的态度的中介效应

	无力感（M）					顾客对技术的态度（Y）				
自变量	系数	标准误	LLCI	ULCI	p 值	系数	标准误	LLCI	ULCI	p 值
常数项	5.40	0.44	4.52	6.28	0.00	4.94	0.54	4.63	7.18	0.00
被迫使用（X）	-1.68	0.28	-2.25	-1.12	0.00	0.71	0.24	0.23	1.18	0.00
无力感（M）						-0.09	0.08	-0.26	0.08	0.29
						X 通过 M 对 Y 的间接效应				
						0.15	0.18	-0.16	0.55	0.41

注：N=67；LLCI 为下限置信区间；ULCI 为上限置信区间；被迫使用 SSTs 为哑变量，1 为有，2 为无。

表 2 回归系数与无力感对被迫使用与顾客对服务商态度的中介效应

	无力感（M）					顾客对服务商的态度（Y）				
自变量	系数	标准误	LLCI	ULCI	p 值	系数	标准误	LLCI	ULCI	p 值
常数项	5.40	0.44	4.52	6.28	0.00	5.75	0.83	4.10	7.40	0.00
被迫使用（X）	-1.68	0.28	-2.25	-1.12	0.00	0.63	0.36	-0.09	1.36	0.09
无力感（M）						-0.42	0.13	-0.67	-0.16	0.00
						X 通过 M 对 Y 的间接效应				
						0.71	0.25	0.26	1.22	0.01

注：N=67；LLCI 为下限置信区间；ULCI 为上限置信区间；被迫使用 SSTs 为哑变量，1 为有，2 为无。

3.2.4 研究 2 讨论

实验 2 的结果不仅再次支持了研究的基本假设（H1 和 H2），而且还验证了被迫使用 SSTs 对无力感（H3）、无力感对顾客对技术的态度（H4）和顾客对服务商的态度（H6）的影响作用，最后证明无力感在顾客被迫使用 SSTs 与对服务商的态度之间起到的中介效应（H7）。这一方面说明研究的基本结论具有较好的外部效度，另一方面也说明顾客在被迫使用 SSTs 时，由于选择受到限制会产生无力感，无力感对顾客对技术和服务商的态度产生负向影响。态度形成过程中，被迫使用 SSTs 对顾客对服务商态度的影响将完全通过无力感的中介产生作用；而对顾客对技术态度的影响却没有通过无力感的中介产生作用。究其原因，根据心理抗拒理论，强迫顾客使用 SSTs，他们会在心理上产生抗拒，对 SSTs 持有消极态度；顾客无力感的产生是因为服务商只提供 SSTs，限制了顾客选择自由，剥夺了顾客选择服务渠道权力，因此无力感的始作俑者是服务商，而不是 SSTs 本身，这也能解释为什么无力感只中介了顾客对服务商的态度，而没有中介顾客对技术的态度。

通过研究 1 和研究 2 能够了解，相对于全面服务，被迫使用 SSTs 时顾客态度和无力感的差异，以及无力感在顾客态度形成过程中的中介效应。但是无力感产生的边界条件却依然不清楚，研究 3 将探讨被迫使用 SSTs 产生无力感的边界条件及无力感对顾客对服务商态度产生中介效应的边界条件。由于无力感对顾客对技术的态度没有中介效应，所以研究 3 将不再考察该效应。

3.3 研究 3

实验 3 将进行两个实验，分别考察 SSTs 熟悉度（3a）和服务人员临场（3b）的调节效应并再次检验研究 1 和研究 2 的一些基本假设。

3.3.1 实验 3a

（1）实验 3a 设计。

采取 2（被迫使用 SSTs：有 vs. 无）×2（SSTs 熟悉度：高 vs. 低）的组间实验设计来收集数据并验证假设，同样使用情境模拟方法。

先通过预实验来确定实验情境，通过前期访谈得到，银行新增的自动办卡机器与自动取款机器（ATM）是大学生熟悉度差别较大的自助服务机器。通过便利抽样招募 34 名在校大学生参与预实验，通过组内实验收集数据，配对样本 T 检验显示大学生对银行 ATM 机的熟悉度均值（$M_{高熟悉}=5.80$，$SD=0.67$）显著大于对银行自动办卡机器的熟悉度均值［$M_{低熟悉}=2.74$，$SD=0.68$；$t(33)=20.09$，$p=0.00$］。因此实验3a操控成功，正式实验将选择银行自助办卡和自助取款服务作为实验情境。

沈阳某高校管理学院128名大学二、三年级学生参加了实验3a，被随机分到4种情境，每名被试领取一瓶饮料作为报酬。删除漏填和错填问卷的5人，得到有效样本123个，其中男生52人，女生71人；每组人数最少30人，最多32人。

（2）实验3a程序。

实验程序与实验1和实验2类似，全面服务和被迫使用情境也十分相似，在专业教师指导下，每组被试阅读实验材料。例如，不熟悉（熟悉）自助服务技术的被迫使用情境为："请您想象一下，您打算去×××银行办理一张银行卡（取款），当您到达×××银行准备办理时，被告知人工窗口暂不提供办理银行卡（取款）服务，现在办理银行卡（取款）只能通过ATM机办理。"全面服务则既提供人工窗口服务还提供自助服务。然后，被试根据情境回答和实验2完全一样的测量问题，以及熟悉度操控检验测量的3个题项（Dahl et al.，2001）、用于混淆效应（Confounding Effect）检验的自我效能测量的4个题项（Van Beuningen et al.，2009）。

（3）实验3a结果。

真实性检验、操控检验和混淆检验。通过单一样本T检验对实验真实性进行检验，真实性检验测量（Cronbach's $\alpha=0.74$）的均值显著大于中位数4［$M_{真实性}=5.73$，$SD=1.17$；$t(122)=16.36$，$p=0.00$］，说明实验描述的情境接近真实情况。通过方差分析对实验操控进行检验，被迫使用测量（Cronbach's $\alpha=0.69$）在全面服务情境中的均值（$M_{全面服务}=2.33$，$SD=1.02$）显著小于被迫使用自助服务中的均值［$M_{被迫使用}=4.34$，$SD=1.69$；$F(1, 121)=69.01$，$p=0.00$］；被试对SSTs的熟悉度（Cronbach's $\alpha=0.97$）在自助办卡服务中的均值（$M_{低熟悉度}=3.39$，$SD=1.58$）显著小于自助取款服务中的均值［$M_{高熟悉度}=6.21$，$SD=1.15$；$F(1, 121)=128.71$，$p=0.00$］。因此，实验操控检验通过。实验操控被迫使用自助服务技术，可能产生潜在的混淆变量——自我效能，从而影响无力感的变化。通过方差分析可以看出，全面服务组的自我效能均值（$M_{全面服务}=6.13$，$SD=0.86$）与被迫使用组的自我效能均值没有显著差异［$M_{被迫使用}=6.09$，$SD=0.99$；$F(1, 121)=0.08$，$p=0.78$］，因此混淆检验通过。

信、效度及假设检验。模型包括无力感、熟悉度、顾客对技术的态度和对服务商的态度4个变量。通过因子分析可以发现全部题项的KMO为0.84；累计方差解释率为83.95%，旋转后明确提取4个因子，因子间不存在交叉载荷大于0.5的题项，因子载荷最小为0.70（无力感1），最大为0.97（熟悉度3）；所有量表内部一致性系数Cronbach's α从0.82（无力感）到0.97（对服务商态度）。这些说明全部测量量表达到效度和信度要求。

按照Zhao等（2010）提出的中介效应分析程序，参考Preacher和Hayes（2004）提出的Bootstrap方法（采取偏差校正抽样方法，样本5000，模型7）进行被调节的中介效应检验。PROCESS软件分析结果显示，在95%置信区间下，被熟悉度调节的无力感的中介效应是显著的（95%CI = -1.72 ~ -0.45）。从表 3 可以看出，低熟悉度情境下，无力感的中介效应是显著的（β = 1.57，95%CI = 1.04 ~ 2.18）；高熟悉度情境下，无力感的中介效应也是显著的（β = 0.54，95%CI = 0.11 ~ 1.04）；前者的效应大于后者的效应（1.57>0.54），因此 H8 得以验证。此外，由表 3 还可以看出被迫使用 SSTs 对顾客对服务商态度的直接效应，在 95%置信区间下是不显著的（β = 0.43，95%CI = -0.04 ~ 0.89），H7 再次被验证，无力感仍然是顾客被迫使用 SSTs 与对服务商态度之间唯一的中介。

表 3　回归系数与被熟悉度调节的无力感的中介效应

	无力感（M）					顾客对服务商的态度（Y）				
自变量	系数	标准误	LLCI	ULCI	p 值	系数	标准误	LLCI	ULCI	p 值
常数项	8.60	1.01	6.60	10.60	0.00	6.92	0.58	5.77	8.07	0.00
被迫使用（X）	-3.35	0.64	-4.61	-2.10	0.00	0.43	0.23	-0.04	0.89	0.07
熟悉度（W）	-2.10	0.63	-3.35	-0.85	0.00					
X×W	1.33	0.40	0.54	2.12	0.00					
无力感（M）						-1.03	0.32	-1.71	-0.44	0.00
调节变量	X 对 M 的条件效应					经过 M，X 对 Y 的条件间接效应				
熟悉度（低）	-2.00	0.28	-2.56	-1.44	0.00	1.57	0.29	1.04	2.18	0.00
熟悉度（高）	-0.70	0.28	-1.25	-0.15	0.01	0.54	0.23	0.11	1.04	0.02

注：N = 122；LLCI 为下限置信区间；ULCI 为上限置信区间；被迫使用 SSTs 为哑变量，1 为有，2 为无。

通过方差分析可以发现，全面服务时顾客对技术和服务商的态度以及无力感显著高于被迫使用 SSTs 情境下的相应态度和无力感，H1、H2 和 H3 再次得到验证。通过相关分析可以看出，无力感与顾客对技术的态度和对服务商的态度仍然呈现显著的负相关关系（r = -0.48，p<0.01；r = -0.71，p<0.01），H4 和 H6 又得到验证，说明研究的基本结论具有很好的外部效度。

3.3.2　实验 3b

（1）实验 3b 设计。

实验 3b 将采取 2（被迫使用 SSTs：有 vs. 无）×2（服务人员临场：有 vs. 无）的组间实验设计收集数据并验证假设，同样使用情境模拟方法。实验情境选取机场自助值机服务，之所以选择自助值机，是因为通过前期调查发现自助值机设备附近有时会有服务人员，有时却没有服务人员。虽然航空公司暂时没有推行必须自助值机，但是随着人工成本和客流量的增加，未来非常有可能要求无行李托运的乘客自助值机。

沈阳某高校管理学院 124 名大学二年级学生参加了实验 3b，被随机分到 4 种情境，每名被试领取一瓶饮料作为报酬。删除漏填和错填问卷的 3 人，得到有效样本 121 个，其中男生 45 人，女生 76 人；1 组样本为 31 人，其余组都是 30 人。

（2）实验 3b 程序。

实验程序与实验 3a 类似，全面服务和被迫使用 SSTs 情境也十分相似，在专业教师指导下，每组被试阅读实验材料。例如，无服务人员临场（有服务人员临场）被迫使用情境为：

"请您想象一下，假期你准备出去旅游，查询后发现火车票和某航空公司特价机票价格相当，您最终选择坐飞机出行，于是在网站上订了机票。出发当天您来到机场准备办理登机手续，发现×××航空公司的人工窗口提示，'×××航空公司决定暂停人工窗口办理登机牌服务，请旅客使用自助值机办理登机，给您带来的不便敬请谅解'。×××航空公司没有（特意）安排工作人员在自助值机旁提供帮助。"全面服务则既提供人工柜台值机服务还提供自助值机服务。然后，被试根据情境回答和实验3a类似的测量问题。服务人员临场主要是能够提供帮助和信息，因此借鉴信息控制量表对服务人员临场进行操控检验，让被试回答如"我遇到问题时，没有工作人员能为我提供信息给予协助"等3个题项（Guo et al.，2016）。全部测量量表采用Likert 7等尺度，1为非常不同意，7为非常同意。最后，进行人口统计变量的测量。

（3）实验3b结果。

真实性检验、操控检验和混淆检验。通过单一样本T检验对实验真实性进行检验，真实性检验测量（Cronbach's α=0.71）的均值显著大于中位数4［$M_{真实性}=5.50$，SD=1.29；t（120）=12.72，p=0.00］，说明实验描述的情境接近真实情况。通过方差分析对实验操控进行检验，被迫使用测量（Cronbach's α=0.74）在全面服务情境中的均值（$M_{全面服务}=2.40$，SD=1.11）显著小于被迫使用自助服务中的均值［$M_{被迫使用}=4.43$，SD=1.38；F（1，119）=79.61，p=0.00］；被试对服务人员临场（Cronbach's α=0.86）在无服务人员临场情境中的均值（$M_{无}=3.42$，SD=1.48）显著小于有服务人员临场的均值［$M_{有}=4.78$，SD=1.21；F（1，119）=30.46，p=0.00］，因此实验操控检验通过。与实验3a类似，通过方差分析可以看出全面服务组的自我效能均值（$M_{全面服务}=5.79$，SD=0.96）和被迫使用组的自我效能均值没有显著差异［$M_{被迫使用}=5.86$，SD=0.95；F（1，119）=0.23，p=0.63］，因此混淆检验通过。

信、效度及假设检验。模型包括无力感、服务人员临场、顾客对技术的态度和对服务商的态度4个变量。通过因子分析可以发现全部题项的KMO为0.84；累计方差解释率为78.38%，旋转后明确提取4个因子，因子间不存在交叉载荷大于0.5的题项，因子载荷最小为0.72（无力感1），最大为0.89（服务商态度3）；所有量表内部一致性系数Cronbach's α从0.76（无力感）到0.91（对服务商态度）。这些说明全部测量量表达到效度和信度要求。

按照Zhao等（2010）提出的中介效应分析程序，参考Preacher和Hayes（2004）提出的Bootstrap方法（采取偏差校正抽样方法，样本5000，模型7）进行被调节的中介效应检验。PROCESS软件分析结果显示，在95%置信区间下，服务人员临场调节的无力感中介效应是显著的（95%CI=-0.91～-0.11）。从表4可以看出，无服务人员临场情境下，无力感的中介效应是显著的（β=0.96，95%CI=0.57～1.41）；有服务人员临场情境下，无力感的中介效应也是显著的（β=0.50，95%CI=0.20～0.96）；前者的效应大于后者的效应（0.96>0.50），因此假设9得以验证。此外，由表4还可以看出被迫使用SSTs对顾客对服务商的态度的直接效应，在95%置信区间下同样是显著的（β=0.50，95%

CI＝0.02～0.98)，无力感是顾客被迫使用 SSTs 与对服务商态度之间一个互补的中介。

表 4　回归系数与被服务人员临场调节的无力感的中介效应

	无力感（M）					顾客对服务商的态度（Y）				
自变量	系数	标准误	LLCI	ULCI	p 值	系数	标准误	LLCI	ULCI	p 值
常数项	8.04	0.86	6.34	9.74	0.00	5.91	0.64	4.63	7.18	0.00
被迫使用（X）	-2.51	0.54	-3.58	-1.43	0.00	0.50	0.24	0.02	0.98	0.04
临场（W）	-1.75	0.54	-2.83	-0.68	0.00					
X×W	0.81	0.34	0.13	1.49	0.02					
无力感（M）						-0.46	0.20	-0.91	-0.10	0.02
调节变量	X 对 M 的条件效应					经过 M，X 对 Y 的条件间接效应				
临场（无）	-1.70	0.24	-2.18	-1.22	0.00	0.96	0.21	0.57	1.41	0.00
临场（有）	-0.89	0.24	-1.37	-0.41	0.00	0.50	0.19	0.20	0.96	0.01

注：N＝121；LLCI 为下限置信区间；ULCI 为上限置信区间；被迫使用 SSTs 为哑变量，1 为有，2 为无；服务人员临场为哑变量，0 为无，1 为有。

3.3.3　研究 3 讨论

通过实验 3a 和实验 3b 考察了无力感中介效应的边界条件。实验 3a 发现，低熟悉度情境下无力感的中介效应大于高熟悉度情境下无力感的中介效应（1.57>0.54），顾客越不熟悉自助服务技术，无力感在顾客被迫使用 SSTs 与对服务商态度之间的中介作用越大，所以存在显著的被熟悉度调节的无力感中介效应；实验 3b 揭示，在没有服务人员临场的时候，顾客无法从服务人员那获得帮助和信息，因此无力感的中介效应显著大于有服务人员临场情境下无力感的中介效应（0.96>0.50），服务人员临场调节了无力感的中介效应，被调节的中介效应也是显著的。无力感的中介效应具体如图 1 所示。

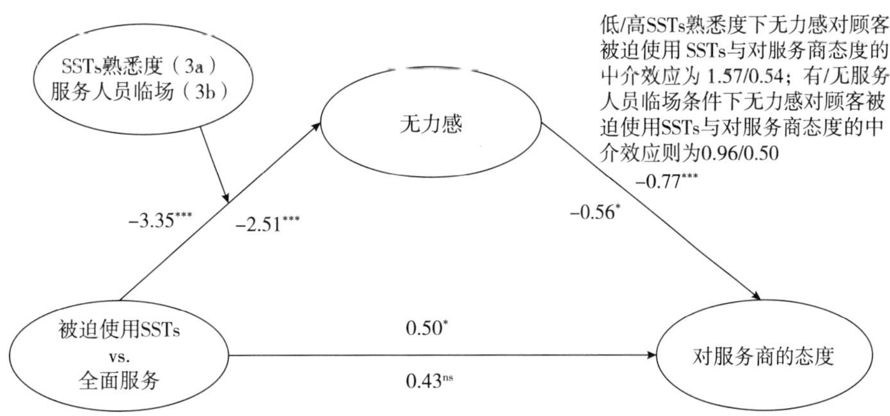

图 1　被 SSTs 熟悉度/服务人员临场调节的无力感的中介效应

注：框架外围数字为实验 3a 的非标准化回归系数，内侧数字为实验 3b 的非标准化回归系数；* 代表 $p<0.05$，*** 代表 $p<0.001$，ns 代表 $p>0.05$。

4 整体结果讨论

随着科学技术的快速发展，自助服务技术日渐成熟，基于技术的自助服务也越来越普遍。为了减少人工成本，标准化服务流程，有些服务企业逐渐减少人工服务，甚至取消人工服务，只提供自助服务技术迫使顾客使用。尽管已有学者研究发现强迫顾客使用自助服务技术能够负向影响顾客对技术的态度和对服务商的评价（Reinders et al.，2008），以及顾客的公平感知（White et al.，2012），但是研究只重点探讨了相对于全面服务，顾客被迫使用 SSTs 后将产生较低的对技术的态度和对服务商的态度，而对其中无力感对服务商的态度起中介效应，并且这种中介效应还受到熟悉度和有无服务人员临场的调节的研究不足。

本文全部的研究结论如表 5 所示。研究 1 重点验证了基本假设，结果表明相对于全面服务，顾客被迫使用 SSTs 时将对技术和服务商产生较消极的态度；研究 2 进一步考察无力感在被迫使用 SSTs 与态度之间的作用机理，证明了其对顾客对服务商的态度起到中介效应，而对顾客对技术的态度没有起到中介效应，并通过不同的实验情境再次验证了研究 1 的基本假设；研究 3 探讨了无力感中介效应的边界条件，这其中顾客对 SSTs 的熟悉度和服务人员临场调节了无力感的中介效应，两个被调节的中介效应都是显著的，并且研究 1 和研究 2 的假设在研究 3 的不同自助服务技术情境中都得到验证，说明研究结论非常稳健。

表 5 全部研究结论总览

	设计与刺激	研究内容	结果	结论
实验 1	被迫使用 SSTs：有 vs. 无；组间实验设计；校园交电费	被迫使用 SSTs 对顾客对技术的态度（H1）和对服务商的态度（H2）的主效应	H1：顾客对技术的态度 $M_{full}=6.03$（0.75）$>M_{forced}=5.52$（0.96）；F（1，62）=5.49，p=0.02 H2：顾客对服务商的态度 $M_{full}=6.10$（0.73）$>M_{forced}=4.94$（1.49）；F（1，62）=14.91，p=0.00	H1 和 H2 得到验证
实验 2	被迫使用 SSTs：有 vs. 无；组间实验设计；地铁售票	无力感在顾客被迫使用 SSTs 与对技术（H3、H4 和 H5）和服务商的态度（H6 和 H7）间的中介效应	H3：无力感 $M_{full}=2.03$（0.95）$<M_{forced}=3.71$（1.32）；F（1,65）=35.38，p=0.00 H4：无力感与顾客对技术的态度显著相关（r=-38，p<0.01）；H6：无力感与顾客对服务商的态度显著相关（r=-55，p<0.01）；H5：无力感在顾客被迫使用 SSTs 与对技术态度间的中介效应不显著（β=0.15，95%CI=-0.16~0.55） H7：无力感在顾客被迫使用 SSTs 与对服务商态度间的中介效应显著（β=0.71，95%CI=0.26~1.22）	H3、H4、H6、H7 得到验证，H5 没被验证
实验 3a	2（被迫使用 SSTs：有 vs. 无）×2（SSTs 熟悉度：高 vs. 低）的组间实验设计；自动办卡机器与 ATM 机	熟悉度调节顾客被迫使用 SSTs 与对服务商态度间无力感的中介效应（H8）	被熟悉度调节的无力感中介效应是显著的（95%CI=-1.72~-0.45）。具体来说，低熟悉度情境下，无力感的中介效应是显著的（β=1.57，95%CI=1.04~2.18）；高熟悉度情境下，无力感的中介效应也是显著的（β=0.54，95%CI=0.11~1.04）；前者的效应大于后者的效应（1.57>0.54）	H8 得到验证

续表

	设计与刺激	研究内容	结果	结论
实验 3b	2（被迫使用 SSTs：有 vs. 无）×2（服务人员临场：有 vs. 无）的组间实验设计；自助值机	服务人员临场调节顾客被迫使用SSTs与对服务商态度间无力感的中介效应（H9）	服务人员临场调节的无力感中介效应是显著的（95%CI = -0.91 ~ -0.11）。具体来说，无服务人员临场情境下，无力感的中介效应是显著的（β = 0.96，95%CI = 0.57 ~ 1.41）；有服务人员临场情境下，无力感的中介效应也是显著的（β = 0.50，95%CI = 0.20 ~ 0.96）；前者的效应大于后者的效应（0.96>0.50）	H9 得到验证

注：full 为“全面服务”；forced 为“被迫使用 SSTs”。

5 研究意义及未来展望

5.1 研究意义

5.1.1 理论意义

态度决定一切。顾客对技术的态度决定了他们使用 SSTs 的意愿和行为（Curran et al., 2003；Dabholkar, 1996）；对服务商的态度影响顾客满意度和忠诚度（Picón et al., 2014）。因此，企业在推行自助服务技术时，顾客的态度显得尤为重要。在企业为了节约成本或简化服务流程强制顾客使用自助服务技术时，顾客态度将发生怎样的改变、改变的机理是什么，这些问题对于研究者和实践管理者非常重要。本文基于权力接近/抑制理论引入无力感，解释了被迫使用 SSTs 对态度形成的心理机制，被迫使用 SSTs 降低了顾客的控制，控制的降低伴随着无力感的产生，进而对服务商持有消极态度；借鉴补偿控制理论，从补偿的个人代理和外部代理角度选择 SSTs 熟悉度和服务人员临场作为调节变量，考察无力感产生的边界条件，进一步探讨了被调节的无力感的中介作用。在研究方法上本文也力求严谨，通过一系列实验设计逐步递进和拓展来验证假设，从被迫使用 SSTs 对顾客态度的主效应检验，到拓展不同 SSTs 服务场景对无力感中介效应的考察，再到 SSTs 熟悉度和服务人员临场调节效应以及被调节的无力感的中介效应探讨，多次证明了研究结论内部效度和外部效度的稳健性。这些研究结论对未来继续开展与被迫使用自助服务技术相关的无力感研究奠定了理论基础。

5.1.2 实践意义

研究结论对服务商推行自助服务技术也有重要的实践启示。第一，服务商在推行自助服务技术时，尽量不要限制顾客选择服务传递方式。也就是说，不能为了减少人工成本而强迫顾客使用自助服务技术，而应该提供多种服务传递方式，尊重顾客选择自由，如提供人工服务或增加线上线下共同的自助服务，从而减少顾客无力感的产生，这样才能避免顾客对服务商有消极态度。第二，如果服务商由于资源限制无法提供全面服务，至少应该安排服务人员在自助设备附近提供帮助，有时并不一定需要帮助顾客，但至少让顾客知道如果他们在使用自助设备中遇到困难，有服务人员可以咨询。服务人员临场能够减少顾客因服务方式受限而产生的无力感，也能改善对服务商的消极态度。第三，在推行新的自助服务技术或新的自助服务功能时，服务商不应只提供自助服务技术，而应提供全面服务或适当的顾客教育，慢慢提高顾客对新技术或新功能的熟悉度，熟悉度的提高能够减少顾客被迫使用 SSTs 后的无力感，其对服务商的消极态度同样也会减少。

5.2 未来展望

研究还存在以下不足，可以在未来研究中进一步拓展。

首先，实验情境中自助服务技术类型还有待进一步拓展。本文实验设计的情境选择都是基于地点（On-site）的自助服务技术，而没有选择非地点（Off-site）的自助服务技术，而后者属于基于互联网技术的自助服务，两种自助服务有一定的差别（Dabholkar and Bagozzi, 2002）。非地点自助服务技术情境下，顾客被迫使用 SSTs 后对技术的态度和对服务商的态度是否由无力感中介不得而知。未来研究可以对这种情境进行模拟来验证模型；由于非地点自助服务技术很难安排服务人员临场，未来研究可以考察虚拟服务人员在技术界面呈现是否具有真实服务人员临场的作用效果。

其次，无力感中介效应的其他边界条件还有待进一步考察。研究只考察熟悉度和服务人员临场对无力感中介效应的调节，并没有进一步挖掘其他边界条件。基于地点的自助服务技术情境中，有时还有其他同属顾客的出现（Kinard et al., 2009），如 ATM 机、自助售票机前排队的人群等。在被迫使用 SSTs 情境时，如果有同属顾客的临场，顾客之间的直接互动和间接互动是否调节无力感的中介效应也需进一步探讨。

最后，实验设计方法还有待进一步完善。尽管本文采用情境模拟的方法设计实验，情境描述也通过了真实性检验，保证了研究的内部效度，但是同时也限制了研究的外部效度，未来研究可以考虑进行实验室实验或田野实验设计再次检验模型，增加研究结论的稳健性。此外，实验被试全部是大学生，服务商也是较常见的银行、地铁、航空公司等，尽管大学生一定程度上能够代表自助服务技术的主要顾客（Elliott and Hall, 2005），但是随着 SSTs 的普及，顾客群体范围也不再局限于年轻人，提供 SSTs 的服务商也越来越多，研究结论能否推广到其他顾客群体和其他服务商还有待进一步验证。

参考文献

[1] Anderson Cameron and Adam D. Galinsky. Power, Optimism, and Risk-Taking [J]. European Journal of Social Psychology, 2006, 36 (4): 511-536.

[2] Bendapudi Neeli and Robert P. Leone. Psychological Implications of Customer Participation in Co-production [J]. Journal of Marketing, 2003, 67 (1): 14-28.

[3] Bitner M. J., A. L. Ostrom and M. L. Meuter. Implementing Successful Self-Service Technologies [J]. Academy of Management Executive, 2002, 16 (4): 96-108.

[4] Bleier Alexander and Maik Eisenbeiss. The Importance of Trust for Personalized Online Advertising [J]. Journal of Retailing, 2015, 91 (3): 390-409.

[5] Brehm Jack W. A Theory of Psychological Reactance [M]. Oxford, England: Academic Press, 1966.

[6] Brinol Pablo, Richard E. Petty, Carmen Valle, Derek D. Rucker and Alberto Becerra. The Effects of Message Recipients' Power before and after Persuasion: A Self-vali-

dation Analysis [J]. Journal of Personality and Social Psychology, 2007, 93 (6): 1040-1053.

[7] Bruner Gordon C. and Anand Kumar. Web Commercials and Advertising Hierarchy-of-Effects [J]. Journal of Advertising Research, 2000, 40 (1-2): 35-42.

[8] Bunker Matthew and A. Dwayne Ball. Consequences of Customer Powerlessness: Secondary Control [J]. Journal of Consumer Behaviour, 2009, 8 (5): 268-283.

[9] Burger Jerry M. Desire for Control and Achievementrelated Behaviors [J]. Journal of Personality & Social Psychology, 1985, 48 (6): 1520-1533.

[10] Chen Fangyuan and Jaideep Sengupta. Forced to be Bad: The Positive Impact of Low-autonomy Vice Consumption on Consumer Vitality [J]. Journal of Consumer Research, 2014, 41 (4): 1089-1107.

[11] Choi Sunmee and Anna S. Mattila. Perceived Controllability and Service Expectations: Influences on Customer Reactions Following Service Failure [J]. Journal of Business Research, 2008, 61 (1): 24-30.

[12] Clee Mona A. and Robert A. Wicklund. Consumer Behavior and Psychological Reactance [J]. Journal of Consumer Research, 1980, 6 (4): 389-405.

[13] Cohen Gillian. Hierarchical Models in Cognition: Do They Have Psychological Reality? [J]. European Journal of Cognitive Psychology, 2000, 12 (1): 1-36.

[14] Cowley Elizabeth, Donnel A. Briley and Colin Farrell. How do Gamblers Maintain an Illusion of Control? [J]. Journal of Business Research, 2015, 68 (10): 2181-2188.

[15] Curran James M. and Matthew L. Meuter. Self-Service Technology Adoption: Comparing Three Technologies [J]. Journal of Services Marketing, 2005, 19 (2): 103-113.

[16] Curran James M., Matthew L. Meuter and Carol F. Surprenant. Intentions to Use Self-Service Technologies: A Confluence of Multiple Attitudes [J]. Journal of Service Research, 2003, 5 (3): 209-224.

[17] Dabholkar Pratibha A. Consumer Evaluations of New Technology-Based Self-Service Options: An Investigation of Alternative Models of Service Quality [J]. International Journal of Research in Marketing, 1996, 13 (1): 29-51.

[18] Dabholkar Pratibha A. and Richard P. Bagozzi. An Attitudinal Model of Technology-Based Self-Service: Moderating Effect s of Consumer Trait s and Situational Factors [J]. Journal of the Academy of Marketing Science, 2002, 30 (3): 184-201.

[19] Dahl Darren W., Rajesh V. Manchanda and Jennifer J. Argo. Embarrassment in Consumer Purchase: The Roles of Social Presence and Purchase Familiarity [J]. Journal of Consumer Research, 2001, 28 (3): 473-481.

[20] Demoulin Nathalie T. M. and Souad Djelassi. An Integrated Model of Self-Service Technology (SST) Usage in a Retail Context [J]. International Journal of Retail & Distribution Management 2016, 44 (5): 540-559.

[21] Dillard James Price and Lijiang Shen. On the Nature of Reactance and Its role in Persuasive Health Communication [J]. Communication Monographs, 2005, 72 (2): 144-168.

[22] Elliott Kevin M. and Mark C. Hall. Assessing Consumers' Propensity to Embrace Self-Service Technologies: Are There Gender Differences? [J]. Marketing Management Journal, 2005, 15 (2): 98-107.

[23] Fan Alei, Luorong (Laurie) Wu and Anna S. Mattila. Does Anthropomorphism Influence Customers' Switching Intentions in the Self-Service Technology Failure [J]. Journal of Services Marketing, 2016, 30 (7): 713-723.

[24] Feng Wenting, Rungting Tu, Tim Lu and Zhimin Zhou. Understanding Forced Adoption of Self-service

Technology: The Impacts of Users' Psychological Reactance [J]. Behaviour & Information Technology, 2019, 38 (8): 820-832.

[25] Fiske S. T., B. Morling and L. E. Stevens. Controlling Self and Others: A Theory of Anxiety, Mental Control, and Social Control [J]. Personality & Social Psychology Bulletin, 1996, 22 (2): 115-123.

[26] Forbes Lukas P. When Something Goes Wrong and No One Is Around: Non-internet Self-Service Technology Failure and Recovery [J]. Journal of Services Marketing, 2008, 22 (4): 316-327.

[27] Godfrey Andrea, Kathleen Seiders and Glenn B. Voss. Enough Is Enough! The Fine Line in Executing Multichannel Relational Communication [J]. Journal of Marketing, 2011, 75 (4): 94-109.

[28] Guo Lin, Sherry L. Lotz, Chuanyi Tang and Thomas W. Gruen. The Role of Perceived Control in Customer Value Cocreation and Service Recovery Evaluation [J]. Journal of Service Research, 2016, 19 (1): 39-56.

[29] Hui Michael K. and John E. G. Bateson. Perceived Control and the Effects of Crowding and Consumer Choice on the Service Experience [J]. Journal of Consumer Research, 1991, 18 (2): 174-184.

[30] Ijsselsteijn Wijnand A., Huib De Ridder, Jonathan Freeman and Steve E. Avons. Presence: Concept, Determinants and Measurement [J]. Proceedings of SPIE-The International Society for Optical Engineering, 2000 (3959): 520-529.

[31] Jin Liyin, Yanqun He and Ying Zhang. How Power States Influence Consumers' Perceptions of Price Unfairness [J]. Journal of Consumer Research, 2014, 40 (1): 818-833.

[32] Kay Aaron C., Danielle Gaucher, Jamie L. Napier, Mitchell J. Callan and Kristin Laurin. God and the Government: Testing a Compensatory Control Mechanism for the Support of External Systems [J]. Journal of Personality and Social Psychology, 2008, 95 (1): 18.

[33] Kelley Harold H. and John L. Michela. Attribution Theory and Research [J]. Annual Review of Psychology, 1980, 31 (1): 457-501.

[34] Keltner Dacher, Deborah H. Gruenfeld and Cameron Anderson. Power, Approach, and Inhibition [J]. Psychological Review, 2003, 110 (2): 265-284.

[35] Kinard Brian R., Michael L. Capella and Jerry L. Kinard. The Impact of Social Presence on Technology Based Self-Service Use: The Role of Familiarity [J]. Services Marketing Quarterly, 2009, 30 (3): 303-314.

[36] Landau Mark J., Aaron C. Kay and Jennifer A. Whitson. Compensatory Control and the Appeal of a Structured World [J]. Psychological Bulletin, 2015, 141 (3): 694-722.

[37] Lazonder Ard W., Harm J. A. Biemans and Iwan G. J. H. Wopereis. Differences Between Novice and Experienced Users in Searching Information on the World Wide Web [J]. Journal of the Association for Information Science and Technology, 2000, 51 (6): 576-581.

[38] Linder, Darwyn E., Joel Cooper and Edward E. Jones. Decision Freedom as a Determinant of the Role of Incentive Magnitude in Attitude Change [J]. Journal of Personality and Social Psychology, 1967, 6 (3): 245-254.

[39] Liu Shunzhong. The Impact of Forced use on Customer Adoption of Self-Service Technologies [J]. Computers in Human Behavior, 2012, 28 (4): 1194-1201.

[40] Mäenpää Katariina, Sudhir H. Kale, Hannu Kuusela and Nina Mesiranta. Consumer Perceptions of Internet Banking in Finland: The Moderating Role of Familiarity [J]. Journal of Retailing and Consumer Services, 2008, 15 (4): 266-276.

[41] Magee Joe C. and Adam D. Galinsky. Social Hierarchy: The Self-Reinforcing Nature of Power and Status [J]. Academy of Management Annals, 2008, 2 (1): 351-398.

[42] Meuter Matthew L., Amy L. Ostrom, Robert I. Roundtree and Mary Jo Bitner. Self-Service Technologies: Understanding Customer Satisfaction with Technology-Based Service Encounters [J]. Journal of Marketing, 2000, 64 (3): 50-64.

[43] Mourali Mehdi and Anish Nagpal. The Powerful Select, the Powerless Reject: Power's Influence in Decision Strategies [J]. Journal of Business Research, 2013, 66 (7): 874-880.

[44] Philippe Aurier and Paul-Valentin Ngobo. Assessment of Consumer Knowledge and Its Vonsequences: A Multi-Component Approach [J]. Advances in Consumer Research, 1999, 17 (4): 624-638.

[45] Picón Araceli, Ignacio Castro and José Roldán. The Relationship Between Satisfaction and Loyalty: A Mediator Analysis [J]. Journal of Business Research, 2014, 67 (5): 746-751.

[46] Preacher Kristopher J. and Andrew F. Hayes. SPSS and SAS Procedures for Estimating Indirect Effects in Dimple Mediation Models [J]. Behavior Tesearch Methods, 2004, 36 (4): 717-731.

[47] Reinders Machiel J., Pratibha A. Dabholkar and Ruud T. Frambach. Consequences of Forcing Consumers to Use Technology-Based Self-Service [J]. Journal of Service Research, 2008, 11 (2): 107-123.

[48] Reinders Machiel J., Ruud Frambach and Mirella Kleijnen. Mandatory use of Technology-based Self-service: Does Expertise Help or Hurt? [J]. European Journal of Marketing, 2015, 49 (1/2): 190-211.

[49] Rucker Derek D. and Adam D. Galinsky. Desire to Acquire: Powerlessness and Compensatory Consumption [J]. Journal of Consumer Research, 2008, 35 (2): 257-267.

[50] Seeman Melvin. On the Meaning of Alienation [J]. American Sociological Review, 1959, 24 (6): 783-791.

[51] Shen Lijiang and James Price Dillard. Psychometric Properties of the Hong Psychological Reactance Scale [J]. Journal of Personality Assessment, 2005, 85 (1): 74-81.

[52] Van Beuningen J., K. De Ruyter, M. Wetzels and S. Streukens. Customer Self-Efficacy in Technology-Based Self-Service: Assessing Between-and Within-Person Differences [J]. Journal of Service Research, 2009, 11 (4): 407-428.

[53] Venkatesh Viswanath. Determinants of Perceived Ease of Use: Integrating Control, Intrinsic Motivation, and Emotion into the Technology Acceptance Model [J]. Information Systems Research, 2000, 11 (4): 342-365.

[54] Venkatesh Viswanath and Hillol Bala. Technology Acceptance Model 3 and a Research Agenda on Interventions [J]. Decision Sciences, 2008, 39 (2): 273-315.

[55] Walton John R. Consumer Decision and Perceived Decision Freedom [J]. Journal of Applied Psychology, 1985, 64 (5): 461-465.

[56] Wang Rong-Tsu and Tim Lu. Cognitive Processes Evoked by Forcing Airline Passengers to Use Self Check-in Services [J]. Journal of Management & Systems, 2014, 21 (1): 95-110.

[57] Weiner Bernard. Aattributional Theory of Achievement Motivation and Emotion [J]. Psychological Review, 1985, 92 (4): 548-573.

[58] White Allyn, Michael Breazeale and Joel E. Collier. The Effects of Perceived Fairness on Customer Responses to Retailer SST Push Policies [J]. Journal of Retailing,

2012, 88 (2): 250-261.

[59] Wong Jimmy, Joshua D. Newton and Fiona J. Newton. Powerlessness Following Service Failure and its Implications for Service Recovery [J]. Marketing Letters, 2016, 27 (1): 63-75.

[60] Zhao Xinshu, John G. LynchJr and Qimei Chen. Reconsidering Baron and Kenny: Myths and Truths about Mediation Analysis [J]. Journal of Consumer Research, 2010, 37 (2): 197-206.

[61] Zhou Kevin Zheng and Kent Nakamoto. How Do Enhanced and Unique Features Affect New Product Preference? The Moderating Role of Product Familiarity [J]. Journal of the Academy of Marketing Science, 2007, 35 (1): 53-62.

[62] Zuckerman Miron. On the Importance of Self-Determination for Intrinsically Motivated Behavior [J]. Personality and Social Psychology Bulletin, 1978, 4 (3): 443-446.

[63] 邱修海. 不少银行业务办理须自助，莫让智能机器替代人性化服务 [N/OL]. 青岛晚报，2019-03-22. http: //www. qing5. com/2019/0322/331920. shtml.

[64] 王博文. 大连地铁没有人工售票建议乘客使用明珠卡 [N/OL]. 半岛晨报，2015-05-23. http: //dl. sina. com. cn/news/m/2015 - 05 - 23/detail - icczmvup2169180. shtml.

[65] 邹乐. 北京地铁四条线路全面自助售票取消人工服务 [N/OL]. 北京晨报，2016-11-07. http: // www. sohu. com/a/118303421_384516.

论文执行编辑：杨雪

论文接收日期：2019 年 6 月 25 日

作者简介：

曹忠鹏（1974—），黑龙江大庆人，东北大学副教授，管理学博士，主要研究领域为服务营销和消费者行为。E-mail：zpcao@ mail. neu. edu. cn。

胡小丹（1995—），辽宁大连人，东北大学硕士研究生。E-mail：1018892982@ qq. com。

Mandatory Participation Is Not Good —The Underlying Mechanism of the Influence of Forced Use Self-Service Technologies on Customers' Attitudes

Zhongpeng Cao　Xiaodan Hu

(School of Business Administration, Northeastern University, Shenyang, China)

Abstract: As self-service technology becomes more prevalent, service providers actively encourage customers to use them, and sometimes even force customers to choose SSTs. Based on the power approach-inhibition theory and the compensatory control theory, this paper explores powerlessness coming from forced use SSTs and the forming process and boundary conditions of customer's attitude toward SSTs and service provider. Through studies, the paper finds that compared with full services, being forced to use SSTs will cause customers to have negative attitudes toward technology and service providers (study 1); customer powerlessness mediates the relationship between forced use and attitude toward service provider only and does not mediate the relationship between forced use and attitude toward technology (study 2); the mediation of customer powerlessness is moderated by SSTs familiarity and the presence of service personnel (study 3). The research conclusions clarify the underlying mechanism and boundary conditions for the formation of customer's attitude toward the service provider after being forced to use SSTs, establish basis of further analyzing customers' attitudes to service provider and customers' powerlessness, and provide valuable suggestions for service providers to implement self-service technology and design service modes.

Key Words: Self-service Technologies; Powerlessness; Familiarity; Presence of Service Personnel

JEL Classification: M31

模仿型和试错型造假模式：一项经典扎根理论的比较研究*

□ Jhony Choon Yeong Ng　徐淑雅　贾良定

摘　要：为了研究中国造假企业的发展情况，本文基于经典扎根理论的方法，利用半结构式访谈的方式对32名造假业内人士和11名正品业内人士进行访谈。研究发现：①造假模式可以分为模仿型造假和试错型造假；②模仿型造假根据质量高低可分为“小作坊”型和“生产线”型造假；③在假货制造过程中，不同标准的生产技术和生产质量逐渐形成了生产技术标准；④造假业内人士采取了标准化的销售策略和市场宣传策略，为消费者提供不同标准的售前服务和售后服务。另外，相较于正品，假货在一些方面具有更大的竞争优势。

关键词：造假制造；造假营销；造假服务；规范化；经典扎根理论

JEL 分类：L60

引　言

造假企业在全球呈现快速增长的态势。根据世界经济合作与发展组织（Organization for Economic Co-operation and Development，OECD）的有关界定，造假企业所制“假货”是“仿制的、伪造的、盗版的货物和商品”（Counterfeit and Pirated goods），与非正品、劣货、无品牌产品等商品不同。由于相关的法律法规尚未完善，目前造假企业在中国属于灰色领域。

中国造假企业的迅速发展已经导致一系列的问题，例如：①中国制造的产品在消费者心中的可信度不断降低，以致人们对中国制造产品品质优良的印象逐步下降；②中国企业不愿在研发上投入过多的资金，阻碍了现有产品创新技术壁垒的突破；③作为灰色企业，造假企业的高速发展导致了国家的税收流失。长此以往，造假企业的不断增长势必会打击中国的经济活力和中国企业的创新性，造成严重的经济损

* 基金项目：国家自然科学基金重点项目（71632005）；中央高校基本科研业务费专项（NS2018051）。

失。然而，由于缺乏对造假企业的全面理解，现在中国对处在灰色地带的造假企业采取的防范措施效果微乎其微，几乎无法真正起到对造假企业的打击作用。

造假企业的迅速发展会对国家经济乃至世界经济产生严重后果。然而，目前中国国内关于造假企业的研究却寥寥无几，研究深度也是浅尝辄止。中国学者大多关注造假企业的历史根源，追溯造假企业的历史演化过程。有些学者甚至在研究中仅依赖自己的经验，对造假企业进行主观讨论，较少关注现代假货市场的真实情况，以致现有文献在遏制该市场发展的政策制定方面可借鉴性较低。

另外，现有文献的研究范围主要分布在白、黑、灰偏白三个领域（见图 1）。研究白色领域的学者主要研究合法企业的发展；关注黑色领域的学者主要探讨如毒品、非法集资、洗钱等非法活动的发展；而研究灰偏白领域的学者则主要关注山寨企业的发展。属于灰偏白领域的企业具有两个特征：①他们是合法注册、公开经营的企业；②他们土要销售的产品在道德伦理方面存在争议性。例如，通过使用和名牌商品特征相似的产品品牌特征来误导消费者，或通过加工其他品牌产品的方式制造出“换汤不换药”的自家品牌产品。这类灰偏白的企业中不乏国有企业。然而本文研究的造假企业属于灰偏黑的领域，其主要特征是虽然国家并未明文规定将其视为非法企业，也未通过刑法的形式对造假企业进行严厉打击，但造假企业内的人员也不敢公开经营。例如，外贸原单虽然是正品厂商所制造的产品，但是这类产品却具有既不能在商场中被公开销售，也不在警察取缔范围之内的特征。鉴于此，造假企业和白色、黑色、灰偏白的企业具有重要区别，研究后者的文献对造假企业运行的解释力有限。

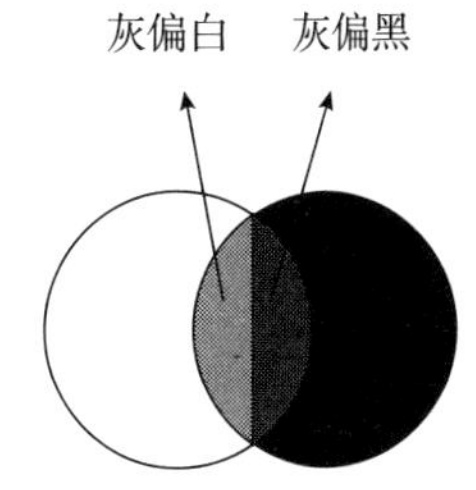

图 1　现有文献研究范围分布

因此，本文借鉴产业链和创新模式理论的文献，基于经典扎根理论的方法，探索假货的制作、营销、服务整个过程，并且通过归纳造假企业形成、发展的规律，为中国乃至世界其他国家和地区造假企业的管理政策提供理论依据和现实参考。

1　研究设计的理论基础

造假企业从事主要包含生产和销售两个环节的“链条式制假”，并在某些程度上加以创新。因此，本文将研究重点放在假货的制造和创新问题上，并围绕有关生产和创新模式的文献进行梳理，为此次研究提供理论基础。

有关生产方面的研究，主要从产业链的视角，讨论企业间在生产时所需进行的有效协作。学者主要研究在某一区域内，以产业内具有关键技术的企业为链核，以各生产要素为纽带，和相关企业相链接的价值关系。企业的自生能力与其所融入的产业链的标准和所从事的产业配套性呈正相关关系。假货作为仿制产品，应该也需要相关假货制造者的协作才能完成产品的制造。然而造假企业则需要融入产业链，与产业链的标准相适应，从而具有自生能力。因此，产业链文献的梳理，可以为本文的假货制造研究提供有力的视角。

有关创新模式的文献，主要研究企业对技术、知识和信息的储备与积累，即企业的技术能力。技术能力作为评价企业技术实力和竞争力的重要指标，对于企业从事生产、参与市场竞争举足轻重。基于技术能力，企业在消化结合的过程中能够创造出新的技术、知识和信息。鉴于此，本文也对创新模式理论的文献进行梳理，为假货制造的技术和创新问题研究提供理论基础。

1.1 产业链：企业和企业间的产品协作功能

产业链指产业相同或不同的企业在特定的逻辑联系和时空布局的基础上，把产品作为对象，投入产出作为纽带，价值增值作为导向，具有动态的关联性链式中间组织。

学者认为，当任何经济活动集聚于特定的地域空间时，就有可能会形成产业集聚；各产业的前后向关系会使各产业相互联系组成产业链。产业链的实质是产业关联，也就是各产业相互之间的供给和需求、投入和产出的关系。换而言之，产业链能够在产业集聚区内形成的主要原因是供给和需求。在供给方面，由于产品存在技术可分性和产品差异化，企业间必须进行协作、分工才能有效地完成产品的制作。在需求方面，产业链是以满足最终消费者需求为目标的相互协作的共生体。

在一个自由、开放和竞争的市场中，企业通过正常的经营管理预期来获取正常利润，可以称企业具有自生能力。企业自生能力水平的高低，通常根据其产业、产品、技术选择和经济要素禀赋结构所决定的比较优势适应性是否达到产业链的标准。不仅如此，这种比较优势还需要得到其所在产业链的认同，并融入其中，成为该链中的一个环节或结点。

综上所述，产品的制造需要多个相关企业的有效分工、协作。即便各企业在产业链发展的初期从事不同产品的制造，但随着各企业的发展，位于同一区域的企业必然会协作，并逐渐形成产业集聚和规模效应。与此同时，企业必然和产业链的标准相适应，融入所在的产业链中。因此，本文在探索假货制造的过程中，会关注假货制造者间的协作和互动以及企业和产业链的匹配性，试图从中窥探造假企业内的各种合作关系和价值互换，以及企业和产业链比较优势的关系。

1.2 技术模仿和模仿创新：依托原有创新的生产模式

技术能力在企业竞争中发挥着重要作用，也愈加受到企业的重视。当今，知识密集型增值技术以及技术和市场驱动的战略整合成为企业竞争力的重要指标。在市场竞争中，企业产品技术水平的提高主要依赖于以企业原有技术能力为基础的创新。

部分企业会对原有创新者通过创新产生的技术进行引进和消化吸收，最终纳为己用，形成技术模仿，其生产以仿制为主要形式，往往通过实践不断掌握生产过程中的技术使用方式和生产管理技能，使用已成熟的生产设备进行生产。然而模仿创新则是有些更具创新意识的企业在技术模仿的基础上注入创新因素。在模仿创新下，本质上企业的关键技术仍依赖于原有技术，但产品工艺在一定程度上进行了调整和改进，甚至把产品作为一个系统进行重新设计。

技术模仿和模仿创新的市场通常在原有创新所形成的市场基础上开拓，而由于原有创新解决了一项新技术开发所面临的探索性问题，因此技术模仿和模仿创新通常可以省去一部分探索性开发的资源成本，在工艺改进、质量控制、成本控制、批量生产管理、市场营销等方面投入更多资源，从而形成自己的特色。

综上所述，技术能力作为技术、知识、信息的集成对企业竞争力有着至关重要的作用，众多企业通过技术模仿和模仿创新不断挖掘原有技术的价值。因此，本研究会着重关注企业的技术能力和创新模式，深入挖掘企业运用技术的形式以及对技术的创新。

2 研究方法

本文采用经典扎根理论的方法展开调研，使用理论抽样的方法寻找访谈对象。在访谈过程中我们发现，大多数造假企业内的人员同时负责假货的制造和销售，只有少部分人员专门从事制造或销售的工作。因此，为了方便讨论，我们将各类人员统称为造假业内人士。在数据收集早期，我们主要根据自己的社交网络寻找受访者，并向受访者征求更多造假业内人士的联系方式。由于企业内竞争激烈，大部分受访者担心我们的采访会涉及商业机密，影响他们未来的生意，从而拒绝了我们访谈的请求，但是其中两名造假业内人士的代理商向我们透露，很多造假业内人士会在某手机软件上留下他们的联系方式。于是我们登录该软件，找到了多名造假业内人士的网络账号，并和他们进行了访谈。由于拥有该软件的网络账号，许多造假业内人士便以为我们是目标客户，陆续主动要求添加我们的网络账号，于是我们便顺势接受了他们的好友申请，并对他们进行了深入的访谈。

我们利用半结构式访谈的方式收集定性访谈数据。为了尽可能地减少受访者怀疑我们是竞争者的可能性，我们以询问特定产品为切入点的方式展开访谈，并使用了以下指导性的问题："你怎么保证产品的品质尽可能接近正品呢?""你通常是在哪里拿货呢?""产品一般怎么被推广销售出去呢?" "买假货的人多吗?" "你如何选择制造或销售假货的地点呢?" "你如何同其他业内人士展开合作呢?" "消费者喜欢买什么样的产品呢?"我们用开放包容的态度处理每一次访谈，每次访谈时长为 30 ~ 60 分钟。在每次访谈结束后，我们都会及时将访谈内容整理成文本，并进行编码分析。

在访谈初期，我们主要使用开放式编码和备忘录写作的方法分析数据，得到了"假货工厂""技术学习""消费者心理""服务"等一系列的开放码。随着我们进一步收集数据，对比分析不同受访者的访谈内容，发现一些主题开始趋同。例如，很多受访者倾向于将讨论集中在"生产技术标准产生""假货价格标准化""售前服务""售后服务"等主题种类。基于此，我们转而使用选择性编码的方式分析数据，依据这些新出现的主题内容来指导我们后续的理论抽样过程，并提出了更加具体的问题，使主题更加趋于饱和。例如："你认为富裕人群为什么还会购买假货?"

"消费者购买高端假货能享受到怎样的服务呢?""你如何和代工厂通过沟通得到理想的产品效果呢?""你如何给产品定价呢?"此外，为了使关于造假企业发现的画面更清晰，我们在访谈过程中也和相对应的正品业内人士进行了访谈对比。当我们的数据收集阶段接近饱和时，即访谈过程中不再出现新的内容时，转向使用理论编码，将数据的分析结果汇编成一套简明扼要的理论。当达到数据饱和时，便停止收集数据。造假企业规范化研究编码如表1所示。

表1　造假企业规范化研究编码

一级编码	二级编码	三级编码
原厂设置　假货工厂　集聚效应　技术学习 原厂撤离　本地企业接盘　"小作坊"产品复制工艺掌握 "生产线"重新运作　仿制量产	模仿型造假	造假制造规范化
创新改革　正品购买　正品拆解　正品生产过程分析 正品材料分析　原材料追踪　核心技术攻关　模板调整 细节打磨　简仿　精仿　一比一复刻	试错型造假	
技术传播　几代人技术积累　地区技术优势 "通货级"产品　"真标级"产品　"公司级"产品 资源和信息渠道掌握　生产技术水平　生产质量水平	生产技术标准产生	
产品成本　产品的定价方案　正品定价参考	假货价格标准化	造假营销规范化
假货市场定位　销售战略制定　产地实地零售店销售 线上购物平台销售　二手交易平台销售 公开售假　线上真假混卖　伪装二手售假 招收代理商　网络社交平台推广　线上购物平台推广	假货商业模式标准化	
批量定制假货　个性化设计　创新改造	售前服务	造假服务规范化
返还现金　赠送礼品　伪造物流信息　伪造发票	售后服务	
产品种类差异　销售途径差异　销售方案差异 利润差异　服务态度差异	产品、销售和服务的差异	正品和假货的差异

本文总共接触了43名对象，其中有32名造假业内人士，11名正品业内人士。32名造假业内人士中有2人拒绝了我们的访谈。他们态度十分坚决，不断地责问我们的访谈目的，最后称心情不好，删除了我们的联系方式。其余30人接受了访谈，有17名男性，13名女性，年龄介于19~46岁，平均年龄28.17岁。11名正品业内人士都接受了我们的访谈，有2名男性，9名女性，年龄介于19~25岁，平均年龄21.91岁。在我们的受访者中，1人位于美国，其余42名受访者位于中国的不同地区，包括辽宁、北京、天津，河南、江苏、浙江、四川、湖南、福建、广东、贵州等省市。在32名造假业内人士中，2人硕士学历，27人本科学历，3

人高中学历。其中，具本科或硕士学历者，在校时所学专业有：金融学专业（6 人）、国际贸易学专业（4 人）、旅游管理专业（3 人）、会计学专业（2 人）、财政学专业（2 人）、产业经济学专业（2 人）、计算机应用技术专业（2 人）、设计艺术学专业（2 人）、食品科学专业（2 人）、企业管理专业（1 人）、法医学专业（1 人）、系统工程专业（1 人）、地质工程专业（1 人）；11 名正品业内人士中 10 人本科学历，1 人高中学历。具本科学历者，在校时所学专业有：金融学专业（3 人）、工商管理专业（2 人）、企业管理专业（1 人）、国际贸易学专业（1 人）、会计学专业（1 人）、计算机应用技术专业（1 人）、应用数学专业（1 人）。

3 研究发现

通过访谈调研，我们在收集到大量定性数据的基础上，总结出造假企业各个方面规范化的形成过程理论。研究发现，造假企业主要包括制造、营销和服务三个方面的事务。在制造方面，人们对假货有各种需求，而法律法规对造假企业相对缺乏监管，为造假企业带来了巨大的利润空间，吸引了众多逐利者进入造假企业。随着造假企业的核心技术变得成熟，造假企业内的生产技术标准也随之诞生，其被造假业内人士共同应用于实际生产中，并推动了造假企业的制造规范化。在营销方面，由于各种假货所体现的生产技术水平和生产质量不同，随着假货市场的成熟，各种假货产品的档次归类、价格制定、宣传方式也会被造假业内人士标准化，实现了造假企业的营销规范化。在服务方面，根据假货所达到的生产技术标准和价格标准，造假业内人士会提供不同标准的服务，形成了造假企业的服务规范化。此外，在访谈过程中我们也发现部分造假业内人士会对艺术珍藏品进行假货制造。例如，他们通过一定方式获得艺术画，再请别的画家题字盖章，进行二次加工。但由于这类访谈人数较少，我们并未在研究发现的讨论中专门对其进行梳理。本文主要从造假制造规范化、造假营销规范化、造假服务规范化这三个方面阐述访谈结果（见图 2）。

3.1 造假制造规范化

研究发现，人们对假货的需求推动了假货市场的不断扩张，且经济实力薄弱和经济实力雄厚的人都会购买假货。受访者购买假货的主要动机是获取该假货的正品所附带的社会价值。一般来说，由于假货所仿制的正品品牌价格昂贵，许多受访者将这类产品的使用当作是经济实力雄厚的象征，认为购买该品牌产品能助其获得别人的尊重和社会地位的认可。由于经济实力薄弱的人缺乏资金，他们便试图通过购买假货的方式，以更少的花费，获取相当于正品所能带来的社会地位的提升。另外，虽然经济实力雄厚的人也希望通过名牌产品的使用来巩固他们的社会地位，但由于他们善于规划每一笔资金，且本身已具有较高的社会地位，人们不会怀疑他们所使用的物品的真伪，因此不少富裕的受访者也喜欢购买假货，以减少在名牌产品方面的投入，将更多的资金投入到更具价值的事务中。假货市场所存在的巨大利润空间，吸引了逐利者纷拥从事造假，以致造假企业迅速发展，众多造假业内人士聚集。这种聚集丰

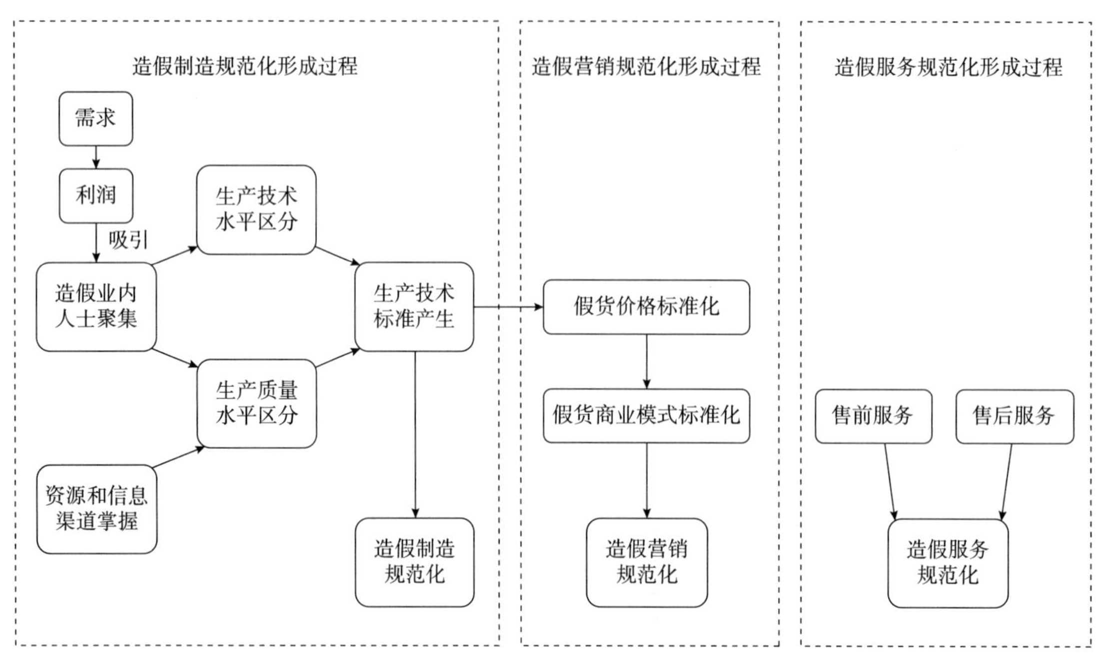

图 2　造假企业规范化形成过程模型

富了制造假货所需的生产技术和生产设备，使假货工厂集中生产假货，最终导致了假货的量产。

本文中的量产，不是指单独的假货工厂进行大规模生产，而是指一个地区中的众多假货工厂对于特定的假货进行生产，从而使该类假货聚集在该地区，形成较大规模。从宏观的层面来看，这样的假货聚集也是量产的一种形式。受访者的假货工厂主要集中在福建省和广东省一带，且大多数假货在外观方面接近正品（见表 2）。

表 2　不同种类假货的特征

种类	主要产地	外观
运动鞋	福建省莆田市　福建省晋江市　福建省泉州市	接近正品或完全偏离正品
衣服	江苏省常熟外贸村	通常可观察出和正品的差别
皮包	广东省广州市　广东省深圳市	几乎和正品相同
手表	广东省东莞市	和正品仅有细微差别
耳机	广东省东莞市　广东省深圳市	细节处稍有不同

对应技术模仿和模仿创新，造假模式可以进一步被分为模仿型造假和试错型造假。模仿型造假是指原品牌加工厂的工人由于在正规生产过程中学习到了核心技术，在离职后利用该技术到当地的“小作坊”或假货工厂“生产线”中，对正品进行模仿生产。试错型造假是指造假业内人士通过逆向工程，经过产品构成分析、原材料追踪等步骤，自主“研发”能够生产出和正品高度相像的产品生产流程，并最终以自己的方法量产假货。两者区别主要在于造假业内人士能否掌握正品的生产技术和生产设备（见图 3）。

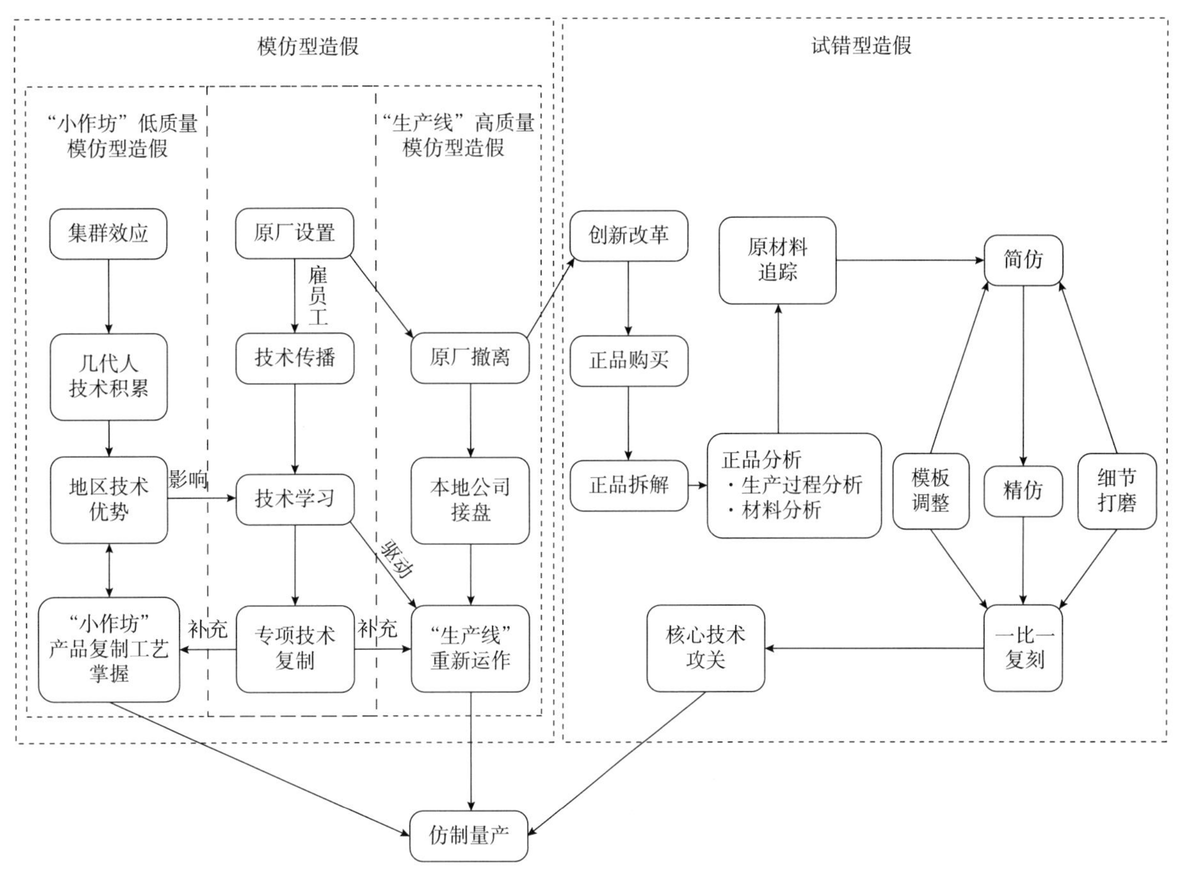

图 3　假货制造过程模型

3.1.1　模仿型造假

根据受访者反映，由于 20 世纪的国家政策使广东省和福建省对海外跨国企业具有较高的接纳程度和优惠条件，许多品牌选择在广东省和福建省设置加工厂。出于战略管理的需要，同一生产线的海外跨国企业一般会尽可能地将他们的加工厂集中设置于同一地区，以便合理配置企业经营所需要的人力、物力以及财力资源。例如，生产原材料和设备的相关企业扎堆入驻提升了品牌加工厂原材料和生产设备采购的便利程度，使各企业的经营业务可以相互支持和协调，形成产业集聚效应。例如，一位原品牌加工厂的工人说道：“噢哟，原来这边全是厂子，国家政策好啊，N 海外跨国球鞋企业啊，A 海外跨国球鞋企业啊，全在这扎堆！”

当海外跨国企业在当地设置品牌加工厂，并雇用当地人生产产品，工人们便能掌握该产品的生产流程和核心技术。例如，有受访者表示，由于 N 海外跨国球鞋企业长期在当地设置加工厂，许多当地人都掌握了 N 海外跨国球鞋企业的专利制作技术。工厂的聚集也促进了相关制造的技术交流和传播，使当地工人的整体技术水平不断提高。随着时间的推移，经过几代人不断积累制造正品的技术和知识，该地区的生产技术不断地提升，形成了区域技术优势，进而吸引更多相关企业在该地区投资设厂。

当跨国企业撤离中国时，部分企业会让本地企业“接盘”他们留下的品牌加工厂，让本地企业有机会通过购买的方式获得遗留下来的生产设备。这种做法为该产品被仿制埋下了导火线。根据受访者表示，大多数原品牌加工厂的工人在外企撤离后会在利益的驱使下参与对正品的模仿型造假。例如，一名受访者“无奈”地说道：“原先在 N 海外跨国球鞋企业代工厂工作过，就不说是哪一家了，说出来大家就都知道了。后来工厂不在了就出来单干了，在一家小作坊做鞋。原本也不想干的，没办法，太赚了。”因而，在这部分工人的作用下，正品生产技术不断传播，在原品牌加工厂所在区域从事该品牌造假的企业能够较为便捷地获得相应的技术支持。同时，由于产业集聚的效应仍在当地，造假业内人士便利用了原有的产业集聚效应，实现假货量产。研究发现，根据产品质量，模仿型造假可以进一步被分为“小作坊”低质量模仿型造假和“生产线”高质量模仿型造假。

（1）“小作坊”低质量模仿型造假。

“小作坊”，即生产设备较为低端、生产产品较为粗糙的小型当地生产组织。它们会利用当地较为发达的企业优势，如产品原材料供应商、掌握一定核心生产技术和流程的离职工人、产品销售流通的渠道等。当掌握核心技术的离职工人进入当地“小作坊”工作以后，会在很大程度上给“小作坊”带来先进的产品制作工艺，同时也会对“小作坊”原先掌握的制作工艺做出相应的补充。

然而，在生产技术水平方面，由于“小作坊”缺乏系统完备的生产线，所拥有的生产设备和工人技术水平难以同“生产线”类的假货工厂匹敌。以名牌鞋造假为例，一位受访者告诉我们：“正常的生产线一般长 60 米以上，需要大约 60 多名工人，但是‘小作坊’的生产线最多也就到大规模工厂的一半，工人人数也达不到 60 人。”所以“小作坊”生产制造的技术工艺水平往往处于较低层次，只能对正品进行较低质量的仿制量产。

（2）“生产线”高质量模仿型造假。

和“小作坊”低质量模仿型造假相对应的，是较为成熟的“生产线”高质量模仿型造假。这类造假业内人士一般属于在原品牌加工厂撤离时收购了他们的生产设备，甚至是整个原品牌加工厂的本地企业。由于该地区拥有大量掌握核心生产技术、了解产品生产流程和生产原材料信息的离职工人，因此本地企业能够轻易地重新运作原品牌加工厂所留下的“生产线”，对正品进行较高质量的仿制量产。

和原品牌加工厂的设置方式相似的是，假货工厂也倾向于集中设立厂址。以福建省莆田市制造假鞋为例，有受访者表示：“我们这边之前有个老板把他的厂子搬到外地，结果赔很惨。我们和晋江那边造假鞋企业已经相当成熟了，简单的后续加工，还有相关原材料、设备的采购，就近便能找到相关企业。钱嘛，还是尽量要投入产品开发啊。”由是观之，假货工厂的集聚在很大程度上降低了生产经营成本，如原材料采购成本、物流成本等。假货工厂会将节约下来的成本投入到产品的质量改良中，从而促进产品质量的不断提升。

在生产技术水平方面，假货工厂通常生产规模较大，工人往往拥有几十年的造假经验，沉淀了大量的造假工艺，几乎每个人都熟知假货制造的生产流程，使假货工厂有稳定的技术保障。然而，造假业内人士各自掌握的资源和信息会影响他们的生产质量水平。以 A 海外跨国球鞋企业的代表性材料鞋底为例，访谈发现，原材料进货渠道主要分为进口、广东省东莞市产和福建省莆田市产。其中，虽然进口材料质量最好，但是国内很难获得，只有很少部分人能真正拥有该材料，且这部分造假业内人士不会向外透露自己掌握该材料的信息。另外，广东省东莞市生产的材料质量比较接近进口；福建省莆田市生产的材料虽然质量相对较差，却被普遍用于生产销售，普及性最高。因此，由于造假业内人士所掌握的原材料质量不同，他们在竞争能力上有所区别。此外，尽管A海外跨国球鞋等品牌加工厂严格控制产品流出，但总还是会有部分超过订单数的成品或原材料被滞留在加工厂里。在利益的驱使下，有些品牌加工厂的管理者会把这些被称为“尾单”的产品卖给造假业内人士。这使小部分造假业内人士能够在自己造的产品中混入原厂产品，或是在造假过程中使用和原厂相同的原材料，从而提高了自己每个产品批次的综合质量。因此，资源和信息掌握方面的不对称性导致大部分造假业内人士无法及时更新自己的技术，获得最先进的机器和模具等资源，从而在生产质量水平上无法媲美造假企业中的佼佼者。例如，一名在四川省成都市从事高仿包制造的男性受访者表示：“我大概听说品牌代工厂会有些材料流出，但我一直以为是个玩笑，毕竟在我的认知范围内，做包这行，原料，比如皮子，都是严格控制的，怎么可能还会有多余的?”

3.1.2 试错型造假

试错型造假和模仿型造假最大的不同之处在于，造假业内人士需要不断探索造假的各个生产要素，总结经验，因而需要投入更多的精力，且他们一般不具备自己生产假货的能力，需要寻找能制造假货的代工厂协作。试错型造假的消费者基本上拥有一定的经济实力和社会地位，这类消费者通常希望拥有能匹配自己的社会地位并彰显自己独特品位的产品。因此，造假业内人士通常需要预先前往欧美等地考察并进行产品筛选，以该产品将来是否能迎合中国消费者的小众偏好为筛选标准，而且他们往往不会选择他们认为将来会过度流行的款式。例如，造假业内人士陈女士向我们反映说：

“有一次我选了一条在国内不是很有知名度，但是很有设计感，材质上乘的小众品牌裙子进行仿制，我的客户们都非常满意。做我们这行的就是要眼光敏锐，品牌出什么新款，我们看中了就第一时间抢下来抓紧仿制。”

在产品筛选的基础上，造假业内人士会购买正品，并且在该产品到中国正式发售前精心对产品进行复刻。他们首先会拆解产品以便进行逆向工程，试图分析出产品的生产过程和所需材料，并根据分析结果追踪购买原材料。以皮包为例，从车针线、皮质到包边布料、五金装饰，造假业内人士都要亲力亲为去追根溯源。例如，一名在广东省从事高仿包制造的女性受访者说道：“我们的皮质和五金等材料和大牌同一进货渠道，都是进口的，最好的。”

接着他们通常会自己联系经验丰富的师傅打版，再和代工厂沟通，将产品进行简单的初步仿制。一般而言，初步仿制的假货会相当粗糙、简陋，和正品相差较大。造假业内人士需要不断调整模板、打磨细节、攻关核心技术，以达到假货和正品几乎“一比一”复刻的效果，最终将假货投入仿制量产。据受访者称，尽管他们的制作过程和原品牌加工厂的正规制作流程不一样，但是他们制造的假货最终能达到和正品有至少80%以上的相似程度。如果能联系到具有多年造假经验和雄厚技术实力的代工厂，则假货和正品的相似程度可达到90%以上。

3.1.3 造假制造规范化

研究发现，造假企业在造假制造方面已经规范化。例如，他们对假货的制作流程、产品质量归类、技术名称都有具体的标准。由于不同标准的达成需要制造者使用不同的生产技术和生产设备，假货制造的标准间接地带动了造假业内人士进一步学习、提高生产质量，试图借此生产出更高标准、售价更高昂的假货。

以运动鞋造假为例，我们通过整理访谈数据得知，最常见的生产技术标准是将产品分为“通货级”“真标级”和“公司级”。“通货级”产品，又被称为“A货”，属于市场上最常见的产品，基本上是由“小作坊”和较小规模的假货工厂生产。这类产品虽然在外观整体上和正品差异较小，但是存在造假业内人士外观细节处理不到位、产品材料质量较差、质量控制方法缺乏等问题，产品质量很低。“真标级”产品，也被称为“超级A货”。这类产品一般是由较大规模的假货工厂所制造的篮球鞋或做工特别复杂的鞋。该类产品选用的材料和正品差异不大，质量良好。其中一部分被称为“裁片鞋”，即造假业内人士通过个人渠道从原品牌加工厂处获得鞋子各个部分的原材料，再用机器和胶水把这些部件拼接起来，成为一双几乎可以媲美正品的鞋。“公司级”产品，也被称为“厂货”，指最高品质的假货。其材料均为市面上最好的材料，产品质量优良，和正品几乎一模一样，难辨真假。

3.2 造假营销规范化

营销是将产品传递给客户的重要环节。研究发现，假货的营销过程既具有正规市场的营销环节，也包括富有自身特色的营销步骤（见图4）。本文将从销售策略和市场宣传策略两个方面讨论造假企业的独有营销模式，以及不同营销模式和消费者心理机制的互动。

3.2.1 假货销售策略

根据假货的质量标准层次，造假业内人士会采取不同的销售途径。一般情况下，造假业内人士会在假货产地利用小面积的实体零售店销售质量较低、有较多瑕疵的假货，并利用线上购物平台、二手交易平台等网络平台销售具有较高质量的假货。

在确定销售途径后，造假业内人士会通过以公开售假、线上真假混卖、伪装二手售假为主的三种销售方案进行销售。公开售假是造假企业的传统销售方案。尽管公开售假存在于实体零售店和网络平台，但由于近年来网络平台的公开售假行为频频受到正品商家打击，该销售方案已被逐渐淘汰。为了降低被正品商家打击的商业风险，造假业内人士对其传统的销售方案进行了改革创新，推出了线上真假混卖和伪装二手售假两种方案。较于前者，线上真假混卖的商业优势在于：①可提高正品商家甄别假货的阈值，降低售卖假货的商业风险；②可借买到正品的消费者的正向评价，提高网店的商誉，带动真假商品的销售利润。伪装二手售假则是指通过在二手交易平台将假货伪装成朋友所赠正品的方式销售假货。然而，由于这种方案的客户假货甄别阈值低，易产生负面交易成本，销售边际收益低，所以也被逐渐淘汰。

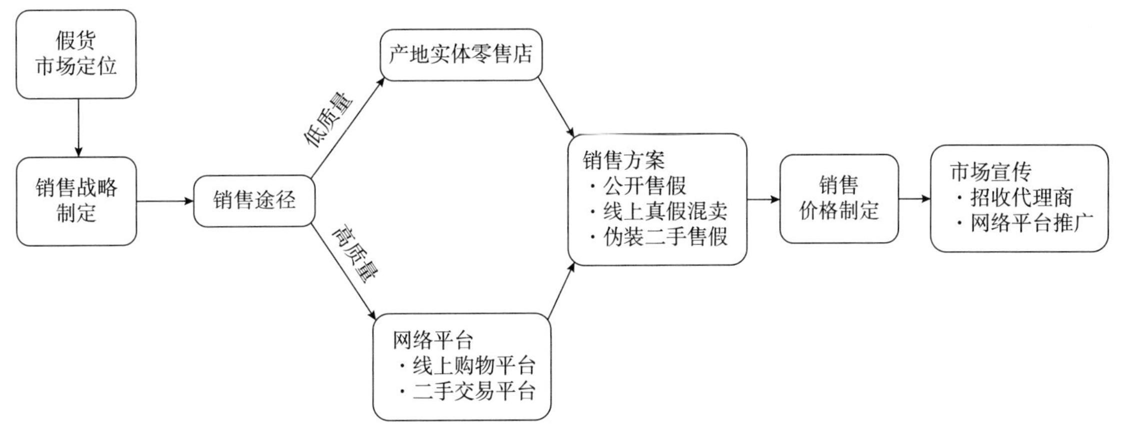

图 4　假货营销过程模型

假货销售方案的决策会影响其定价方式。假货的生产技术和生产质量一般会被作为公开售假方案和伪装二手售假方案的定价依据，其目的是基于假货生产的边际成本视角，制定一套可将其边际利润最大化的价格。然而正品的定价则会被作为线上真假混卖方案的定价依据，其目的是从客户的假货甄别阈值出发，通过与正品价格挂钩的方式，降低客户的成功甄别率，将边际利润最大化。

3.2.2　假货的市场宣传策略

假货的市场宣传策略主要有招收代理商和网络平台推广两种。招收代理商的核心策略是通过招代理商的形式，让造假业内人士可以从代理费的收取获得利润，并借代理商之手将假货的销售渠道渗透代理商的商业圈，以几乎零成本的方式取得商誉和销售渗透度的最大化。部分造假业内人士也会以梯级折扣的形式，吸引代理商加大进货力度，提高单体收益。网络平台推广的核心策略则是利用自己创建的网络社交账号、网络社交平台的“流量号”等自媒体对假货进行宣传。造假业内人士会通过雇用大量“水军”对假货进行“刷单”的形式，增加五星好评和销售量的数量，借网店商誉提高之手，将假货售卖的收益最大化。

3.2.3　营销模式和消费者心理机制互动

由于消费心理存在差异，消费者在购买假货时会被不同的营销模式吸引。研究发现，接受公开售假销售方案的消费者消费心理通常是花费最少的金额，在短时间内迅速提升他人对自己社会地位的认知。然而被线上真假混卖、伪装二手售假销售方案吸引的消费者主要有两类。第一类消费者对造假业内人士所卖产品的真假性并不知情。由于线上真假混卖和伪装二手售假的产品价格和正品价格差距较小，假货甄别阈值高，以致消费者误将假货当作正品。此外，由于从众心理的影响，网上所示的销售量和五星好评的数量会进一步提高假货的甄别阈值。第二类消费者相对比较了解造假业内人士的销售方案，知道他们可能会购买到假货。但由于存在侥幸心理，他们往往选择冒险购买。对这类消费者而言，他们只想购买该类型产品，不在意其真假性。

3.3 造假服务规范化

造假企业的销售服务主要体现在售前和售后两处。首先，在消费者的消费价格达到一定标准时，造假业内人士会提供批量定制假货的售前服务，为消费者在现有的设计基础上进行创新改造。例如，在休闲鞋中加绒，满足消费者对于冬季出行的保暖需求。

其次，在网络平台上销售假货的造假业内人士为了吸引回头客，还会提供个性化的售后服务，主要包括返还现金、赠送礼品、伪造信息。返还现金是指给购买产品后给予五星好评的消费者提供现金返还。以假鞋销售为例，造假业内人士会根据鞋的型号和价格、评论的质量等因素，返还给好评用户 50～100 元的人民币。赠送礼品是指赠予消费者比较实用的生活日用品或和所售假货配套的相应产品，试图通过“送礼”的方式，减轻受骗消费者在收到假货时的反感。伪造信息是指给有特殊要求的消费者伪造发票和发货信息。例如，针对“真标级”或以上标准的假货，造假业内人士可以为想要将假货冒充海外入口正品的消费者伪造物流信息，将发货地址从中国地址改为美国、日本等国的地址；针对“公司级”的假货，造假业内人士可以为想要将假货冒充专柜产品的消费者开具正品专柜的全套小票。

3.4 正品和假货的差异

在采访的过程中，我们也访问了一些正品业内人士，并将假货和正品从各方面进行了比较。研究发现，相较于正品，造假业内人士在产品种类、销售途径、销售方案、利润和服务态度等方面都具有明显的优势（见表3）。①在产品种类方面，造假业内人士通常会有针对性地销售流行产品或有质感的小众品牌产品，并且会定时向消费者推荐合适的产品；而正品业内人士则通常同时销售多种产品，以致常常出现部分产品断货、部分产品积压在仓库的情况。②在销售途径方面，造假业内人士一般会在网络线上平台进行销售；而正品业内人士则一般以实体旗舰店作为主要销售途径。③在销售方案方面，不同于正品业内人士只能销售正品的情况，造假业内人士可据不同情况选择公开售假、线上真假混卖、伪装二手售假等方案。④在利润方面，由于正品的厂价相对较高，假货销售的利润更高。⑤在服务态度方面，由于假货的销售人员以代理商为主，而正品的销售人员以柜台员工为主，假货的销售量会在更大的幅度上直接影响假货销售人员的收益，因此他们的服务态度通常会更好。

表3 假货和正品各个方面的性质比较

	假货	正品
产品种类	流行产品或有质感的小众品牌产品	多种产品同时销售
销售途径	主要为网络平台	连锁店，旗舰店
销售方案	公开售假、线上真假混卖、伪装二手售假	销售正品
利润	较高	较低
服务态度	相对较好	相对较差

4 讨论

现有文献对造假企业规范化的研究相对缺乏。本文通过研究造假企业的制造规范化、营销规范化、服务规范化的过程，发现造假企业间也遵循着一套业内普遍认可的生产技术标准、商品价格标准和服务标准。我们对这些标准的阐释，为人们对造假企业的整体理解做出了重要贡献。

研究发现，假货的标准体系在规范化的道路上取得了迅速的发展。造假业内人士在制造、营销、服务的每一环节都制定了相应的标准体系，形成各个环节的规范化。造假业内人士通过不断深入研究产品的原材料、构造、核心生产技术，摸索出了具有创新元素的生产流程和制作工艺。他们不仅能在外观上进行简单仿制，还根据消费者的个性化需求进行产品摸索和试错型造假，以满足消费者的猎奇心理。造假业内人士对高品质假货的不断打磨体现了造假企业的匠人精神，只是这种追求精神尚未被合理运用到研发独立的新产品上。

目前的造假研究，存有在主流期刊发声不足、研究方法缺乏严谨性和科学依据等问题。本文的发现对现有的造假文献进行了重要的补充，阐述了灰偏黑企业的特征、消费者购买假货的动机、产业集聚的负面影响，并且探讨了试错型造假中的创新元素。

4.1 理论贡献及意义

4.1.1 造假企业和山寨企业的差异

造假企业和山寨企业在四个方面存在明显区别。第一，它们产生的历史因素不同。山寨企业的发展主要依靠制造“似非而是”的手机。山寨手机的制造主要是通过利用联发科技股份有限公司（MediaTek）的“‘一站式’手机芯片解决方案”制造出外在不同、内在核心相同的产品；而本文发现，原品牌加工厂撤离后，本地企业“接盘”获得其生产设备和工人的生产技术，或是造假业内人士运用自行摸索的生产流程，寻找代工厂协作，制造出和正品高度相像的产品，由此衍生出造假企业。因此，造假企业和山寨企业产生的方式和原因存在差异。

第二，造假企业和山寨企业的法律形态有所不同（见图 5）。山寨企业属于灰偏白领域，往往经过正规程序进行企业注册，其中不乏国有企业。此外，山寨企业使用的是和名牌产品“似是而非”的商标，企图借势于业内名牌的品牌知名度来提高销售额；而本文中的造假企业属于灰偏黑领域，虽然没有明确的法律条文规定其为非法企业，但绝大多数造假企业未经过合法注册，不会公开经营。此外，造假企业致力于仿制、复刻知名品牌的产品，以假乱真。

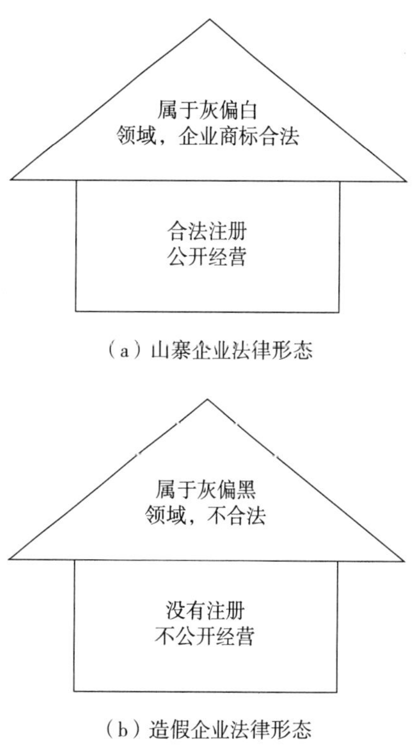

（a）山寨企业法律形态

（b）造假企业法律形态

图 5 造假企业和山寨企业法律形态

第三，造假企业和山寨企业的产品存在差别（见图 6）。山寨企业产品的外表和表层所用材料都和正品不尽相同，核心成分往往直接采用现有的集成部件，在此基础上进行简易加工，使用自己的生产流程制造自己的产品，自主研发技术含量几乎为零。例如，山寨手机的制造实际上是在科技半成品的基础上进行外观修饰，然后投放市场销售。本文中模仿型造假企业的产品外表和正品较为相像但仍有不同之处，所用材料和正品相似但仍有轻微区别。由于原品牌加工厂撤离后，其生产设备和拥有正品核心生产技术的工人往往还在当地，模仿型造假企业便利用这些因素，配合自身现有的生产条件，按照正品的生产标准制造假货，自主研发技术含量相对较小。试错型造假企业的产品对比正品而言，外表十分相似，所用材料却往往不同。造假业内人士需要探索正品成分，追踪原材料，自主研发产品，且在生产过程中猜测原材料构成和攻关核心技术等步骤必须贴合正品所使用的生产标准，难度更大，所以最终产品的自主研发技术含量较大。因此，就现有文献而言，山寨企业利用正品的原配件，自行确定生产标准，制造出和正品核心部分相同的产品，而本文研究中的造假企业借助原品牌加工厂的生产条件或自行摸索生产流程，制造出和正品尽可能相像的产品。这两者的区别在于是否存在现有原配件和生产过程。山寨企业表面上生产的是创新产品，实质上却是在现有核心部件的基础上进行加工组装的产品；造假企业表面上生产的是和正品高度相像的产品，实质上却是运用自主研发流程制造的产品。

（a）山寨企业产品

（b）模仿型造假企业产品

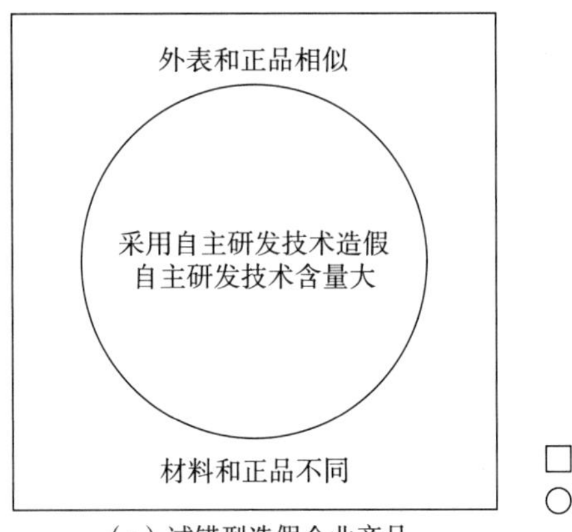

（c）试错型造假企业产品

图 6　造假企业和山寨企业产品对比

第四，造假企业和山寨企业的创新模式有一定的差别。知识成果和知识行为的集成是山寨现象形成并得以发展的重要基础。山寨现象在本质上是以低成本为主要特点的仿制，通过已获取的知识成果和知识行为的集成成果取得低成本的优势。山寨企业会在实际经营中，试图通过低成本的特点模仿，在仿制名牌产品时加入一些创新因素，向模仿创新发展。所以，有学者认为山寨企业存在模仿创新。然而，事实上山寨现象和模仿创新仍存在一定的区别。由于对低成本的过度追求，山寨企业在注入创新因素时往往将着重点仅限于整合和组装的范畴，因为山寨企业未能在制造技术层面取得突破，其制造过程离模仿创新的范畴仍有一段距离。因此，尽管部分山寨企业试图往模仿创新的方向发展，但是却未能取得显著的实际效果。然而本文中模仿型造假和试错型造假对应技术模仿和模仿创新，与传统意义上的山寨模式存在着本质区别。模仿型造假企业并未利用知识成果和知识行为的集成成果，仅在生产流程上进行整合和组装，而是对原品牌加工厂的技术能力进行引进和消化吸收，甚至是通过研究达成技术层面的再现，形成技术模仿。试错型造假企业在追踪正品生产流程、攻关核心技术的基础上，在原材料、生产设备和生产技术等方面加入创新元素，达到模仿创新。

4.1.2　造假企业的规范化

本文首次探讨了造假企业的发展规律及制作过程，发现其内部分工明确：制造、营销和服务过程都具有高度的规范化。这项发现是现有文献所缺乏的。在制造方面，采用模仿型造假的造假业内人士可以通过一定手段获得原品牌加工厂的生产技术和生产设备，并通过模仿正品的生产流程进行仿制量产；而采用试错型造假的造假业内人士则需要在开始仿制前进行逆向工程，摸索仿制假货的制作过程、原材料、设计等环节的内容。两种造假方式均呈现出高度规范化的组织行为，和常识中仿制产品属于简单劣质模仿的刻板印象大相径庭。关于艺术珍藏品，研究发现造假业内人士的行为游移在灰色和非法行为之间。例如，在别的画家的成品上题字盖章既可以算是用户创新行为，也可以算是侵犯知识产权的行为。这是现有用户创新文献所忽略的细节。在营销方面，造假业内人士更注重假货的产品特征和消费者实际需求的贴合度。在服务方面，代理商为了提高自己的收益，往往会提供比领取固定薪资的正品柜台销售员更贴心、让消费者更满意的服务。此外，从满足消费者需求以及有效提高消费满意度两方面来看，造假业内人士也比正品业内人士更“专业”。这项发现解释了为什么假货市场可以历久不衰，补充了目前相关文献的不足。

4.1.3　假货制造中的创新应用

研究发现，试错型造假不是单纯的模仿行为，而是含有高技术含量的创新行为。现有文献缺乏这方面的论述。虽然试错型造假所制产品在性能和外观方面都和正品几乎一致，但其造假过程是由造假业内人士对正品进行逆向工程、攻关核心技术、猜测并追踪原材料等过程所得。他们不仅要猜测并追踪正品的原材料，还要在整个过程中自我研发模具和技术，并且根据自己找到的原材料，按照自己构建的生产流程制造出和正品几乎一模一样的产品，而成品的价格和成本往往都低于正品。因此，在生产过程中，从原材料、生产流程到生产技术、产品本身，造假业内人士和正品企业所使用的各生产要素几乎不可能完全相同。根据程序创新学者的定义，创新是指在制作过程中引入新元素，即便该元素不是完全新颖或大家不熟悉的，而只是在原有的基础上加入一些变化或挑战现状的元素。鉴于此，从程序创新的角度来看，试错型造假属于创新行为。此外，考虑到在制作假货艺术珍藏品时，不少造假业内人士会对其他艺术家的艺术成品进行二次加工，其行为也符合用户创新的定义。鉴于目前文献缺乏关注造假企业创新行为的内容，我们建议创新学者可以在未来研究中继续摸索造假企业的创新行为。

4.2 实践贡献及意义

4.2.1 企业应合理规划跨境投资和撤资

研究发现，现有文献通常只专注研究现象的积极影响。例如，有学者在研究产业集聚现象时，关注产业集聚对产业竞争力、企业创新力、企业成长的积极影响；在研究国际技术扩散时，关注该现象对国际贸易发展的正面影响，并探索如何制定可以有效利用该现象的政策。但是本文发现，品牌加工厂的集聚效应虽然可以促进信息和技术的交流和共享，从而提高该地区的技术水平，但是当这部分工人离开工厂时，他们可以因此更轻易地从事造假，利用他们所掌握的制造技术和资源信息进行假货生产。另外，产业集聚效应所带来的技术扩散效应虽然可以提升品牌的区域制造工艺水平，但也同时极大地降低了离职工人进行专项技术复制的难度。

近年来，跨国企业陆续撤离在中国的品牌加工厂。但是它们在撤离时往往将部分机器滞留在中国境内。从原品牌加工厂离职的工人们掌握丰富的正品制造工艺，滋生了该地区的造假企业。因此，我们建议：①跨国品牌加工厂从某地区撤离时，应彻底摧毁原厂设施，以防生产设备被灰偏黑企业收购。②跨国企业应在撤离时考虑工人的转岗问题，以尽可能地降低正品生产技术向造假企业扩散的可能性。例如，在国外，许多跨国企业撤资时会给现有员工两种选择：一是在接受离职赔偿金（Compensation Package）后离职，但必须签署协议，保证三年内不从事相同领域工作，否则将被起诉，负担高额赔偿；二是员工自行选择转岗至该企业在其他国家的分部。随着我国法律制度的逐步完善，该建议有一定的可行性。

4.2.2 商家应更重视产品的性价比

现有文献认为，购买假货的需求源于消费者的收入过低。然而，研究发现，购买假货和收入之间并不存在紧密的联系。消费者购买假货时并没有把消费的重点放在产品上，而是产品的品牌所能给他们带来的社会认可。只要他们认为假货所能带来的社会价值高于购买时的资金投入，他们便会购买假货。从这个角度来看，购买假货是消费者理智分析的结果：以最低的代价，取得同样的社会效果。因此，当产品的定价过高时，会导致一部分消费者放弃正品而转向购买假货。鉴于此，我们建议商家不应同过去一样只注重广告宣传投入等会提高产品成本的宣传途径，而是应当更重视产品的性价比问题，合理定价。

4.3 研究局限

本文主要探讨对生产技术有较高要求的假货，如运动鞋、衣服、皮包、手表、耳机等。对于生产技术要求和单价较低、消耗周期和商品保质期较短的假货，由于本文访谈数据的限制，所得理论结果可能无法完全适用。例如，洗衣液、食品等属于生活必需品，其生产技术要求较低，基本上不存在生产技术的差异化，很难产生生产技术标准。在营销方面，生活必需品的单价通常较低，难以对产品进行档次归类以制定不同的营销模式。在服务方面，由于生活必需品产品消耗周期短，缺乏相关生产技术标准和价格标准，企业几乎无法对该类产品提供不同标准的服务。然而本文研究的假货属于高档耐用品，存在生产技术、价格、产品质量等方面的明显区分，所以在制造、营销和服务方面可以形成不同的标准，进而实现规范化。未来研究可以着重关注生产技术要求较低的假货，如洗发水、洗衣液等，尝试验证本次研究发现的普适性。

5 结论

大多数现有文献倾向于研究对社会具有积极影响的组织，却很少关注可能会产生消极影响的组织，但后者也具有其研究的必要性。研究类似造假企业等负面现象，能提升社会对该类现象的关注和认识，从而促进之后的相关研究。从这个角度来看，本文是为未来正面研究作重要铺垫的一项必要环节，是一种“必要之恶”（Necessary Evil）。通过造假现象的研究，可以发现和总结该灰偏黑组织的运营方式和组织内人员的思维方法等，从而洞察其基本规律，可为后续管控该类组织发展的研究作铺垫。因而，对负面现象的研究也具有其正面的价值和意义，即揭露负面现象，发掘其本质，作为后续开拓正面研究的理论基础。例如，在法律方面，关于法律漏洞的研究可以让群众知晓法律的底线，提升社会对利用法律漏洞骗局的警惕性，引发人们对如何填补法律漏洞的思考和研究，进而促进相关法律的完善。鉴于此，本文的发现在提高社会对负面现象的理解以及为后续正面研究提供理论基础方面具有重要的理论及现实意义。

现有文献缺乏对灰偏黑企业的研究，与之最接近的文献研究是属于灰偏白企业的山寨企业。现有关山寨企业的研究文献主要分为两类，但都存在各自的局限性。一是从整体上笼统阐释其发展模式，但缺乏对具体操作的深入探讨；二是针对山寨企业的运营进行片面性研究，如山寨产品的营销、山寨模式的形成动机和山寨市场的创新。但该类文献并未关注各个方面之间的联系。本文从产业链、造假模式形成的动机、假货制造、研发和销售、消费需求等多个方面，基于整体视角对造假企业进行了客观全面的分析，补充了对灰偏黑企业的研究。

目前，对于山寨的理解主要分为两种。第一，理解出自文献。现有关于山寨的研究文献主要集中在2008~2018年，其中大多数探讨山寨手机问题。第二，山寨的理解属于网络通用语。其含义丰富，涵盖范围广泛，包括具有假冒、不正规、庸俗等特征的事物。目前针对网络通用语类山寨研究的文献相对缺乏，进而造成了山寨研究“断代”的现象。未来研究可以更多关注山寨研究的其他方面，继续比较山寨和造假的异同。

国家一再强调，提升企业的技术能力是中国强国之路上的重要问题，提出了匠人精神、自主创新能力等战略性目标，希望借此激励国民提升国家的技术水平，加强中国制造业的国际竞争力。本文在对造假企业进行深入研究后，发现造假业内人士通过窃取部分外资企业产品的核心制造技术，研发出可以用较低成本生产出相似或相同品质的产品的制作工艺，从而形成对合法企业的恶性竞争。这种非法行为可为造假业内人士带来短期的暴利，但却无益于中国制造业的可持续发展。鉴于此，未来学者应当关注造假企业形成和发展的规律，从中探求能够有效打击造假企业、维持市场秩序、保护知识产权所有者权益的措施。

参考文献

［1］Bunderson J. S.，Thompson J. A. The Call of the Wild：Zookeepers，Callings，And the Double-edged Sword of Deeply Meaningful Work［J］. Administrative Science Quarterly，2009，54（1）：32-57.

［2］Glaser B. G. Emergence Vs Forcing：Basics of Grounded Theory Analysis［M］. Mill Valley，CA：Sociology Press，1992.

［3］Glaser B. G.，Strauss A. L. The Discovery of Grounded Theory：Strategies for Qualitative Research［M］. Chicago：Aldine，1967.

［4］Glaser B. G. The Grounded Theory Perspective：Conceptualization Contrasted with Description［M］. Mill Valley，CA：Sociology Press，2001.

［5］Glaser B. G. Theoretical Sensitivity：Advances in the Methodology of Grounded Theory［M］. Mill Valley，CA：Sociology Press，1978.

［6］King N. Modelling the Innovation Process：An Empirical Comparison of Approaches［J］. Journal of Occupational & Organizational Psychology，2011，65（2）：89-100.

［7］Locke K. D. Grounded Theory in Management Research［M］. Thousand Oaks，CA：Sage，2001.

［8］Ng J. C. Y.，Huang M. D. D.，Liu Y. The 'feminine' Entrepreneurial Personality Trait：The Competitive Advantage of Female College-student Entrepreneurs in Chinese Wei-shang Businesses?［J］. Asian Business & Management，2016，15（5）：343-369.

［9］Ng J. C. Y.，Song K. K. W，Liu Y. Influence of Emotional Coping on Decision to Stay in Dysfunctional Mentoring Relationship［J］. Asia Pacific Journal of Human Resources，2019，57（2）：208-226.

［10］Ng J. C. Y.，Song K. K. W，Tan Q. Expanding the Scope of Application of User Innovation Theory—A Case Study of the Civil-military Integration Project in China［J］. International Journal of Innovation Studies，2018，2（1）：33-41.

［11］Ng J. C. Y.，郑佳，贾良定，等. 利他主义与利他行为：三个年龄群体的扎根理论研究［J］. 中国青年研究，2018（7）：40-48.

［12］OECD. Trade in counterfeit and pirated goods：Mapping the economic impact［EB/OL］. Paris：OECD，2016. http：//www. oecd. org/governance/trade-in-counterfeit-and-pirated-goods-9789264252653-en. htm.

［13］Terri A. Scandura. Dysfunctional Mentoring Relationships and Outcomes［J］. Journal of Management，1998，24（3）：449-467.

［14］碧晖. 来自外企的打假报告［J］. 中国商贸，2001（7）：5.

［15］卜庆军，古赞歌，孙春晓. 基于企业核心竞争力的产业链整合模式研究［J］. 企业经济，2006（2）：59-61.

［16］陈柳钦. 产业集群与产业竞争力［J］. 南京社会科学，2005（5）：15-23.

［17］符正平. 论企业集群的产生条件与形成机制［J］. 中国工业经济，2002（10）：20-26.

［18］郭斌. 企业异质性、技术因素与竞争优势：对企业竞争优势理论的一个评述［J］. 自然辩证法通讯，2002，24（2）：55-61.

［19］胡艺. 中国企业提升技术能力的国际渠道［J］. 世界经济研究，2003（2）：10-13.

［20］吉富星，张玲. 新形势下假货治理研究：基

于多维博弈视角［J］. 中国社会科学院研究生院学报，2019（3）：65-76.

［21］简新华，魏珊. 产业经济学［M］. 武汉：武汉大学出版社，2003.

［22］蒋国俊，蒋明新. 产业链理论及其稳定机制研究［J］. 重庆大学学报（社会科学版），2004，10（1）：36-38.

［23］康均心，林亚刚. 国际反洗钱犯罪与我国的刑事立法［J］. 中国法学，1997（5）：90-96.

［24］冷雄辉. 山寨营销的动因解析及实践启示［J］. 江苏商论，2012（1）：93-95.

［25］李玲，陶厚永. 山寨模式形成动力机制及其对国产品牌的启示［J］. 科研管理，2013，34（2）：112-119.

［26］李平，钱利. 国际贸易、技术扩散与发展中国家的技术创新［J］. 当代亚太，2005（5）：41-46.

［27］李诗瑶. 主成分分析法在商品分类指标体系构建中的应用［J］. 计算机与数字工程，2019，47（5）：1091-1094，1119.

［28］李晓华. 模块化、模块再整合与产业格局的重构——以“山寨”手机的崛起为例［J］. 中国工业经济，2010（7）：136-145.

［29］李心芹，李仕明，兰永. 产业链结构类型研究［J］. 电子科技大学学报（社会科学版），2004，6（4）：60-63.

［30］梁江. 艺术鉴藏史上的作伪现象［J］. 艺术学界，2009（1）：61-77.

［31］林艳. 广告投入对企业绩效的影响［D］. 广州：暨南大学，2017.

［32］林毅夫，刘培林. 自生能力和国企改革［J］. 经济研究，2001（9）：60-70.

［33］刘贵富. 产业链的基本内涵研究［J］. 工业技术经济，2007，26（8）：92-96.

［34］刘振亚，姚文雄. “假货”的经济析理［J］. 中国人民大学学报，1997（2）：12-17.

［35］孟源北，陈小娟. 工匠精神的内涵与协同培育机制构建［J］. 职教论坛，2016（27）：16-20.

［36］欧洲刑警组织、欧盟知识产权局. 2017年欧盟打击假冒和盗版的情况报告［EB/OL］. 2017. https：//www. innovation4. cn/library/r15908，2017-06-30.

［37］潘承烈. 中国企业如何提升自主创新能力？［J］. 中外管理，2006（3）：46-47.

［38］彭冰. P2P网贷与非法集资［J］. 金融监管研究，2014（6）：13-25.

［39］陶厚永，李燕萍，骆振心. 山寨模式的形成机理及其对组织创新的启示［J］. 中国软科学，2010（11）：123-135，143.

［40］王一为. 中国的各种假货都是哪里生产的？［EB/OL］. 浪潮工作室，https：//www. sohu. com/a/242833636_100134999，2018.

［41］魏江，许庆瑞. 企业技术能力的概念、结构和评价［J］. 科学学与科学技术管理，1995，16（9）：29-33.

［42］魏江，许庆瑞. 企业技术能力与技术创新能力之关系研究［J］. 科研管理，1996，17（1）：22-26.

［43］魏守华，石碧华. 论企业集群的竞争优势［J］. 中国工业经济，2002（1）：59-65.

［44］巫强，刘志彪. 双边交易平台下构建国家价值链的条件、瓶颈与突破——基于山寨手机与传统手机产业链与价值链的比较分析［J］. 中国工业经济，2010（3）：76-85.

［45］吴金明，张磐，赵曾琪. 产业链、产业配套半径与企业自生能力［J］. 中国工业经济，2005（2）：44-50.

［46］阳超，吕庆华. 网络假货的历史演化及治理对策［J］. 学术交流，2013（3）：115-117.

［47］杨德林，陈春宝. 模仿创新自主创新与高技术企业成长［J］. 中国软科学，1997（8）：107-112.

［48］杨公朴，夏大慰．现代产业经济学［M］．上海：上海财经大学出版社，2005.

［49］银路，李天柱，程跃，等．“山寨”现象的一般规律及其政策建议［J］．科学学研究，2010，28（3）：321-327，338.

［50］于志刚．非法持有毒品罪“情节严重”的认定困惑与解释思路——以刑法分则中“数额”与“情节”的关系梳理为背景［J］．法律适用，2014（9）：2-8.

［51］张其佐．企业为什么不愿不敢创新？［EB/OL］．［2014-04-10］．http：//roll. sohu. com/20140410/n398044206. shtml.

［52］赵晓庆，许庆瑞．技术能力积累途径的螺旋运动过程研究［J］．科研管理，2006，27（1）：40-46.

［53］赵晓庆，许庆瑞．企业技术能力演化的轨迹［J］．科研管理，2002，23（1）：70-76.

［54］中新经纬．中国消费者“海淘”是因对国货没信心？［EB/OL］．［2018-08-02］．2018. http：//www. sohu. com/a/244769685_561670.

［55］周江华，仝允桓，李纪珍．基于金字塔底层（BoP）市场的破坏性创新——针对山寨手机行业的案例研究［J］．管理世界，2012（2）：112-130.

论文执行编辑：何健

论文接收日期：2019 年 3 月 20 日

作者简介：

Jhony Choon Yeong Ng（1986—），新加坡人，南京航空航天大学外国专家，江苏省军民融合产业发展研究中心研究员，硕士生导师，博士，主要研究领域为组织行为学、社会心理学、国防经济学。E-mail：jhonycyng@qq. com。

徐淑雅（1999—），江苏大丰人，南京航空航天大学学生，主要研究领域为社会心理学、产业经济学。E-mail：xushuya_ nuaa@ 163. com。

贾良定（1968—）（通讯作者），安徽合肥人，南京大学教授，工商管理系主任，博士生导师，博士，主要研究领域为组织理论学、战略管理。E-mail：jldyxlzs@ nju. edu. cn。

Mimic Counterfeit and Trial-and-Error Counterfeit:

A Comparative Research Using the Classical Grounded Theory Approach

Jhony Choon Yeong Ng[1] Shuya Xu[1] Liangding Jia[2]

(1. School of Economics and Management, Nanjing University of Aeronautics and Astronautics, Nanjing, China,

2. School of Business, Nanjing University, Nanjing, China)

Abstract: To investigate the evolution of counterfeit organizations in China, we conducted a classical grounded theory research by interviewing 32 participants from counterfeit organizations and 11 participants from authentic organizations. We found: ① there are two types of counterfeit: mimic counterfeit, and trial-and-error counterfeit; ② mimic counterfeit can be further categorized into "small workshop" counterfeit or "production line" counterfeit depending on its quality; ③ level of technology that a counterfeit organization has achieved can be determined based on the complexity of production method used in the manufacturing of counterfeits, and the quality of end-products; ④ practitioners from counterfeit organizations had standardized the market's sales strategy and marketing strategy to provide a range of pre-sale and after-sale services to consumers. In addition, we found that counterfeit products had competitive advantages over authentic products in certain aspects.

Key Words: Counterfeit Manufacturing; Counterfeit Marketing; Counterfeit Service; Normalization; Classical Grounded Theory

JEL Classification: L60

CEO 自恋的研究综述及未来展望*

□唐 璐 江新会

摘 要：管理者特质是影响公司治理的一个重要因素，其中 CEO 自恋的特质作用尤为明显。本文首先对 CEO 自恋的概念发展进行了简要介绍。其次对已有的测量方法进行了概括并总结测量方法的优势劣势。再次对 CEO 自恋的结果变量进行了整理，并归纳了其作用机制。最后梳理了 CEO 自恋研究中的调节变量，并归纳了三种重要的调节机制。本文对 CEO 自恋进行了系统整合，并提出了未来研究展望。

关键词：CEO 自恋；特质激活；公司治理

JEL 分类：M13

1 引言

人们常说，“性格决定命运”，对一个企业而言，谁的性格决定了企业什么样的命运呢？高层梯队理论认为，企业行为及其绩效是管理者特征，尤其是管理者心理特征的反应（Hambrick and Mason，1984；Hambrick，2007）。因此，从管理者的心理特征来理解企业行为及其绩效具有重要意义（Hambrick and Mason，1984）。这既在现实生活中为企业的非理性行为提供了强有力的解释，也推动了战略管理理论的完善与发展（Powell et al.，2011）。作为企业的最高掌舵者——CEO 的性格特征在企业管理中的角色越来越受到关注。其中，CEO 的自恋性格既带有“光明”的一面，又带有“黑暗”的一面。可以说，这种性格特质在公司治理中会产生“戏剧性”的决策以及管理行为。有研究指出，我国知名企业的 CEO 似乎也表现出了不同程度的自恋人格倾向，如小米的雷军、格力的董明珠（乔朋华等，2019）。然而新近的一系列研究发现，CEO 自恋会对企业战略和绩效波动（Chatterjee and Hambrick，2007）、并购流程（Aktas et al.，2016）、会计选择（Olsen et al.，2012）以及避税等（Olsen and Stekelberg，2015）产生重要影响。

* 基金项目：本文得到国家自然科学基金面上项目“愿景的心智路径概念提出及其对工作投入的影响研究”（71572171）的资助。

对CEO自恋的研究在近十年的时间内取得了丰硕的成果，但还存在有两点尚可完善与补充的地方。例如，较多的学者对CEO自恋产生的结果变量进行了研究，如讨论CEO自恋与企业价值（乔朋华等，2019）、公司欺诈（Rijsenbil et al.，2013）、上市风险（陆晓红，2017）、技术变革（Gerstner et al.，2013）等。虽然这些已有的研究扩展了CEO自恋的影响范围，但对CEO自恋行为产生的作用机制需要进一步总结与提炼。我们知道，CEO自恋既有光明的一面，也有黑暗的一面，那么我们如何扩大其积极效应，抑制其消极作用呢？这就显得对CEO自恋调节变量的研究尤为重要。然而已有研究只是提出其中的调节变量，但尚无研究总结其中的调节机制（Gerstner et al.，2013；薛坤坤等，2018；乔朋华等，2019）。本文对近年来研究文献中CEO自恋这一概念的发展历程进行了梳理，回顾了CEO自恋的表现形式，并讨论了CEO自恋的相似概念。本文的重心则在于一方面对CEO自恋的结果变量进行了整理，并概括提炼出了四种作用机制，即获取关注、权力控制、趋近回避和归因偏见机制；另一方面对CEO自恋的调节变量研究进行了整理，概括出情景约束、特质激活和多重人格三种调节机制。在我们总结出的作用机制和调节机制的引导下，我们提出了一系列未来的结果变量和调节变量方面的扩展，也指出了开展中国情景化研究可能的话题。本文通过较为全面的文献回顾和整合性的归纳，期望能为相关领域的研究做出贡献。对于管理实践，本文关于调节机制的探讨可能有较多启示。

2 CEO自恋的内涵

CEO自恋是自恋这一人格变量在组织情景化中的具体化。理解CEO自恋首先要了解自恋概念。本文首先简述自恋的起源与发展；其次介绍与自恋相关但又容易混淆的其他概念，在辨别相似概念后阐述CEO与自恋之间的联系，CEO自恋的表现形式与影响因素；最后归纳出CEO自恋在组织管理领域中的定义。

2.1 自恋概念的形成和表现

2.1.1 自恋概念起源与发展

自恋一词最早来源于希腊神话故事中的人物——Narcissus。相传在希腊神话故事中，Narcissus由于拒绝女神Echo的追求而遭受惩罚，他被孤独地囚困于水边，每天只能欣赏自我在水中的倒影，直至他死后变成一朵水仙花（廖建桥等，2016）。

在1898年，心理学家Ellis最早把“自恋”作为医学专业术语使用，用来描述一种反常自爱的临床表现。Freud在《论自恋》中系统阐述了自恋的概念，认为在自恋的驱动下，个体伴随有较为强烈的独立意识，不仅对自我有高度的自信心，且难以被他人说服，对权力和荣誉具有强烈的渴望，并且Freud认为某种程度的自恋就是我们所有人共有个性的一个重要组成部分。这是早期学者们对自恋的研究状况。

Raskin和Hall（1979）与Emmons（1987）认为自恋是一种存在于个人行为中普遍的现象，缺乏一定的同情心，并且迫切需要来自别人的钦佩。根据Raskin和Terry（1988）的研究，截至1980年，已有1000多本关于自恋的书籍和文章被写成，并且大量的研究都把自恋视为一种临床疾病。虽然自恋在初始的研究中带有精神障碍的标签，但后来的研究逐渐将自恋视为一种人格维度（Emmons，1987；Raskin and Terry，1988）。

为了将自恋重新定义为人格维度，而不仅仅是作为临床症状，心理学家开发出了用于测量自恋的量表，其中 Raskin 和 Hall（1979）开发的自恋人格量表（NPI）应用最为广泛。在 NPI 的因子分析中，Emmons（1987）确定了自恋的四个维度：①权力（坚持我应该得到的尊重）；②自我吸引（我迷恋于非凡的自我）；③傲慢（我的能力一定比别人强）；④领导力（我期望成为众人关注的焦点）。这种将自恋在某种程度上视为个体一部分的研究更加符合弗洛伊德的观点。一些其他的研究（Raskin and Terry，1988；Judge et al.，2006 ；Rosenthal and Pittinsky，2006）同样也认为自恋是一种人格特质，它不仅象征着个体以自我为中心，自我膨胀的程度，而且还持续追求他人关注和崇拜，且对赞扬、荣誉和权力有着不懈追求。此后，大多数关于自恋的研究都在此定义的基础上展开。

2.1.2 自恋的表现形式

自恋突出地表现为优越感、权力感以及不断需要被外界关注和钦佩（Bogart et al.，2004）。自恋的个体往往对他们的才智和判断力极度自信，并且带有傲慢的特点和不友善的特点（Campbell，1999）。他们在强烈的优越感下容易贬低他人，强烈地反对批评，不断肯定夸大自我的观点（Paulhus and Williams，2002；Carlson et al.，2011）。

2.2 自恋与相关概念的联系与区别

2.2.1 自傲

自傲（Hubris）是一种认知上的偏差，它突出地表现为夸大的自信，这会导致个体的主观判断偏离客观标准（Hayward and Hambrick，1997）。自恋与自傲在传统心理学上的归属不同。自恋属于人格心理学的范畴，而自傲属于认知心理学的范畴。自傲是在自恋人格研究下的其中一个分支，仅仅是一种认知偏差的特性（Vries，1992；于洪鉴等，2018）。更为深刻的是自恋是个体身上一种更为根本的属性，而自傲缺乏自恋人格的两个关键特性：认知特性（高估自身能力）和动机特性（追求外界对自我的关注与赞赏）。

2.2.2 过度自信

过度自信（Overconfidence）指由于个性特征和外部刺激因素共同导致个体主观认识与客体实际之间的一种认知偏差（Hayward and Hambrick，1997）。与过度自信相比，自恋不易受外界环境的影响（Campbell，2010）。自恋和过度自信最大的区别在于过度自信是个体的行为表现，自恋是一种认知反映（Lee and Huang，2016），且过度自信突出地表现为过度精确、过高估计和过高定位（张明等，2019）。相较而言，自恋的认知差异主要体现在过高关注自我、过度强调自我以及强烈表现自我这三个方面。

2.2.3 自尊

自尊（Self-esteem）指的是个体对自我的整体接受、自我喜欢和自我尊重（Baumeister et al.，1996）。因此，自尊与自恋的共同点在于都是自我欣赏的一种，并且这两个概念之间有较为明显的相关性（Emmons，1984）。虽然自恋者会伴随有较高的自尊心，但这些自恋者更加专注于维护并不断提高自我（Raskin et al.，2010）。自尊不同于自恋，它缺乏自恋者具有的典型特征：傲慢、权力意识、对外界持续赞扬的需求。

综合以上分析可知，自尊是自恋的浅层表象，自傲是自恋的一种认知特性，过度自信是自恋的表现形式之一。无论是自尊、自傲还是过度自信，描述的都是同一种现象。唯有自恋是认知、行为和情感的综合体，表达出一种关于夸大、特殊、重要的积极自我概念（Rhodewalt and Eddings，2002）。

2.3 CEO 自恋

自恋与 CEO 似乎有种天然的联系。Vries（2004）认为，“对于那些想升入公司顶层的人来说，自恋是一个必备条件”。在许多公司中，竞选 CEO 是一场激烈的争斗，“或许拥有强烈自恋人格特征的人更愿意承担获取权力的艰巨任务”（Vries，2010）。这一观点也得到了 Lubit（2002）的支持，他认为“自恋的某些人格特征有助于优秀人才在公司中崛起……这种特征包括……高度自信、热情，以及对声望和权力的不懈追求”。Pech 和 Slade（2004）的研究认为，自恋者会觊觎更高的管理职位，他们可能会采用一些符合组织惯例的方式来满足他们的需求并且获取更多的权力。

大多数的 CEO 都会表现出自恋的倾向。一方面，自恋会驱使人们主动担任有影响力和有权力的职务，从而有助于职位的晋升（Raskin et al.，2010）。处于公司顶层职位的 CEO 可能会比普通人更加自恋。另一方面，“自恋是领导力的核心”（Vries，2004）。Judge（2006）的研究发现，自恋的 CEO 常常以一种高效率领导者的形象出现，他们在工作中具有充足的自信，擅长勾勒企业宏伟的愿景，这不仅使他们受到广泛关注，而且很容易在人群中脱颖而出。作为企业的最高指挥官，CEO 至高无上的权力与下属对其的敬畏，使他们较为容易地沉迷于以往的殊勋茂绩之中（Resick et al.，2009），也就不免产生了自恋。

CEO 自恋的主要表现形式有过度的自我权力感，剥削他人以满足自己利益需要，支配决策过程，不接受他人的反馈，并且需要来自外界的承认和奖励（Lakey et al.，2010；Goncalo et al.，2010）。因此，我们总结 CEO 的自恋属性有：自我权利感、自我膨胀感、剥夺性、霸道性。

CEO 的自恋有认知与动机两方面的影响因素。在认知方面，自恋者相信他们是有才能的，具有一些优秀品质，例如：聪明的、有能力的、具有创新力和领导力（John and Robins，1994；Judge et al.，2006）。Chatterjee 和 Hambrick（2007）的研究指出膨胀的自我观使 CEO 对自己的能力和对任务的判断极度自信，从而引发自恋。在动机方面，自恋者带有强烈地重申自己优越性的需求，他们渴望得到进一步的赞赏，这就需要由他人以肯定、掌声、奉承的形式提供。为了获得外界对自我的赞赏，自恋者会承担一些具有挑战性的任务（Wallace and Baumeister，2002）。

综合起来，自恋作为 CEO 一种特有的性格特征，是一种不断专注自我、强调自我，并突出表现自我的心理状态，主要表现为过多追求权力与赞扬，过度追求优越感。

3 CEO 自恋的测量

准确测量 CEO 自恋是一个难题。一是自恋作为一种人格特性，本身难以直接观察；二是当 CEO 面临自恋这个敏感话题时，他们通常选择回避。但随着研究积累演进，测量问题基本得到了解决。我们回顾文献，通过系统梳理，发现已有的研究对 CEO 自恋的测量主要分为两种：单维度测量与多维度测量。我们介绍了两种测量方法，同时还简要评述了各种测量方法的优劣。

3.1 单维度测量

目前，单维度的测量立足于“CEO 以自我为中心”的观点，从客观和主观角度来表现自我优越性，客观方面有 CEO 的薪酬、CEO 照片的突出程度和 CEO 在公司新闻稿中出现的次数；主观角度有 CEO 签字的大小与 CEO 使用第一人称的频率。CEO 自恋单维度测量如表 1 所示。

表 1　CEO 自恋单维度测量

代表性文献	测量角度	度量指标	度量方法	优缺点
Paredes（2005）	客观角度	CEO 的现金薪酬（非现金薪酬）与其他高管的比率	CEO 的现金薪酬（非现金薪酬）/其他高管现金薪酬（非现金薪酬）	优点：测量方法直接且薪酬的多少与 CEO 自身优越感的高低密切相关 缺点：适用情况有限，不适合薪酬可控制的情况
Chatterjee 和 Hambrick（2007）	客观角度	CEO 在公司公告中的突出地位	CEO 的名字在公司新闻稿中出现的次数	优点：自恋的 CEO 会更加在意自我被外界关注的程度，采用这种方式可以突出地显示 CEO 的虚荣心 缺点：影响因素较多
Olsen 等（2012）	客观角度	CEO 的照片在公司年报中的突出程度	对公司年报中是否出现 CEO 的照片，有无合照，以及照片的大小进行评分	优点：测量方式较为简单直接，自恋的 CEO 会更加强调自我在外界的曝光程度从而展示出更强的表现欲 缺点：影响因素较多
Ham 等（2015）	主观角度	CEO 的签名	经过公正的 CEO 手写签名的大小	优点：签名作为一种强烈的自我象征，与 CEO 自恋的联系较为密切 缺点：CEO 签名的大小受各种因素的影响，身体特征的影响、教育程度以及是否接受过书法训练等，影响因素较多
Nihat 等（2016）	主观角度	CEO 公开发言中使用第一人称单数代词的频率	第一人称单数词/第一人称复数词	优点：整个过程由 CEO 来掌控，在自恋的驱动下 CEO 会展示出较多的表现欲 缺点：随机性、主观性较强

3.2 多维度测量

关于多维度测量，目前应用最广泛的是 Raskin 和 Hall 在 1979 年开发的自恋人格量表（NPI），该量表把自恋视为人格特征的一种而非临床障碍，降低了外界对自恋的消极印象；另外，简化了自恋的测量，将 NMS-II 中的 220 个问题缩减为 54 个。Emmons 运用探索性因子的方法对该量表进行信效度检验，确定了自恋的四个维度：①权威性（Cronbach 系数为 0.87）；②自我吸引（Cronbach 系数为 0.69）；③自我优越感（Cronbach 系数为 0.871）；④权力欲望（Cronbach 系数为 0.70），整体 Cronbach 系数为 0.68。但后续的研究发现，CEO 往往都在规避自恋这个敏感的问题，以防给自身利益带来不利影响，即使他们自身带有一定程度自恋，因此 NPI 并不适合用来测量 CEO 的自恋程度（Chatterjee and Hambrick, 2007）。同时，Chatterjee 和 Hambrick 也提出了测量 CEO 自恋的多维度测量方法，即使用 CEO 照片、CEO 薪酬、CEO 现金、非现金福利与 CEO 在访谈中使用第一人称的频率这五个客观指标来测量 CEO 自恋的程度。Rijsenbilt 和 Commandeur（2013）在此基础上进行了改进，用 CEO 薪酬、CEO 权力、CEO 曝光与 CEO 的收购行为这四种客观行为测量 CEO 自恋的程度。

我们认为多维度测量主要从“钱”“名”“权”“像”这四个方面出发，来共同测量 CEO 的自恋程度。具体地，“钱”指的是 CEO 的现金薪酬与非现金薪酬；“名”指 CEO 名字被提及的次数；“权”指 CEO 权力的大小；“像”指 CEO 照片在公共视野中出现的频率以及大小。

国内对 CEO 自恋这一研究起步较晚，且在中国情境下的测量相较于国外，也有结合中国情境下的新指标出现。例如，文东华等（2015）在测量 CEO 自恋程度时，关注到了中国流行的社交软件——微博，在其测量方法中加入“CEO 微博非转发率”这一测量条目。陆晓红（2017）在研究 CEO 自恋与公司经营风险时，构建了一套 CEO 的自恋指数，包括照片比例、姓名出现频率、薪酬比率以及微博原创内容比率等五个指标。这些结合中国情景出现的测量指标，是对 CEO 自恋这一概念的进一步发展（见表 2）。

表 2 CEO 自恋多维度测量

文献	综合指标测量
Chatterjee 和 Hambrick（2011）	①CEO 在公司年报中的照片 ②CEO 在公司新闻稿中出现的次数 ③CEO 在访谈记录中使用第一人称单数词的频率 ④CEO 的现金薪酬与公司现金薪酬第二高的人员的比率 ⑤CEO 的非现金薪酬与公司非现金薪酬第二高的人员的比率
Zhu 和 Chen（2015）	①通过在年报中展示 CEO 照片的大小来测量出 CEO 自恋得分 ②CEO 在公司新闻稿中提及自己名字的次数 ③CEO 的相对非现金薪酬 ④一位记者与 24 位财富 500 强首席执行官进行面对面的采访录像，观察其微表情，评分记录

续表

文献	综合指标测量
O' Reilly 等（2018）	①CEO 在致股东信中使用第一人称代词的次数 ②CEO 在电话会议记录中使用第一人称代词的次数 ③CEO 签名的大小 ④自恋人格量表的评分
文东华等（2015）	对 CEO 个人的新闻报道占公司发布所有新闻报道的比例 CEO 在公开发言时使用第一人称单数词“我”的使用比例 在 CEO 的微博和博客中，自我发布内容占所有微博和博客中发布内容的比率
陆晓红（2017）	① 在关于 CEO 的百度新闻报道中，CEO 的独照占所有照片的比例 ②CEO 名字在证券报中出现的频率 ③CEO 的现金薪酬与第二高薪酬高管的现金薪酬的比率 ④CEO 的非现金薪酬与第二高薪酬高管的非现金薪酬的比率 ⑤CEO 微博中原创微博的比率
倪清和吴成颂（2017）	①公司发布的新闻中报道 CEO 的比例 ②CEO 在公共发言时采用第一人称单数词与使用第一人称复数词的比例 ③CEO 现金薪酬（工资奖金递延收入等）与其他高管现金薪酬之间的差距 ④CEO 非现金薪酬（股票、期权、无偿配股等）与其他高管非现金薪酬之间的差距

3.3 单维度测量与多维度测量比较

单一指标的测量在数据收集方面可能更加准确，但也会存在一定的问题，如 CEO 签名的大小会受到各种因素的影响，如身体特征的影响、教育程度以及是否接受过书法训练等，而 Ham 等（2013）只控制了年龄和性别，这样的测量难免存在一定的误差。与此相反，采用多维度的测量方法，由于测量中同时包含了主观角度与客观角度两个方面，降低了其他因素对测量结果的影响，因此测量结果可能会更加准确。此外，多维度的测量方法也有助于增强测量结果的稳健性。

4 CEO 自恋驱动的企业行为及其作用机制

关于 CEO 自恋的结果变量主要围绕两条逻辑线展开，即积极影响和消极影响。我们分别讨论了积极影响与消极影响的具体行为，在此基础之上，进一步总结归纳了 CEO 自恋影响两种行为背后不同的作用机制。

4.1 CEO 自恋驱动企业的积极行为

（1）企业战略行为。现有研究在讨论 CEO 自恋与企业战略行为主要集中在以下两个方面：一是 CEO 自恋与公司战略的动态性。Chatterjee 和 Hambrick（2007）从 CEO 自恋的视角来研究公司战略结果，发现自恋的 CEO 更加偏爱动态性的战略，通过向外界传递新的战略措施、新的战略方向，从而持续获得外界的关注。这种变革型方式增强了公司战略的动态性。二是 CEO 自恋与企业战略变革的强度。自恋型 CEO 在变革意愿、实施变革决心以及获取下属对企业战略变革支持和减少变革阻力方面表现得更好，即自恋型 CEO 倾向于发起高强度的企业战略行动并完成战略变革过程（吴建祖等，2018）。

（2）企业创新创业行为。在企业创新方面，已有的研究认为，企业创新深受管理者特征的影响（Anderson and Young，2001）。Gerstner 等（2013）在研究自恋与战略投资的关系时，发现自恋型 CEO 倾向于投资新技术，这在一定程度上促进了企业不断创新。其背后的原因在于，当其他 CEO 面对不确定性和风险而犹豫投资时，自恋的 CEO 至高无上的自信心使他能够积极投资这些新技术。

在创业导向方面，由于自恋的 CEO 试图获得更多崇拜，他们反感反对意见的提出，对周围事物有极强的控制感，并会不断寻求扩大他们权力和影响力的做法（Resick et al.，2009），这使他们成为大胆创新项目的支持者，因此自恋型 CEO 可能会增强企业的创业导向（Parel et al.，2013）。Hornsby 等（2013）的研究同样认为 CEO 的自恋特征会增强企业的创业精神，在追求战略机遇的过程中，自恋型 CEO 可能拥有更高水平的创新精神、主动性精神与冒险精神。

（3）企业成长与企业价值。CEO 的自恋使其对自身能力充分自信，对企业未来的发展态势充分乐观，在这种积极情绪诱导之下，CEO 会扩大企业研发支出，通过科技创新的途径推动企业不断成长。此外，自恋型 CEO 彰显自我权力与能力的意识，对自我能力的信心以及不畏艰难的冒险精神使自恋型 CEO 在不确定的市场环境中勇于接受风险性与挑战性兼具的机遇，进而为企业在市场竞争中获得先机，促进企业成长并创造更高利益，使企业价值得到快速提升（王维等，2018；乔朋华等，2019）。

（4）企业社会责任。企业社会责任是一种超出企业利益与法律要求，促进社会利益的行为（McWilliams et al.，2001），但目前很少有人研究个体心理特征对企业社会责任的影响（Aguilera et al.，2007）。Petrenko（2015）的研究首次将 CEO 自恋视角用到企业社会责任的研究中。Petrenko 基于财富 500 强企业的样本发现，自恋型 CEO 出于对个人形象强化的需求和吸引公众关注的目的，其自恋对公司的社会责任有积极的影响，即自恋会增加公司社会责任。

4.2 CEO 自恋驱动企业的消极行为

（1）业绩极端化，业绩波动性提高。CEO 对公司业绩的影响主要表现在两方面。一方面，CEO 的自恋会使公司业绩表现得更加极端化（Chatterjee and Hambrick，2007）。自恋偏向于采取大胆行动，喜欢那些高风险高收益的项目，因此他们要么在这些项目经营上大获全胜，要么满盘皆输，从而使公司业务极端化情况出现。另一方面，CEO 自恋会增强公司业绩的波动性。由于自恋型 CEO 对赞扬与荣誉有着强烈的需求，同时也急功近利，偏爱收购兼并等高风险战略，造成其对客观真实的绩效敏感度较低，因此导致公司业绩波动性提高（Peterson et al.，2012）。

（2）降低公司治理科学性。Zhu 和 Chen（2014）的研究首次将 CEO 自恋引入到公司治理的研究中。自恋的 CEO 往往以自我为中心，他们倾向于按照自己曾经的经验来决定本公司的战略，同时也会拒绝参考其他董事提出的建议。如果自恋的 CEO 曾在其他社会地位较高的公司中参与过类似决策，那么这种现象将会更加明显。在公司治理中，董事会具有约束与制衡 CEO 权力的功能，而 Zhu 的研究首次发现了 CEO 的自恋会削弱董事会的功能，并威胁公司治理的科学性。

紧接着，在 2015 年 Zhu 和 Che 的研究进一步说明了 CEO 的自恋是如何影响董事选举的。即使是自恋的 CEO，他们也会担心新任董事排斥自己的领导决策。根据相似吸引理论，个体偏爱与其志同道合的人互动，自我观点与价值观会得到强化，从而激发情感反应，增强彼此吸引力。因此，在提名新董事时，自恋型 CEO 会更加倾向于提名和自己自恋程度差不多的人来担任本公司的新任董事，以增加新任董事对自我提出决策的支持。因此，自恋型 CEO 会在董事会中增加更多具有自恋倾向的董事，使董事会成员趋向于“自恋化”。董事整体自恋化的倾向既增加了公司战略决策的风险性，又降低了公司治理的有效性。

（3）削减有效领导方式。CEO 自恋会削弱服务型领导作风、谦卑型领导作风、变革型领导作风与交易型领导作风（Resick et al.，2009；Peterson et al.，2012）。例如，Peterson 等（2012）研究了谦卑型领导风格与 CEO 自恋之间的关系，自恋型 CEO 膨胀的自我观会削弱领导的谦卑作风，使其自我关注而不善于聆听下属的声音，这既会降低高管团队之间的有效协作，又影响 CEO 对下属的能量传授。

（4）加剧经营风险。Nihat 等（2012）从并购企业与目标企业两个方面考察了 CEO 自恋对企业收购过程的影响。并购企业 CEO 自恋程度越高越有可能主动发起并购交易且会加速并购进程，缩短并购时间，这可能会使并购企业忽视其中的并购风险。对目标企业而言，CEO 自恋程度越高，其强化自我意识的程度也就越高，就越容易忽略其他股东的建议，从而导致股东对并购交易的负面评价也就越大。Buyl 等（2019）对美国 92 位商业银行的 CEO 进行了 9 年的跟踪调查，发现这些自恋型 CEO 倾向于追求高风险高收益的投资，从而会使银行政策的风险性增强，经营风险增加。Ham 等（2018）的研究指出，CEO 自恋与企业投资政策有显著联系，这可能导致公司出现过度投资的现象。除此以外，越来越多的研究表明，自恋的 CEO 可能会增加公司参与不道德经营行为与欺诈行为。例如，自恋型 CEO 可能增加企业逃税的概率并增加会计数据操纵可能性（Olsen and Stekelberg，2015）和财务欺诈行为（Rijsenbilt et al.，2013）。这些行为都在一定程度上加大了企业的经营风险。

（5）威胁上下级关系。自恋型 CEO 更多地关心自己的利益，忽视下属的感受，从而削弱下属的组织公民行为，离职现象频发。已有的研究已经发现自恋型 CEO 缺乏同理心，拒绝负面反馈，习惯于独断专行，不关心组织公平与组织公正（Nevicka et al.，2011）。这不仅不利于上下级的交流，还会降低员工的组织认同，最终导致人才流失。

4.3 CEO 自恋的作用机制

我们通过对以上相关文献中的解释逻辑进行深度总结，归纳了 CEO 自恋影响企业行为的四种作用机制：获取关注机制、权力控制机制、趋近回避机制和归因偏见机制。CEO 自恋包含有动机成分与认知成分。动机意在说明自恋型 CEO 对权力、荣耀以及自身优越感的追求；而认知旨在强调自恋的 CEO 带有一种膨胀的自我观，认为自己高人一等，无与伦比。在这一脉络的指引下，其背后的作用机制也可分为个体动机与自我认知两类。通过以下分析可以发现，获取关注机制、权力控制机制与趋近回避机制驱动的行为受CEO个体动机倾向支配；而归因偏见机制下的行为是CEO自我认知特性的反映。

4.3.1 个体动机类机制

Jensen和Meckling（1994）总结了人类行为常见的五种模式，其中REMM模型（Resourceful Evaluative Maximizing Model）指出，个体的欲望是无穷大的，他总是在追求更多的东西，无论是物质商品（如艺术品、房子等）还是非物质商品（如友谊、爱情、名誉等）；且个体总是趋向于追求利益最大化。我们的个体动机类机制旨在说明追求名誉与赞扬，寻求个人权力最大化与风险最小化的行为既是个体行为的本质，也是个体动机的一部分。

（1）获取关注机制。膨胀的自我观使自恋的CEO渴望得到认可与荣耀（Gerstner，2013），因此他们会不断追求外界的赞扬与关注（Rosenthal and Pittinsky，2006）。在关注需求的驱动下，CEO会更新企业战略，通过战略变革来吸引外界的关注（Chatterjee and Hambrick，2007；吴建祖等，2018），通过承担社会责任来寻求吸引公众注意力并获取媒体赞扬（Petrenko et al.，2014），这些行为可能会给企业带来积极的影响。然而，过犹则不及。在完全关注需求的驱动下，CEO就会盲目追求自我关注而给公司带来较大的负面影响，如溢价并购（Nitha et al.，2012），不断增加并购数量与并购规模（Chatterjee and Hambrick，2007），过度投资（Ham et al.，2018）。

（2）权力控制机制。自恋型CEO通常迷恋权力，喜欢控制和主宰而不喜欢被约束和制约。他们总是力图扩大或者巩固自我权力（Capalbo et al.，2017）。在这种作用机制下，自恋型CEO更倾向于动用对公司战略的否定权，从而影响企业行为（Horstmeyer et al.，2011）。此外，自恋型CEO会极力操控其他董事意见和董事会决策，尽量选用与自己具有同样自恋偏好的人成为新董事，并最终影响公司经营（Zhu et al.，2015；Horstmeyer et al.，2011）。

（3）趋近回避机制。CEO的自恋使其在决策企业发展战略时趋近于回报（即潜在的经济收益）而回避风险（即潜在的经济损失）。因此，他们是典型的高趋近、低回避动机者。这种动机使他们常常低估自己决策失误的可能性，抱最大的希望却很少做最坏的打算，经常选择高风险战略（Nitat，2012）。Buyl等（2019）的研究表明，在商业银行中，自恋的CEO对风险决策带来的收益可能非常敏感，而对风险带来的消极后果反应迟钝。这些自恋型CEO强烈的趋近收益动机以及忽视增强银行潜在风险的回避动机会不断增加银行政策的风险性。

4.3.2 自我认知类机制

自我认知特性类机制即归因偏见机制，解释了由于个体认知水平的差异造成个体行为的偏差。每个人都是足智多谋的，既聪明又狡黠，个体能够根据外界环境的变化及时做出反应，调整自我行为，尽力达到自身利益最大化（Jensen and Meckling，1994）。因此，自恋的CEO在膨胀的自我观下倾向于做出有利于自我利益的行为。

不同的归因方式对信息的处理以及输出有

不同的影响（Hastie，2003）。自恋型易于将公司良好的经营业绩归因于自己卓越的才能，同时忽略外部的情景因素以及公司其他高管人员的努力付出；而当公司经营不善，面临危机如诉讼时，自恋的 CEO 常常将这种显著的后果归咎于外部因素，否认自己的失误。这种显著的归因偏差归根结底是 CEO 对自己的认知偏差造成的（Chatterjee and Hambrick，2011）。自恋的 CEO 倾向于用能力和成就去解释他人的行为和事件结果，而较少以同理心等方式进行理解。这就造成了自恋的 CEO 与同事或下属员工之间缺乏情感共鸣，既降低了自我领导方式的有效性（Rosenthal and Pittinsky，2006；Peterson et al.，2012），又恶化与下属员工之间的关系（Chatterjee，Hambrick，2011）。这种显著的自我服务偏差，导致自恋个体的归因方式和路径明显区别于其他自恋程度低的个体，使其往往选择对自己有利的方式进行行为决策（见图 1）。

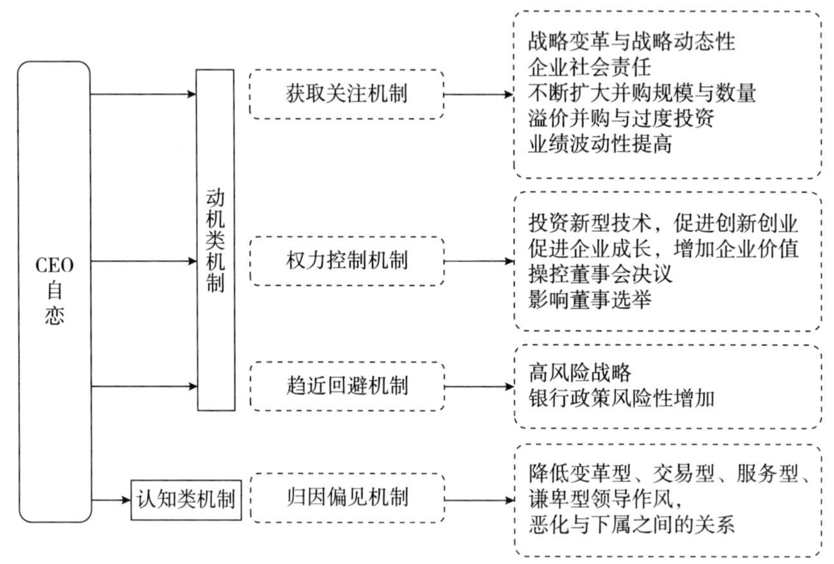

图 1　CEO 自恋产生结果的作用机制

5　CEO 自恋与企业行为之间的调节因素及其作用机制

CEO 自恋既有“光明”的一面，也有“黑暗”的一面。显然，对于 CEO 自恋的研究来说，如何激发其潜在的积极性，又如何缓冲其消极作用才是更指向管理事件的话题。这就涉及对 CEO 自恋效应调节变量的研究。然而在调节变量背后的调节机制更是引导我们找到干预手段的理论引导。通过对文献的梳理和提炼，我们概括了三种调节机制：情景约束机制、特质激活机制与多重人格机制。

5.1　情景约束机制

情景约束机制旨在说明环境中存在情景对个体行为的约束程度。当组织中制定有明确的规则，以及组织传递的信息可以为个体提供明确指导的情况下，情景会发挥较强的影响作用（Meyer and Maltin，2010），会对个体施加一定的心理压力，使个体放弃基于个人偏好的行动选择。在强情景下，可能会限制一些自恋人格的表达（Cooper and Withey，2009）。因此，在缓解 CEO 自恋对公司造成的消极影响方面，现有研究多是从外部情景因素入手，通过在公司中塑造一种强情景来约束与限制 CEO 自恋的过度表达。情景约束机制特别对权力控制机制驱动下 CEO 自恋的影响具有调节效应。

研究发现通过公司治理机制塑造权力约束情景，可以限制 CEO 自恋对公司经营造成的负面影响。其中，主要包括独立董事以及董事会监督、CEO 权力三个方面。在独立董事方面，由于独立董事是公司的外部人士，自身具备的独立性，渊博的专业知识以及丰富的从业经验，使他们会在一定程度上抑制自恋型 CEO 的冒险激进策略。在董事会监督方面，董事会监督力度越大，CEO 自恋对公司战略变革的影响就越小（薛坤坤等，2018）。因此，加强董事会的监督力度，在一定程度上可以限制 CEO 权力的膨胀。在公司治理中明文规定 CEO 的权力“上限”，在这种强情景下，可能会避免公司溢价收购，过度投资（Buyl et al.，2019）。

5.2 特质激活机制

根据特质激活理论，特质能否有效表达取决于支持该特质表达的情景，且该情景提供的与特质一致的或者相反的条件会对特质与行为的关系产生影响（Tett and Guterman，2000）。特质激活的调节机制可能对于基于获取关注机制 CEO 自恋的影响效应具有针对意义；同时对于通过趋近回避机制产生的作用也会起到部分边界作用。

Gerstner（2013）的研究发现自恋的激活、膨胀与公众的关注密切相关。公众的关注会愈加激发 CEO 博取他人赞扬、赢得外界掌声的需求，在这种情形的刺激下，自恋的 CEO 会更加偏好于采取大胆冒险的方案，通过投资新兴技术的举措，来增加公众关注（Gerstner et al.，2013）。约束在公众面前的曝光机会，比如控制媒体发布的频率，尽量以团队形象而不是个人形象出现在媒体和公众面前，也许能缓冲 CEO 自恋的过度激发。

对 CEO 的激励也可能激发自恋。股票期权奖励 CEO 的高绩效，但不惩罚低绩效，这种以股票期权支付薪酬的方式使 CEO 的个人财富与组织绩效联系起来。为了获取更多的利益，自恋型 CEO 会偏爱回报高的投资方案。因此，股票期权的数量将会激发自恋型 CEO 追求高风险高收益的战略（Buyl，2019）。企业在对高管的薪酬体系设计方面，减少其股票期权的数量也许能抑制 CEO 自恋的过度表达。

5.3 多重人格机制

对多重自我概念的研究表明，多维度、多方面、动态性和依赖情景的自我概念可以共存，并被所在环境激活（Mcconnell，2011）。多重人格机制可能对基于归因偏差机制的 CEO 自恋效应具有针对性的边界条件意义。

已有的研究发现（Owens et al.，2015；Zhang et al.，2017），与“自恋”相对应的“谦逊”人格，会在一定程度上缓和 CEO 的自恋程度。尽管类似谦逊这样的人格特质看起来似乎与自恋并不相容，但根据悖论理论，悖论下的有效管理可以对他们进行整合和协调（Smith and Lewis，2011）。Zhang（2015）的研究探讨了 CEO 自恋与谦逊对公司创新的交互影响。Owens 在 2015 年的研究中亦指出，领导者的自恋和谦逊可以共同影响领导效率。谦逊人格可能让自恋的 CEO 看到他人的优点与长处、知识才华在企业发展中所起的重要作用，减少基于自我中心的归因偏差。CEO 自恋与其他人格的互动可能都会削弱自恋的 CEO 将组织业绩和经营成果过多归因于自己的偏见。从应用上来讲，多重人格机制对于 CEO 的甄选可能具有指导意义。

综上所述，CEO 自恋的调节机制如图 2 所示。

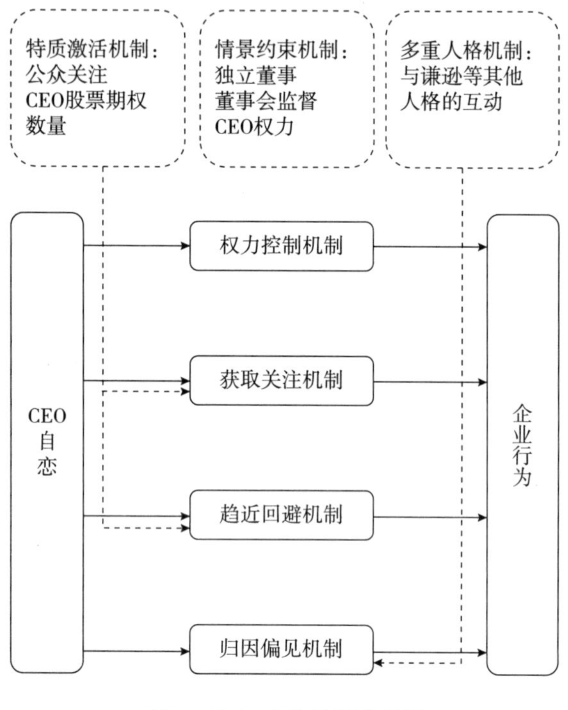

图 2　CEO 自恋的调节机制

6　未来研究展望

总体而言，现有对 CEO 自恋的实证研究表明了 CEO 自恋的存在和其重要性，但对 CEO 自恋的表现与影响及其边界因素的研究还可能有很多可扩展的空间。基于我们对 CEO 自恋的作用机制与调节机制的梳理，在此我们提出一些初步的研究设想，以期进一步推动这一重要话题的研究。

6.1　进一步拓展 CEO 自恋的结果变量范围

从企业作为社会利益相关者这一角度出发，以往的研究关注了 CEO 自恋对企业社会责任的影响（Petrenko，2015）。企业的生产经营往往和环境保护有着重要联系。环保是如今我国重要的社会问题之一，环境保护应该是管理学者和管理实践者高度关心的对象。CEO 自恋对企业的环保“绩效”可能存在着有趣的关系。从获取关注的机制角度来说，如果企业选择的环保行为具有高曝光度，并且会引发广泛的社会关注与评论，那么自恋的 CEO 可能会增强企业的环保倾向并持续做出有利于环保的选择。

从对企业持续发展的角度来看，CEO 自恋与企业战略选择的关系亦值得关注。在 CEO 自恋的个体动机类机制（获取关注和权力控制机制）中，自恋的 CEO 出于持续提升自我地位、巩固自我权力的目的，可能会牺牲企业的长远利益，更偏向于选择那些在短期内创造良好经营结果的战略。CEO 自恋可能更少采用长远战略而容易专注短期战略。

从对公司内部的影响来看，在权力控制机制下，CEO 自恋可能不仅只影响董事会选举中产生的选择偏向，还可能影响人力资源部门的功能（影响力、独立性等），影响人事制度的规范化与人事变动的频率。从归因偏见的机制来看，CEO 自恋还可能影响企业薪酬结构的差异化程度。

6.2　进一步加强边界条件的研究

我们认为，由于 CEO 自恋具有积极和消极的效应，如何找到边界因素，尤其是那些可操纵干预的调节因素，可能对于 CEO 自恋的研究才是最具有现实意义的。根据我们对调节机制的梳理，我们也尝试提出一些新的研究问题。

在情景约束机制方面，Rodrigues 等（2011）提出情景强度有四个方面，分别为清晰度、一致性、限制程度与惩罚。现有的研究多从限制程度方面来约束 CEO 自恋的消极影响，我们未来的研究也可从惩罚角度约束 CEO 自恋，比如未来研究可以探讨 CEO 惩罚措施的强度在 CEO 自恋与公司经营之间的调节效应。

此外，CEO 的自恋既有消极效应，亦有积极效应。如何能进一步激活其积极效应是边界研究中需要特别注重的视角。从情景强度中的清晰度方面来看，清晰的公司战略目标为 CEO 提供了一个明确的目标导向，出于获得外界赞扬与钦佩的心理（Rosenthal et al.，2006），并结合管家理论的原理（Hernandez，2012），CEO 的自恋可能促使他们积极达成战略。因此，研究组织战略或组织目标的清晰度在 CEO 自恋与公司绩效之间的调节作用值得尝试。

在特质激活机制方面，任务、群体或者组织等情景因素会调节特质对行为的影响（Tett and Burnett，2003），即特质相关情景会提供与特质一致或相反的条件，这可以放大或减小特质对行为的影响。因此，未来的研究可以从任务、群体、组织方面探讨 CEO 自恋的调节因素。在任务方面，Parker 等（2009）的研究发现，员工的工作控制可以激活工作线索，从而提高其工作投入的程度。因此，未来的研究可以探索工作要求与工作控制是否能激发自恋型 CEO 的工作投入。在群体层面，高管团队的哪些特征构成会对 CEO 自恋的激发和抑制产生影响值得探索。比如性别构成、年龄构成、专业构成都有可能对 CEO 自恋的激活产生影响。在组织层面上，组织文化可能对 CEO 自恋的表达有影响。谦卑型组织文化、集体主义价值观强弱以及权力距离的高低可能会影响 CEO 自恋的表现程度。

在多重人格机制方面，除了谦逊人格，从五大人格角度来看，同理心、责任感、利他性、乐群性、开放性、宜人性等人格特质与 CEO 自恋的互动也有广泛的研究空间。它们都可能起到缓解 CEO 自恋的自我中心、过度自负和脱离人群等消极行为的作用。

6.3 加强研究的中国情景

进一步研究我国情景下 CEO 自恋的表现方式是否与西方有所差异。我国是一个强调谦逊的国家，并且以儒家文化为代表的传统文化已在我国流传了两千多年。在这种文化背景下成长的 CEO，他的自恋表现形式可能与在西方个人主义价值观下成长的 CEO 表现形式不同。研究组织的传统文化水平（如提倡国学的程度，提倡节俭等传统行为的程度）与自恋的关系，都是未来研究中有意思的话题。

综上所述，CEO 自恋的研究框架如图 3 所示。

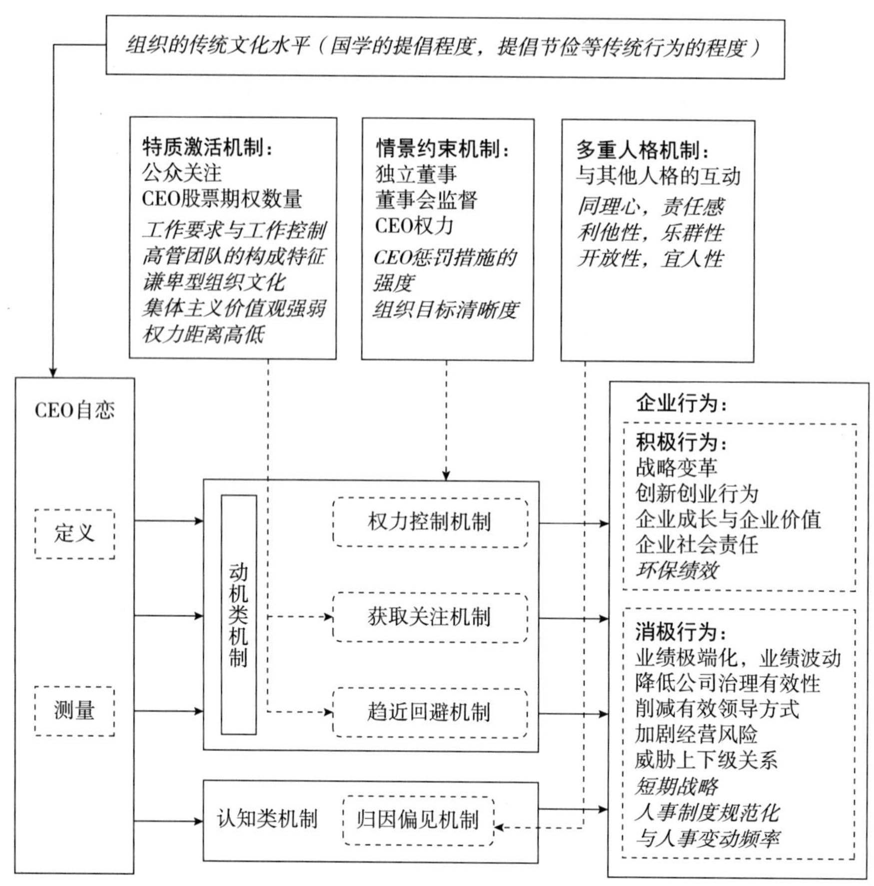

图 3　CEO 自恋的研究框架

注：斜体部分为研究展望内容。
资料来源：根据相关文献整理。

参考文献

[1] Aguilera R. V., Rupp D. E., Williams C. A., et al. Putting the S Back in Corporate Social Responsibility: A Multilevel Theory of Social Change in Organizations [J]. Academy of Management Review, 2007, 32 (3): 836-863.

[2] Aktas N., De Bodt E., Bollaert H., et al. CEO Narcissism and the Takeover Process: From Private Initiation to Deal Completion [J]. Journal of Financial and Quantitative Analysis, 2016, 51 (1): 113-137.

[3] Anderson S. W., Young S. M. Implementing Management Innovations [M]. Boston: Kluwer Academic Publishers, 2001.

[4] Baumeister R. F., Smart L., Boden J. M. Relation of Threatened Egotism to Violence and Aggression: the Dark Side of High Self-esteem [J]. Psychological Review, 1996, 103 (1): 5-33.

[5] Bogart L. M., Benotsch E. G., Pavlovic J. D. Feeling Superior but Threatened: The Relation of Narcissism to Social Comparison [J]. Basic & Applied Social Psychology, 2004, 26 (1): 35-44.

[6] Buyl T., Boone C., James B. Wade. CEO Narcissism, Risk-Taking, and Resilience: An Empirical Analysis in U. S. Commercial Banks [J]. Journal of Management. 2019, 45 (4): 1372-1400.

[7] Campbell W. K., Goodie A. S., Foster J. D. Narcissism, Confidence, and Risk Attitude [J]. Journal of Behavioral Decision Making, 2010, 17 (4): 297-311.

[8] Campbell W. K. Narcissism and Romantic Attrac-

tion [J]. Journal of Personality & Social Psychology, 1999, 77 (6): 1254-1270.

[9] Capalbo F., Frino A., Lim M. Y., et al. The Impact of CEO Narcissism on Earnings Management [J]. Abacus, 2017, 54 (2): 210-226.

[10] Carlson E. N., Vazire S., Oltmanns T. F. You Probably Think This Paper's About You: Narcissists Perceptions of Their Personality and Reputation [J]. Journal of Personality and Social Psychology, 2011, 101 (1): 185-201.

[11] Caspi A., Moffitt T. E. When Do Individual Differences Matter? A Paradoxical Theory of Personality Coherence [J]. Psychological Inquiry, 1993, 4 (4): 247-271.

[12] Chatterjee A., Hambrick D. C. Executive Personality, Capability Cues, and Risk Taking: How Narcissistic Ceos React to Their Successes and Stumbles [J]. Administrative Science Quarterly, 2011, 56 (2): 202-237.

[13] Chatterjee A., Hambrick D. C. It's All About Me: Narcissistic Chief Executive Officers and Their Effects on Company Strategy and Performance [J]. Administrative Science Quarterly, 2007, 52 (3): 351-386.

[14] Cooper W. H., Withey M. J. The Strong Situation Hypothesis [J]. Personality & Social Psychology Review An Official Journal of the Society for Personality & Social Psychology Inc, 2009, 13 (1): 62-71.

[15] Emmons R. A. Narcissism: Theory and Measurement [J]. Journal of Personality and Social Psychology, 1987, 52 (1): 11-17.

[16] Farwell L., Wohlwend L. R. Narcissistic Processes: Optimistic Expectations, Favorable Self-Evaluations, and Self-Enhancing Attributions [J]. Journal of Personality, 2010, 66 (1): 65-83.

[17] Gerstner W. C., König Andreas, Enders A., et al. CEO Narcissism, Audience Engagement, and Organizational Adoption of Technological Discontinuities [J]. Administrative Science Quarterly, 2013, 58 (2): 257-291.

[18] Goncalo J. A., Flynn F. J., Kim S. H. Are Two Narcissists Better Than One? The Link Between Narcissism, Perceived Creativity, and Creative Performance [J]. Pers Soc Psychol Bull, 2010, 36 (11): 1484-1495.

[19] Hambrick D. C., Mason P. A. Upper Echelons: The Organization as a Reflection of Its Top Managers [J]. Academy of Management Review, 1984, 9 (2): 193-206.

[20] Hambrick D. C. Upper Echelons Theory: An Update [J]. Academy of Management Review, 2007, 32 (2): 334-343.

[21] Ham C., Lang M., Seybert N., et al. CFO Narcissism and Financial Reporting Quality [J]. Journal of Accounting Research, 2015, 55 (5): 1089-1135.

[22] Ham C., Seybert N., Wang S. Narcissism is A Bad Sign: CEO Signature Size, Investment, and Performance [J]. Review of Accounting Studies, 2018, 23 (1): 234-264.

[23] Hastie R. Problems for Judgment and Decision Making [J]. Annual Review of Psychology, 2003, 52 (1): 653-683.

[24] Hayward M. L. A., Hambrick D. C. Explaining the Premiums Paid for Large Acquisitions: Evidence of CEO Hubris [J]. Administrative Science Quarterly, 1997, 42 (1): 103-127.

[25] Hernandez M. Toward an Understanding of the Psychology of Stewardship [J]. Academy of Management Review, 2012, 37 (2): 172-193.

[26] Hornsby J. S., Kuratko D. F., Holt D. T., et al. Assessing a Measurement of Organizational Preparedness for Corporate Entrepreneurship [J]. Journal of Product Innovation Management, 2013, 30 (5): 937-955.

[27] Jensen M. C., Meckling W. H. The Nature of

Man [J]. Social Science Electronic Publishing, 1994, 7 (2): 4-19.

[28] Judd J. S., Olsen K., Stekelberg J. How do Auditors Respond to CEO Narcissism? Evidence from External Audit Fees [J]. Accounting Horizons, 2017, 31 (4): 33-52.

[29] Judge T. A., Lepine J. A., Rich B. L. Loving Yourself Abundantly: Relationship of the Narcissistic Personality to Self-and Other Perceptions of Workplace Deviance, Leadership, and Task and Contextual Performance [J]. Journal of Applied Psychology, 2006, 91 (4): 762-776.

[30] Lakey C. E., Rose P., Campbell W. K., et al. Probing the Link Between Narcissism and Gambling: The Mediating Role of Judgment and Decision Making Biases [J]. Journal of Behavioral Decision Making, 2010, 21 (2): 113-137.

[31] Lee J. M., Hwang B. H., Chen H. Are Founder CEOs More Overconfident than Professional CEOs? Evidence From S&P 1500 Companies [J]. Strategic Management Journal, 2016, 38 (3): 751-769

[32] Mcconnell A. R. The Multiple Self - Aspects Framework: Self-Concept Representation and Its Implications [J]. Personality & Social Psychology Review An Official Journal of the Society for Personality & Social Psychology Inc, 2011, 15 (1): 3-27.

[33] Mcwilliams A., Siegel D. Corporate Social Responsibility: A Theory of the Firm Perspective [J]. Academy of Management Review, 2001, 26 (1): 117-127.

[34] Meyer J. P., Maltin E. R. Employee Commitment and Well-being: A Critical Review, Theoretical Framework and Research Agenda [J]. Journal of Vocational Behavior, 2010, 77 (2): 323-337.

[35] Nevicka B., Hoogh A. H. B. D., Vianen A. E. M. V., et al. All I Need is a Stage to Shine: Narcissists Leader Emergence and Performance [J]. Leadership Quarterly, 2011, 22 (5): 910.

[36] Nihat A., Eric D. B., Helen B. CEO Narcissism and the Takeover Process: From Private Initiation to Deal Completion [J]. SSRN Electronic Journal, 2016, 51 (1): 113-137.

[37] Olsen K. J., Dworkis K. K., Young S. M. CEO Narcissism and Accounting: A Picture of Profits [J]. Journal of Management Accounting Research, 2012, 26 (2): 243-267.

[38] Olsen K. J., Stekelberg J. M. CEO Narcissism and Corporate Tax Sheltering [J]. Journal of the American Taxation Association, 2015, 38 (1): 1-22.

[39] O'Reilly C. A., Doerr B., Chatman J. A. "See You in Court": How CEO Narcissism Increases Firms Vulnerability to Lawsuits [J]. The Leadership Quarterly, 2017, 29 (3): 365-378.

[40] Owens B. P., Wallace A. S., Waldman D. A. Leader Narcissism and Follower Outcomes: The Counterbalancing Effect of Leader Humility [J]. Journal of Applied Psychology, 2015, 100 (4): 1203-1213.

[41] Paredes T. A. Too Much Pay, Too Much Deference: Behavioral Corporate Finance, Ceos, and Corporate Governance [Z]. Washington University School of Law, American Law: Economics Association Annual Meetings, 2005, 32 (2): 637-762.

[42] Paulhus D. L., Williams K. M. The Dark Triad of Personality: Narcissism, Machiavellianism and Psychopathy [J]. Journal of Research in Personality, 2002, 36 (6): 556-563.

[43] Pech R., Slade B. Memetic Engineering: A Framework for Organisational Diagnosis and Development [J]. Leadership & Organization Development Journal,

2004, 25 (5): 452-465.

[44] Peterson S. J., Galvin B. M., Lange D. CEO Servant Leadership: Exploring Executive Characteristics and Firm Performance [J]. Personnel Psychology, 2012, 65 (3): 565-596.

[45] Petrenko O. V., Aime F., Ridge J. Corporate Social Responsibility or CEO Narcissism? CSR Motivations and Organizational Performance [J]. Strategic Management Journal, 2015, 37 (2): 262-279.

[46] Powell T. C., Lovallo D., Fox C. R. Behavioral Strategy [J]. Strategic Management Journal, 2011, 32 (13): 1369-1386.

[47] Raskin R. N., Hall C. S. A Narcissistic Personality Inventory [J]. Psychological Reports, 1979, 45 (2): 590-623.

[48] Raskin R., Novacek J., Hogan R. Narcissism, Self-Esteem, and Defensive Self-Enhancement [J]. Journal of Personality, 2010, 59 (1): 19-38.

[49] Raskin R., Terry H. A Principal-components Analysis of the Narcissistic Personality Inventory and Further Evidence of Its Construct Validity [J]. Journal of Personality & Social Psychology, 1988, 54 (5): 890-902.

[50] Resick C. J, Whitman D. S, Weingarden S. M., et al. The Bright-side and the Dark-side of CEO Personality: Examining Core Self-evaluations, Narcissism, Transformational Leadership, and Strategic Influence [J]. Journal of Applied Psychology, 2009, 94 (6): 1365-1381.

[51] Rhodewalt F., Eddings S. K. Narcissus Reflects: Memory Distortion in Response to Ego-relevant Feedback Among High-and Low-narcissistic Men [J]. Journal of Research in Personality, 2002, 36 (2): 97-116.

[52] Rijsenbilt, Antoinette, Commandeur, et al. Narcissus Enters the Courtroom: CEO Narcissism and Fraud [J]. Journal of Business Ethics, 2013, 117 (2): 413-429.

[53] Rodrigues R. T., Pinto C. J., Gomes J. F. S. HRM Strength, Situation Strength and Improvisation Behavior [J]. Management Research: Journal of the Iberoamerican Academy of Management, 2011, 9 (2): 118-136.

[54] Smith W. K., Lewis M. W. Toward a Theory of Paradox: A Dynamic equilibrium Model of Organizing [J]. Academy of Management Review, 2011, 36 (2): 381-403.

[55] Tett R. P., Burnett D. D. A Personality Trait-based Interactionist Model of Job Performance [J]. Journal of Applied Psychology, 2003, 88 (3): 500-517.

[56] Tett R. P., Guterman H. A. Situation Trait Relevance, Trait Expression, and Cross-Situational Consistency: Testing a Principle of Trait Activation [J]. Journal of Research in Personality, 2000, 34 (4): 397-423.

[57] Vazire S. Who Knows What About a Person? The Self-other Knowledge Asymmetry (SOKA) Model [J]. Journal of Personality and Social Psychology, 2010, 98 (2): 281-300.

[58] Vries M. K. D. Organizations on the Couch: A Clinical Perspective on Organizational Dynamics [J]. European Management Journal, 2004, 22 (2): 183-200.

[59] Vries M. K. D. The CEO Who Couldn't Talk Straight: And Other Tales From the Boardroom [J]. European Management Journal, 1992, 10 (1): 39-48.

[60] Wallace H. M., Baumeister R. F. The Performance of Narcissists Rises and Falls with Perceived Opportunity for Glory [J]. Journal of Personality & Social Psychology, 2002, 82 (5): 819.

[61] Zhang H., Ou A. Y., Tsui A. S., et al. CEO Humility, Narcissism and Firm Innovation: A Paradox Perspective on CEO Traits [J]. The Leadership Quarterly,

2017 (28): 585-604.

[62] Zhu D. H., Chen G. CEO Narcissism and the Impact of Prior Board Experience on Corporate Strategy [J]. Administrative Science Quarterly, 2015, 60 (1): 31-65.

[63] 江新峰, 张敦力, 汪晓飞. 管理者乐观情绪、研发支出与企业成长性 [J]. 科学决策, 2018 (2): 22-39.

[64] 廖建桥, 邵康华, 田婷. 自恋型领导的形成、作用及管理对策 [J]. 管理评论, 2016, 28 (6): 131-139.

[65] 陆晓红. CEO 自恋增加了民营上市公司风险吗? [J]. 财务研究, 2017 (6): 70-79.

[66] 倪清, 吴成颂. 自恋型 CEO、媒体报道与企业投资行为——来自我国沪市 A 股上市公司的经验证据 [J]. 安徽大学学报 (哲学社会科学版), 2017, 41 (4): 147-156.

[67] 乔朋华, 周阳, 李小青. CEO 自恋研发投资与企业价值 [J]. 科技进步与对策, 2019 (15): 100-106.

[68] 王维, 李娜, 薛程月, 王辰. CEO 自恋对企业成长的作用机制研究——双元创新的中介效应 [J]. 科技进步与对策, 2018, 35 (23): 113-120.

[69] 文东华, 童卫华, 彭希. CEO 自恋、所有权性质和组织后果——来自中国上市公司的证据 [J]. 经济管理, 2015 (8): 65-75.

[70] 吴建祖, 龚敏. 基于注意力基础观的 CEO 自恋对企业战略变革影响机制研究 [J] 理学报, 2018, 15 (11): 1638-1646.

[71] 薛坤坤, 武立东, 李云蕾. CEO 自恋会影响公司的战略变革吗? [J]. 经济与管理研究, 2018, 39 (10): 121-130.

[72] 于洪鉴, 陈艳, 陈邑早. CEO 个人特质与企业投资行为研究: 研究视角及未来展望 [J]. 当代经济管理, 2018, 40 (2): 25-33.

[73] 张明, 蓝海林, 曾萍. 管理者过度自信: 研究述评与展望 [J]. 外国经济与管理, 2019, 41 (2): 17-29+138.

论文执行编辑: 贾定良

论文接收日期: 2019 年 3 月 25 日

作者简介:

唐璐 (1993—): 云南财经大学商学院硕士研究生, 研究方向为人力资源管理与组织行为。E-mail: tanglu1806@163.com。

江新会 (1975—) 云南财经大学商学院教授, 博士生导师, 研究方向为中国情景下的组织行为。E-mail: beyondjxh@163.com;

CEO Narcissism:

A Literature Review and Future Direction

Lu Tang Xinhui Jiang

(Business school, Yunnan University of Finance and Economics, Kunming, China)

Abstract: Top managerial traits are crucial for corporate governance, of which CEO Narcissism plays an even salient role. We first briefly introduced the development of the concept of CEO Narcissism. Then we introduced the existing major measurements and discussed the advantages and disadvantages of each measurement method. After that we systematically examined the outcomes of CEO Narcissism, and summarized the underlying mechanisms. Finally, we reviewed the moderating research of the field, and synthesized them into three moderating mechanisms. We reviewed the literature of CEO narcissism in an integrative way, and proposed some future study themes.

Key Words: CEO Narcissism; Traits Activation; Corporate Governance

JEL Classification: M13

创造性团队中的地位竞争动机对探索式学习的作用机制
——基于组织公平的调节视角*

□ 张少峰　程德俊　赵　宣　朱依婕

摘　要：在创造性团队中，探索式学习是提升整体绩效的重要方式，而源于员工内心需求的地位竞争动机对其会产生重要影响。本文选取江苏某大型文化企业29个创制项目团队的配对数据为样本，通过层级回归分析，探讨了地位竞争动机对探索式学习的作用机制。研究发现，基于威望的地位竞争动机与探索式学习呈正向相关关系，基于支配的地位竞争动机与探索式学习呈负向相关关系；团队知识共享在地位竞争动机和探索式学习之间的关系中起中介作用；组织公平在地位竞争动机与团队知识共享之间的关系中起调节作用。具体而言，程序公平在基于威望的地位竞争动机和团队知识共享之间的关系中起正向调节作用，在基于支配的地位竞争动机和团队知识共享之间的关系中起负向调节作用，分配公平只在基于威望的地位竞争动机和团队知识共享之间的关系中起正向调节作用。

关键词：地位竞争动机；探索式学习；组织公平；团队知识共享

JEL 分类：C936

引　言

随着中国经济深化转型升级，以投资和出口为主导的追赶型经济逐步被取代，经济发展正在向旨在提高生产力的创新型经济转变。企业一方面面临技术转型调整的问题，另一方面又面临绩效提升的问题。组织学习是团队和企业提升绩效不可或缺的重要途径，根据组织创造和利用知识的活动来划分，组织学习可以分为利用式

* 基金项目：国家自然科学基金面上项目“高参与工作系统对员工间帮助行为的影响：关系氛围的作用机制”（71572077）；国家自然科学基金重点项目“变革环境下的组织变革及其管理研究”（71832006）；国家自然科学基金重点项目“领军企业创新链的组织架构与协同管理”（71732002）。

学习和探索式学习。其中，探索式学习的特征是试验、冒险和创新，是指组织成员学习、创造不同于组织现有基础的新知识的行为（March，1991）。探索式学习既是利用式学习的重要补充（Levinthal and March，1993），也是团队创新的重要来源（Leonard-Barton，1992）。当前，在以知识作为基础的现代经济体系中，创新的作用越来越被重视。在此背景下，创新越来越被企业视为组织的重要目标，并且创新对企业绩效的影响也越来越显著（Tuchman and Nadler，1986；Damanpour，1991）。因此，作为创新的重要来源探索式学习正吸引着越来越多学者的关注。目前，学界关于探索式学习的研究主要集中于组织视角的社会资本（Rhee，2004）、关系网络（Rowley et al.，2000）、组织惯性（吕一博等，2017），以及战略视角的竞争优势（Wei et al.，2014）和高管团队冲突（陈建勋等，2016）等。在创造性团队中，成员间的知识共享是团队竞争力的重要基础和保证，团队成员凭借多样化的知识储备会采取较多的探索式学习，提出更具创造性的问题解决方案，也更有益于探索式创新行为的产生（林春培、张振刚，2017）。

影响探索式学习的因素较多，从人力资源管理的角度来看，激励团队成员探索式学习的普遍做法是采取绩效工资制度，即将个人收入与工作绩效相挂钩。绩效工资制度已经在生产、销售等工作中广泛使用，激励效果显著（程德俊，2010）。然而，随着知识型员工逐渐成为创造企业价值的重要力量，绩效工资的激励成效也越来越不令人满意。Pearce（1987）和Kohn（1993）就曾在研究中指出经济奖励经常无法激励员工，故而很多学者将目光转向层级激励。目前学界普遍认同层级激励的重要性，但是有关层级激励对团队绩效产生的影响存在明显分歧。部分具有功能主义观点的学者发现，层级可以通过促进协调来提高绩效（Halevy et al.，2012；Ronay et al.，2012）。研究发现，行为偏好（例如地位竞争）也是影响员工绩效的重要因素（Gomez-Mejia and Wiseman，1997）。地位竞争可以激励个体更多地努力超越对手以获得地位，也会促使员工通过不道德行为来提升自己的地位，而这些不道德行为会对企业的绩效造成极其严重的不利影响（Lazear，1989）。例如，员工可能会刻意隐瞒一些关键信息，不愿意和团队成员进行信息分享，从而在关键时刻彰显个人能力以提升地位；员工可能通过破坏竞争对手的工作业绩来增加自己在竞争中获胜的机会，从而降低整个团队的工作绩效（Abbink and Herrmann，2011）。不同的竞争行为背后隐藏的是不同的地位竞争动机，主要包括基于威望的地位竞争和基于支配的地位竞争两种动机。基于威望的地位竞争是希望获得他人的认可和尊重，而基于支配的地位竞争是希望通过获得对资源和他人的支配（Chen et al.，2012；Bendersky and Hays，2012）。

团队已经成为现代企业中一种常见的组织形式，探索式学习需要团队成员之间进行知识共享，高度的团队知识共享也可以有效促进团队的探索式学习。已有对团队知识共享的研究主要从团队薪酬分配（Bartol and Srivastava，2002）和团队社会网络（Marks et al.，2002）等方面展开。本文将从新的视角阐述地位竞争动机对知识共享的影响，持有两种不同动机的地位竞争对团队知识共享及探索式学习具有不同的作用。为了充分发挥地位竞争的激励作用，避免地位竞争降低团队产出行为，需要公平公正的企业环境。在公正的组织氛围中，能够较好地遏制欺骗、弄权等行为。因此，本文试图研究创造性团队中地位竞争动机对探索式学习的影响，并且考虑团队知识共享和组织公平的作用。

1 理论回顾与假设提出

1.1 创造性团队中探索式学习及其激励障碍

探索式学习和探索式创新是创造性团队和企业的重要活动。创新包括开发式创新和探索式创新，其中探索式创新是指以使用新的知识或脱离现有的知识的方式来突破企业现有的知识体系，从而对未知的领域进行探索（Benner and Tushman，2003）。以往研究表明，探索式创新有利于未来企业的绩效收益和长期竞争力的培养（崔维军等，2017；李忆、司有和，2008）。从组织学习的角度来看，相较于利用式学习，探索式学习是为了追求新的可能性而采取的一种大幅度的、激进的学习行为（March，1991）。在组织中，Fang 等（2007）发现团队有利于知识的连接和传播。对于创造性团队而言，当团队采取探索式学习时，通过整合和创造新知识，有利于其进行探索式创新（杨治等，2017）。

以往团队中激励探索式学习的主要方式是建立完备的绩效工资制度，将团队和员工探索式学习所带来的探索式创新绩效与团队整体和员工个人所获得的绩效相挂钩，激励效果显著（程德俊，2010）。一方面，对于个体而言，赋予员工进行探索式学习的动力，用边际收益激发员工，使得员工开拓创新，勇于探索，这符合人类的动机和激励理论（Fowler，1967）；另一方面，对于团队而言，激励团队进行探索式学习以促进团队合作，加强团队内专有知识的共享与交换。然而，在第一种情况下就需要对探索式学习进行准确定价，以防止过高和过低的定价导致激励失败，有学者就指出知识交换中的定价障碍是企业取代市场成为主要治理机制的重要原因（Arrow，1971）；第二种情况就需要考虑此时团队成员是否愿意共享自己专有的那部分知识以促成探索式学习的达成，因为从地位竞争动机的角度出发，有的人会为了自己在组织内的相对地位而保留自己的专有知识。

随着知识型员工逐渐成为企业价值的主要创造力量，绩效工资的激励效果也愈加不令人满意，越来越多的学者开始将目光转向层级激励。在对层级激励的研究中，一些学者发现层级可以通过促进协调来提升绩效（Halevy et al.，2012；Ronay et al.，2012），同时也有学者发现层级会导致怨恨、冲突和破坏性，不利于团队绩效的提高（Bloom，1999；Mannix，1993）。如何尽量消除层级激励的负面影响，最显著的就是以分权为导向的地位激励的补偿作用。例如在许多新创高科技企业当中，对于高级技术顾问等知识型员工就需要提供更高的地位来进行激励，这就为我们如何解决创造性团队中探索式学习的有效激励问题提供了新的思路。

1.2 地位竞争动机及其影响

团队中的地位竞争是指个体为了团队中的

地位进行努力的行为，地位代表的是个体在团队中的相对位置，这种相对位置一般由个体所处的职位或等级来体现（刘智强等，2013）。对于团队来说，这种位置上的占有需要付出更多的工作以及努力，团队将位置和个体努力进行交换，获得的回报便是位置所带来的相关利益，如处罚或者奖励、威望和声誉、经济性报酬等。而团队所能提供的位置数量相对于愿意作此交换的个体数量来说，是较少的，这样在个体中就形成了基于地位的竞争。

地位竞争在人类社会中发挥了重要的作用，可以激发员工更加努力工作从而提高团队绩效（刘智强等，2013），推动地位竞争最根本的动机是人对于地位的需求（翟学伟，2005）。社会动机包括利己动机和亲社会动机，社会动机决定了团队成员搜索、处理和交流信息的方式，因此，知识和信息的处理结果取决于动机的类型（De Dreu et al.，2011；De Dreu et al.，2008）。另外，基于不同需求，地位竞争动机可以划分为两类：一种是基于威望的地位竞争动机，持有该动机的员工追求的是地位本身的意义，如地位所能带来的尊严、面子和荣誉等；另一种是基于支配的地位竞争动机，持有该动机的员工追求的是地位背后隐藏的资源，例如地位背后所能带来的权力、报酬等资源（Chen et al.，2012；Bendersky and Hays，2012）。

1.3 不同地位竞争动机和探索式学习的关系

探索式学习对于提高团队创新绩效起着至关重要的作用（March，1991），然而，探索式学习需要长期积累，不能一蹴而就，也不靠一个人完成，它需要团队成员依靠长期培养出的默契和相互协作才能达成。如前所述，人们对地位的渴望根植于人的内心深处，但由于竞争者的动机不同，地位竞争会发挥出积极的适应功能，也会带来极大的负面效应。也就是说，权力和地位的使用方式和手段并不是研究地位竞争问题的关键，因为不同动机能够带来截然不同的影响，真正需要关注的是权力和地位的使用动机和目的。

（1）亲社会动机、基于威望的地位竞争动机与探索式学习。

持有亲社会动机的人，会具有利他行为（De Dreu et al.，2008）。他们以获得他人的尊重和认可为目标，不将自己的利他行为看作是一种经济交换，虽然不追求短期的经济回报，但是他们追求的是他人尊重和认可背后所带来的社会地位的提高。亲社会动机在地位竞争中表现为基于威望的地位竞争动机，通过帮助他人和分享信息等途径来赢得他人尊重和促进团队发展（Cheng et al.，2013；Flynn et al.，2006）。持有基于威望的地位竞争动机的人非常看重自己的面子、荣誉和声望等，看重别人对自己的评价，渴望得到别人的认可（Bendersky and Hays，2012；刘智强等，2013）。因此，这些人为了维护以及获得自己的尊严和面子，会做出更多的组织公民行为，促进团队成员之间的合作交流，使团队氛围更加融洽。成员的错误可以被原谅并得到及时的修正，成员的成功也会得到大家的认可和赞许，愿意分享工作中的经验和得失，这有利于团队成员大胆实践，采取探索式学习，以推动实现团队创新。由此，提出如下假设：

H1a：基于威望的地位竞争动机正向影响

探索式学习。

（2）利己动机、基于支配的地位竞争动机与探索式学习。

相对于亲社会动机看重地位本身所代表的象征意义，另外一种利己动机会以获取地位所带来的资源为目的，地位所涵盖的权力、控制和资源是他们不竭的奋斗动力（De Dreu et al.，2008）。相对于亲社会动机的人以帮助他人获得认可，利己动机的人以恐吓、威慑等方式使他人形成恐惧，从而巩固自身的地位。利己动机在地位竞争中表现为基于支配的地位竞争动机，持有基于支配的地位竞争动机的人有着强烈的占有欲望和控制欲望，期望能够通过占有和控制来支配他人和资源。持有这种动机的人为了达到目的，会减少与团队成员的分享和合作，不利于团队合作和发展（蔡地等，2018）。团队成员间的地位竞争同样可以看成是零和博弈，竞争中双方地位必然以此消彼长的形式出现（Bendersky and Hays，2012）。在竞争过程中，持有基于支配的地位竞争动机的人将他人看成是自身地位的威胁（Van et al.，2008），除了采取提高自身能力和贡献的手段，还可能会采取边缘化、恶意排挤和破坏他人绩效等组织政治行为的手段，通过损害和制裁他人的方式以达到自己的目的，对经济性报酬的追求也会导致其忽略工作本身与其他成员（蔡地等，2018），因此不利于以共享知识和团队合作为基础的探索式学习。综上所述，提出以下假设：

H1b：基于支配的地位竞争动机负向影响探索式学习。

1.4 团队知识共享的中介作用研究

团队知识共享是指团队中的个体与他人分享知识和交流信息，最终达到共同使用知识的目的（Nahapiet and Ghoshal，1998）。共享的内容是知识，知识的交换和物体的交换不同，其强调最后是作为共享主体的知识提供者和知识接受者同时拥有知识，而并非像交换物体那样损失和获得同时发生。在内部的知识共享的过程中，即使是在团队的总体的知识没有增多的情况下，每个人拥有的知识的绝对值之和也是增大的，并且在某些情况下，不同的个体知道的是同一个知识的不同方面或者是不同部分。单独来看，有些知识的部分是不具有价值的，但是，这些都没有价值的部分知识拼凑成为一个整体的知识的时候，将会产生极大的价值。另外，个体在接受了新的知识之后，会与旧的知识交融产生更新的知识，或者是两个个体在知识共享的沟通中，产生了许多新知识。团队知识共享就能够使得团队中每一个个体的知识的潜在价值能够最大限度地发挥出来。这样，团队知识共享一方面可以让团队的知识总量变大，并且将知识的价值扩大（Hurley and Hult，1998）；另一方面通过团队学习获得的是有价值的、稀缺的新知识，并且这些新知识难以被模仿和替代，其特殊性使其他成员吸收了通过“分享”所转移的新知识后，会形成独特的核心竞争力（陈国权，2009），这些都能够促进探索式学习。

关于团队知识共享，有一种市场导向观点认为，知识共享是一种基于把知识看成是有价商品的知识拥有者和需求者之间发生的交换行为，拥有者可以在组织内部的知识市场中对知识进行交易（Woerter，2012；吴汉东，2011）。知识的交换是知识拥有者和需求者双方基于知识“等价”交换的前提下进行的，因此，知识共享需要在评估收益大于成本这个客观条件下才会发生。知识对于个体来说，在某种程度上是一种筹码，这种观点为我们提供了一个较好的视角。在组织中，分享知识的行为会让进行知识共享的个体获得一定的专家性权力，而该个体的这种专家性权力会延伸到脱离了该知识的范围，使这个个体在其他方面获得一定的权力，从而获得组织中一定的地位（Tsai，2002）。

基于组织协调的社会网络视角，Tsai（2002）研究发现在一家由多单位组成的大型公司中，单位之间相互争夺市场份额而不是单位内部相互竞争资源，社会互动形式的非正式横向关系对知识共享具有显著正向影响，集中形式的正式层级结构对知识共享具有显著负向影响。非正式横向关系有利于形成专家性权力，从而获得认可与尊重，以提高自身在组织中的地位，在竞争动机上具体体现为基于威望的地位竞争动机；正式层级结构更多的是考虑控制资源，使用威慑、控制等方式巩固自身的地位和资源，在竞争动机上具体体现为基于支配的地位竞争动机。也就是说，基于威望的地位竞争对知识共享具有积极的意义，而相对来说，基于支配的地位竞争更多考虑的是控制资源而非通过共享来获得专家性权力，基于支配的地位竞争不利于团队间的知识共享。综上所述，得出以下假设：

H2a：基于威望的地位竞争动机和知识共享之间存在正相关关系。

H2b：基于支配的地位竞争动机和知识共享之间存在负相关关系。

H3：知识共享在地位竞争动机与探索式学习中起中介作用，知识共享和探索式学习之间存在正相关关系。

1.5 组织公平的调节作用研究

组织公平是一个比较复杂的概念，组织公平可以作为一个统一的概念或者是变量进行研究（Greenberg，1990）。学者们指出，组织公平可分为三个维度：程序公平、分配公平和互动公平（Skarlicki and Folger，1997）。由于互动公平与程序公平高度相关，大多数研究将这两个公平合并成为一个维度，使用程序公平和分配公平来研究组织公平（Moorman，1991；Sweeney，1992），本文也建立在将组织概念分为程序公平和分配公平的基础上。

程序公平指的是决策者为实现争议或协商结果而使用的政策、标准或程序，从而使团队成员感受到公平，对制定决策的程序进行评价的程度（Niehoff and Moorman，1993）。对于基于威望的地位竞争动机来说，成员是威望者的追随者，他们是基于自愿以及互利共惠的心理预期来拥护威望者，威望者会通过亲社会行为帮助团队成员，从而促进员工之间的信息交流更为畅通。程序公平对于威望者的行事风格进行了促进，威望者通过程序来行使自己的权利，这就在一定程度上大大促进了威望者对于员工的帮助行为，进而促进了员工彼此之间的知识共享。程序公平可以让员工感觉到在团队中有客观存在的规则来促进了知识共享，在这种环境下，个体会倾向于分享自己的想法和知识。

相反，对于基于支配的地位竞争动机来说，成员是可被支配资源的一部分，他们不是基于自愿以及互利共惠的心理预期来拥护资源支配者，支配者为了达到支配他人的目的有可能采取强硬的、不透明的办公室政治来对员工进行压迫，从而使得员工彼此之间交流过少，信息交流不畅通。而在此时，程序公平对于支配者的行事风格进行了约束，支配者必须依据一定的程序来行使自己的权利，这就在一定程度上大大削减了支配者对成员的束缚，进而促进了成员彼此之间的知识共享。程序公平可以让成员感觉到在团队中有客观存在的规则来保护自己的利益，即使是在个别情况下受到了不公平的对待，仍然能够相信团队的规则能够在长远的角度保护自己的利益。在这种环境下，个体会倾向于分享自己的想法和知识而不会害怕自己在进行知识共享后受到不平等的对待。基于此，提出以下假设：

H4a：在基于威望的地位竞争动机对知识共享的影响中，程序公平起到了正向调节作用。

H4b：在基于支配的地位竞争动机对知识共享的影响中，程序公平起到了负向调节作用。

分配公平指的是员工将自身以及自身和参考对象的报酬和投入比例的薪酬比较后产生的主观感觉（Niehoff and Moorman，1993）。根据组织公平理论和认同理论，当团队成员认为分配不公平时，将会与团队以及其他成员之间在情感上产生较高的不认同感和距离感（赵斌等，2017）。分配公平则可以相应地拉近成员之间的心理距离，从而缩减成员之间的权力距离，加强成员之间的认可程度，增加团队成员的知识共享意愿。基于威望的地位竞争对团队知识共享的影响是正相关关系，分配公平的调节可以增加该关系中团队共享的可能性，因此设为正向调节作用，而由于基于支配的地位竞争对团队知识共享的影响原本是负相关关系，分配公平的调节反而可以增加该关系中团队共享的可能性，因此设为负向调节作用。基于此，提出以下假设：

H4c：在基于威望的地位竞争动机对知识共享的影响中，分配公平起到了正向调节作用。

H4d：在基于支配的地位竞争动机对知识共享的影响中，分配公平起到了负向调节作用。

在文献回顾的基础上，本文试图研究地位竞争动机对探索式学习的影响，并且探讨团队知识共享的中介效应和组织公平的调节效应，建立了一个包含地位竞争动机、团队知识共享、组织公平以及探索式学习的综合模型，综合研究假设部分的推理，本文的研究模型如图 1 所示。

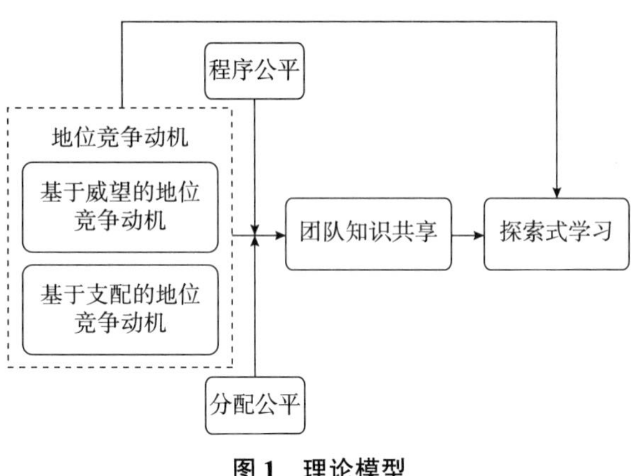

图 1　理论模型

2　研究方法

2.1　数据收集

本文选取华东地区某大型文化企业为调查对象，随机调查了由不同部门成员组成的 29 支节目制作团队。为保证数据有效性和可信度，课题组向团队所有成员进行调研，向团队负责人和普通成员分别发放不同的问卷，总计发放

250 份，回收 242 份，回收率 96.8%。剔除 9 份无效问卷，最终有效样本 233 份，其中团队负责人填写 43 份，普通成员填写 190 份。

本文选取的研究对象具有以下特征：①该文化企业为中国大型事业单位，团队编制成熟，人员完整，符合 Hackman（1987）对团队的要求。②研究样本的所有团队均来自同一家企业，能有效避免不同行业特征、企业文化背景等因素的影响。③电视节目制作团队的工作具有较强的未知性，需要团队成员定期从事创造性活动，按照策划、拍摄、制作等流程分工合作，不断创造新的文化作品，这些都满足对创造性团队的要求（Peckham，1996）。④基于该企业对创造性的要求，人员学历层次要求也普遍较高，因此团队成员薪资水平也较高，福利待遇较好，对于地位的需求大于对于薪酬的需求，是作为地位竞争的合适研究对象。⑤创造性团队对探索式学习的要求相较于利用式学习更为重要，有利于对探索式学习的研究。

本文为团队成员设计了一份关于地位竞争动机、程序公平、分配公平、知识共享行为以及相关控制变量等的问卷，为团队领导设计了一份关于探索式学习的问卷，分别进行了问卷调查。研究小组采用线下现场方式发放问卷，在发放问卷之前进行了解释，并承诺信息保密。在填写过程中研究小组人员可以当场答疑解惑并及时检查问卷填写情况，这样能够保证问卷是在独立情况下被认真仔细填写，从而确保问卷填写的有效性。

2.2 变量测量

（1）自变量：地位竞争动机。

本文以 Bendersky 和 Hays（2012）、Humberman 等（2004）的研究为基础，设计了包含 9 个测量项的问卷对地位竞争动机进行测量，基于威望的地位竞争动机包括 5 个题项，即“团队其他人尊重团队领导”“团队其他人总是期望团队领导能够成功”“团队领导的独特能力和才能受到团队成员的认可”，基于支配的地位竞争动机包括 4 个题项，即“团队领导经常努力实现他自己的目标，无论团队中其他人的想法如何”“团队领导努力控制他人，而不允许其他人控制他”“团队中有些成员有点怕团队领导”。6 个测量项均采用李克特五级量表进行测量，其中 1 表示“完全不符合”，5 表示“完全符合”。基于威望的地位竞争动机和基于支配的地位竞争动机两大概念的内部一致性系数分别为 0.886 和 0.875。

为探究个体的地位竞争动机对探索式学习的影响，本文将个体层面的动机聚合到团队层面，并以各区段的平均值作为地位竞争动机的测量。数据结果表明，基于威望的地位竞争动机中，ICC（1）= 0.327，ICC（2）= 0.758；基于支配的地位竞争动机中，ICC（1）= 0.246，ICC（2）= 0.723。这表明，通过个体层面的平均值来表示团队层面是合适的。

（2）因变量：探索式学习。

在过去的探索式学习实证研究中，团队探索式创新行为的评价主要通过上级的评价来测量，常用的量表有 Scott 和 Bruce（1994）的 6 条目量表、Tierney 等（1999）的 9 条目量表、Oldham 和 Cummin（1996）的 6 条目量表以及 Zhou 和 George（2001）的 13 条目量表。本文以 Zhou 和 George（2001）的量表为基础，再进行适当的修改补充，对探索式学习设计了 7 个测量条目，如“乐于开发新产品、开拓新服务”“经常利用新市场中的新机会”“能够接受超越现有产品和服务的需求”等。采用李克特五级量表对各测度项进行测量，其中 1 表示“完全不符合”，5 表示“完全符合”。结果表明，基于探索式学习的内部一致性系数为 0.91。

（3）中介变量：团队知识共享。

通过有关团队知识共享的文献，我们可以发现 Zarraga 和 Bonache（2003）、Collins 和 Smith（2006）开发的量表是常用的，因此本文采纳了他们的成果，并结合特定情境进行适当调整，最终形成了团队知识共享的量表，包括 4 个测量项，即“在我的团队中，我从同事那里学到只有他们知道的知识”“每当我学习到新知识，我都会让团队成员也学习它”“当团队其他成员向我寻求帮助时，如果我会，我会教他们”。采用李克特五级量表法进行测量，其中 1 表示“完全不符合”，5 表示“完全符合”。结果表明，基于团队知识共享的内部一致性系数为 0.89。知识共享中，ICC（1）= 0.477，ICC（2）= 0.879。这表明，通过个体层面的平均值来表示团队层面是合适的。

（4）调节变量：组织公平。

根据有关组织公平的文献，本文采用 Niehoff 和 Moorman（1993）的含有 7 个测量项的问卷，其中程序公平有 3 个测量项，如“企业不同层次的管理者都能够参与到薪酬和绩效评估决策”“公司通过各种渠道了解员工关于薪酬和绩效评估的意见”“公司有正式的申诉渠道”等。分配公平有 4 个测量项，如“与企业中类似的工作相比，我获得的报酬是公平的”“个人绩效是影响薪酬调整的最大因素”“与同事相比，我的工作量是相当公平的”等。采用李克特五级量表进行问卷调查，其中 1 表示“完全不符合”，5 表示“完全符合”。在本文中，基于组织公平/程序公平和分配公平内部一致性系数分别为 0.743、0.835。其中程序公平中，ICC（1）= 0.301，ICC（2）= 0.775，分配公平中，ICC（1）= 0.412，ICC（2）= 0.849。因此利用两者的平均值来表示团队层面的公平感。

（5）控制变量。

为了使研究结果不受其他因素的干扰，需要对一些变量进行测量控制，这些变量包括个体层面的特征，如性别、年龄、入职时间、加入团队时间、职位等，以及团队层面的特征，如团队规模、团队类型等。

3 研究结果

3.1 描述性统计和相关性分析

本文使用 SPSS 22.0 软件检验各变量的信效度，各变量因子载荷和 Cronbach's Alpha 值为 0.70~0.97，大于最低阈值 0.7，说明信度通过检验。此外，本文从内容效度、聚合效度、区分效度三个维度进行效度检验。各变量均来自于学者们的文献，皆有迹可循，这在一定程度上保证了内容效度；各题项的因子载荷、各变量的组合信度均大于 0.7，且 AVE 值均大于 0.5，说明聚合效度通过检验。本文采用 SPSS 22.0 对 6 个核心构念进行验证性因子分析。经过比较，本文的六因子模型的拟合度最高，χ^2 = 331.25（$P<0$），$\chi^2/df = 1.648 < 3$，RMSEA = 0.071<1，GFI = 0.901>0.90，IFI = 0.954>0.9，

CFI=0.932>0.9，NNFI=0.807<0.9。六因子模型显著优于其他因子模型，具体结果如表 1 所示。表 2 是对变量进行描述性统计和相关性分析的结果，其中对角线上的根号 AVE 值均大于各变量之间的相关系数，这说明区分效度通过检验。因此，各变量是有效且可信的。

表 1　概念模型的拟合效度结果

模型	χ^2	df	χ^2/df	RMSEA	GFI	IFI	CFI	NNFI
六因子模型	331.25	201	1.648	0.071	0.901	0.954	0.932	0.807
五因子模型	435.33	212	2.053	0.098	0.886	0.876	0.862	0.788
四因子模型	567.11	231	2.455	0.104	0.802	0.801	0.814	0.754
三因子模型	673.81	242	2.784	0.121	0.793	0.765	0.756	0.693
二因子模型	791.77	249	3.180	0.124	0.785	0.711	0.709	0.675
单因子模型	904.97	251	3.605	0.131	0.734	0.698	0.674	0.592

注：五因子模型是将支配型地位竞争和威望型地位竞争合并为一个潜在因子；四因子模型是将程序公平和分配公平合并为一个潜在因子；三因子模型是将团队共享和组织公平合并为一个潜在因子；二因子模型是将所有因变量合并为一个潜在因子；单因子模型是将所有构念合并为同一个潜在因子。

表 2　描述性统计和相关关系分析

		1	2	3	4	5	6
1	基于威望的地位竞争动机	1.000					
2	基于支配的地位竞争动机	0.367	1.000				
3	知识共享	0.464***	-0.702***	1.000			
4	程序公平	0.402*	-0.019*	0.040*	1.000		
5	分配公平	0.101*	-0.455	0.023*	0.653*	1.000	
6	探索式学习	0.601**	-0.422*	0.503*	0.289*	0.308*	1.000

注：*** 表示在 0.1%的水平上显著；** 表示在 1%的水平上显著；* 表示在 5%的水平上显著。

3.2　地位竞争对探索式学习的主效应

本文通过层级回归分析地位竞争动机对探索式学习的影响。首先加入控制变量，得到模型 1，然后分别依次加入自变量——基于支配的地位竞争动机和基于威望的地位竞争动机，得到模型 2、模型 3（如表 3 所示）。模型 2 的分析结果表明，加入基于威望的地位竞争动机后，方程解释力度显著增加（$P<0.01$，$\Delta R^2=0.315$），且 Pearson 系数 $\beta=0.289$，说明基于威望的地位竞争动机和探索式学习之间存在显著正相关关系，假设 1a 成立；模型 3 的分析结果表明，加入基于支配的地位竞争动机后，方程解释力度显著增加（$P<0.01$，$\Delta R^2=0.297$），且 Pearson 系数 $\beta=-0.248$，说明基于支配的地位竞争动机和探索式学习之间存在显著负相关关系，假设 1b 成立。

表 3　多元线性回归分析结果

	探索式学习					
	模型 1	模型 2	模型 3	模型 4	模型 5	模型 6
团队规模	0. 070	0. 073	0. 073	0. 072	0. 075	0. 076
团队年龄	−0. 068	−0. 060	−0. 062	−0. 064	−0. 064	−0. 067
基于威望的地位竞争动机		0. 289**			0. 275*	
基于支配的地位竞争动机			−0. 248**			−0. 269*
知识共享				0. 808**	0. 550*	0. 564*
F	0. 453	1. 698**	1. 580**	1. 664**	2. 304*	2. 195*
R^2	0. 185	0. 500**	0. 482**	0. 495**	0. 613*	0. 601*
ΔR^2		0. 315**	0. 297**	0. 310**	0. 428*	0. 416*

注：**表示在 1%的水平上显著；*表示在 5%的水平上显著。

3.3　团队知识共享的中介效应

首先，检验地位竞争动机是否显著影响团队知识共享。采用层级回归分析方法，如表 4 所示，添加控制变量，得到模型 7；再加入自变量——基于威望的地位竞争动机和基于支配的地位竞争动机，得到模型 8；模型 9 是所有一级变量的回归结果。模型 8 表明，方程解释力度显著增加（ΔR^2=0. 295），说明基于威望的竞争地位动机正向影响团队知识共享（P<0. 01，β=0. 388），基于支配的地位竞争动机负向影响团队知识共享（P<0. 01，β=−0. 316），即假设 2a 和假设 2b 成立。

其次，验证中介变量团队知识共享是否有显著影响探索式学习。由表 3 中模型 4（P<0. 01，ΔR^2=0. 310，β=0. 808）可知，团队知识共享显著正向影响探索式学习，假设 3 成立。

最后，验证在控制了中介变量之后，自变量对因变量的影响是否显著降低。比较表 3 的模型 2 和模型 5 可得，控制团队进行知识共享时，自变量的 β 值由 0. 289 变为 0. 275，显著性水平由 P<0. 01 变成 P<0. 05，说明当团队知识共享一定时，基于威望的地位竞争动机对探索式学习的影响显著降低。同理，比较表 3 的模型 3 和模型 6，自变量的 β 值由−0. 248 变为−0. 269，显著性水平由 P<0. 01 变成 P<0. 05，说明团队知识共享一定时，基于支配的地位竞争动机对探索式学习的影响显著降低。可以看出，团队知识共享在地位竞争动机和探索式学习之间起着中介作用。

表 4　线性回归分析结果

	知识共享						
	模型 7	模型 8	模型 9	模型 10	模型 11	模型 12	模型 13
团队规模	0. 057	0. 068	0. 068	0. 069	0. 062	0. 076	0. 067
团队年龄	−0. 068	−0. 070	−0. 070	−0. 079	−0. 070	−0. 081	−0. 076
基于威望的地位竞争动机		0. 388**	0. 367*				

续表

	知识共享						
	模型 7	模型 8	模型 9	模型 10	模型 11	模型 12	模型 13
基于支配的地位竞争动机		−0.316**	−0.315*				
程序公平			0.014*				
分配公平			0.073				
基于威望的地位竞争动机×程序公平				0.948*			
基于支配的地位竞争动机×程序公平					0.652*		
基于威望的地位竞争动机×分配公平						0.658*	
基于支配的地位竞争动机×分配公平							0.400
F	0.453	1.571*	1.580*	1.923*	1.930*	2.012*	1.569
R^2	0.185	0.480*	0.482*	0.606*	0.607*	0.617*	0.557
ΔR^2		0.295*	0.297*	0.421*	0.422*	0.432*	0.372

注：** 表示在 1%的水平上显著；* 表示在 5%的水平上显著。

3.4 组织公平感的调节效应

如表 4 所示，引入基于威望的地位竞争动机和程序公平交互项，得到模型 10（$P<0.05$，$\Delta R^2=0.421$，$\beta=0.948$）。结果表明，基于威望的地位竞争动机和程序公平交互项对团队知识共享有显著的正向影响，说明程序公平显著正向影响基于威望的地位竞争动机和团队知识共享之间的关系，假设 4a 得到验证。模型 11 显示，引入基于支配的地位竞争动机和程序公平交互项后，整体解释力度显著增加（$P<0.05$，$\Delta R^2=0.422$，$\beta=0.652$）。因此，基于支配的地位竞争动机和程序公平交互项对团队知识共享有显著的正向影响，表明程序公平显著影响基于支配的地位竞争动机和团队知识共享之间的关系。其中，β 值从负变为正，这表明在程序公平条件下，基于支配的地位竞争和团队知识共享之间存在显著的正相关，假设 4b 得到验证。

之后，验证分配公平的调节作用，得到模型 12 和模型 13。模型 12（$P<0.05$，$\Delta R^2=0.432$，$\beta=0.658$）表明分配公平显著正向调节基于威望的地位竞争动机和团队知识共享之间的关系，假设 4c 得到验证。模型 13 显示 P 值大于 0.05，可见分配公平对基于支配的地位竞争动机和团队知识共享之间的关系并未起到调节作用，假设 4d 没有得到验证。为更好地展示程序公平与分配公平的调节作用，本文给出了相应的调节效应图（如图 2、图 3、图 4 所示）。

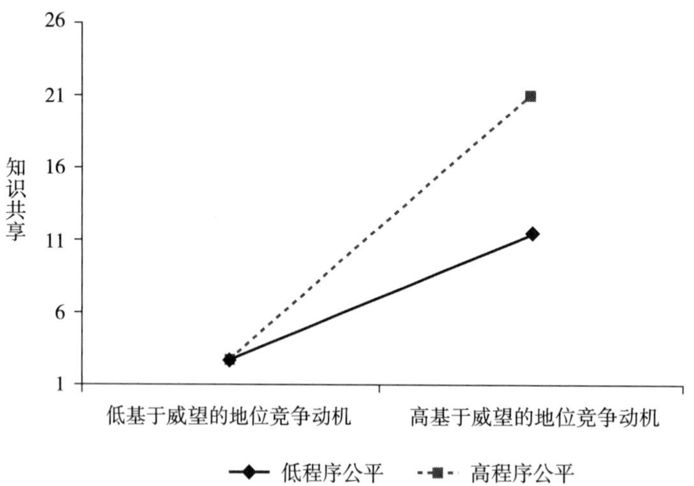

图 2　程序公平对基于威望的地位竞争动机与团队成员知识共享行为之间关系的调节效应

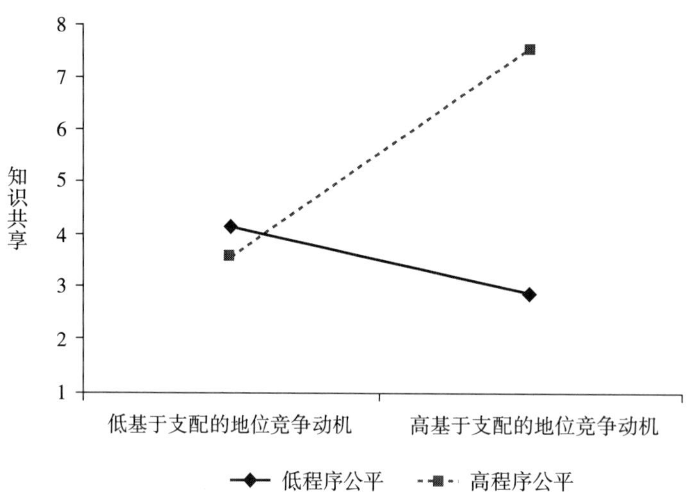

图 3　程序公平对基于支配的地位竞争动机与团队成员知识共享行为之间关系的调节效应

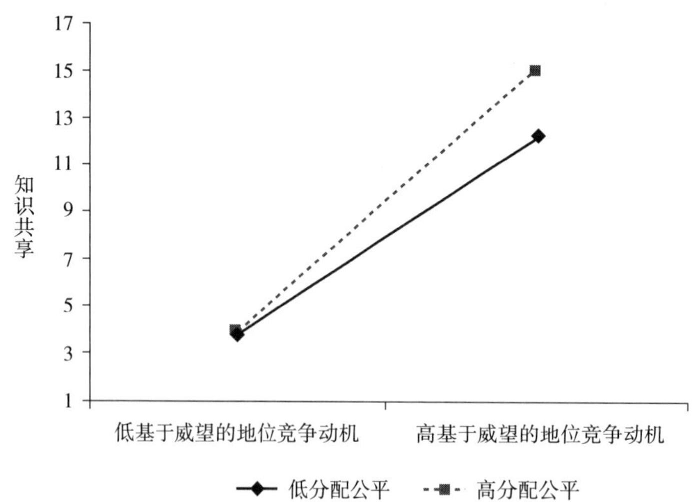

图 4　分配公平对基于威望的地位竞争动机与团队成员知识共享行为之间关系的调节效应

3.5 研究假设验证结果

回归分析结果表明，H1a、H1b、H2a、H2b、H3、H4a、H4b、H4c得到验证，H4d没有得到验证，即分配公平在基于支配的地位竞争动机和团队知识共享之间的关系中不起调节作用。本文对此的解释是，基于支配的地位竞争动机看重的是地位所带来的物质利益和权力，分配公平与否并不能影响其知识共享的意愿，因此分配公平不能在其中起到调节作用。

4 结论与讨论

在创造性团队中，成员之间的知识共享和交换行为对于团队运作和发展具有重要的作用。地位的调整可以有效激励员工增加工作投入，创造更高的绩效。大量研究表明，知识共享行为能够有效提高探索式学习，但是对地位竞争动机在探索式学习过程中发挥的作用研究并不多。本文试图从地位竞争的角度来具体阐述地位竞争对知识共享和探索式学习的影响作用。

4.1 结论

组织学习是组织保持竞争力的不竭动力，是提升团队绩效的关键所在，本文分析了地位竞争对探索式学习的影响过程，以江苏某大型文化企业项目团队为调查对象，得出以下结论：

第一，基于威望的地位竞争动机正向影响探索式学习，基于支配的地位竞争动机负向影响探索式学习。探索式学习需要一定的成本，并且要承担比较大的风险。持有基于威望的地位竞争动机的人非常看重个人的面子、荣誉等，追求地位本身所象征的意义，因此，这类成员为了维护以及获得自己的尊严和面子，会有更多的组织公民行为，从而会促进探索式学习。而持有基于支配的地位竞争动机的人具有强烈的占有欲望和控制欲望，期望能够支配他人和资源，为了得到期望的地位从而获得相应的权力，持有这种动机的成员必然采取与公司规定不一致的方法，从而阻碍探索式学习。

第二，团队知识共享在地位竞争动机与探索式学习的关系之中起到中介作用。在组织中分享知识的行为会让进行知识共享的个体获得一定的专家性权力，而这种专家性权力会延伸到知识之外的范围，使该个体在其他方面获得一定的权力，从而获得组织地位。在地位竞争动机与探索式学习的关系中，地位竞争动机会影响知识共享，基于威望的地位竞争动机越明显，知识共享行为也越明显，探索式学习的频率也就越高；而基于支配的地位竞争动机越明显，团队知识共享程度越低，从而抑制探索式学习。

第三，组织公平在地位竞争与探索式学习的关系之中起调节作用。一般而言，在组织公平水平比较高的情况下，员工会感知到公平的待遇，并且组织者也会向个体做出有关决策的合理解释，这样就会使得组织内部的知识共享水平提高，从而提高探索式学习；在组织公平比较低的环境中，没有受到公平对待的员工会产生不良情绪，不愿沟通，这增加了知识共享的难度。本文从组织公平进行了研究，研究认为，程序公平分别在两种不同地位竞争动机和团队知识共享关系中起到一正一负的调节作用，而分配公平只在基于威望的地位竞争动机和团队知识共享关系中起到正向调节作用。

4.2 讨论

关于探索式学习的研究大部分是将探索式学习作为前因变量，很少探讨研究将探索式学习作为结果变量的产生机制。首先，绩效工资制度较早被作为激励团队成员进行探索式学习的方式，但是随着知识型员工逐渐成为企业价值的主要创造力量，绩效工资的激励效果也越来越不令人满意，故而很多学者将目光转向层级激励。目前关于层级激励的研究中最显著的就是以分权为导向的地位激励的补偿作用。地位竞争作为另一种激励团队探索式学习的重要途径应该更受到学者和管理实践者的重视。其次，团队成员，尤其是团队领导者的地位竞争动机，在团队运作过程和结果中发挥至关重要的作用。随着物质利益的丰富，团队成员越来越关注地位利益。在薪酬公平争议的背后，团队成员关注的是隐藏的地位竞争利益。在未来的团队管理中，团队管理者需要能够创造性地利用物质激励的象征性作用，从而有效利用和激发成员的地位竞争动机。最后，相对于基于支配的地位竞争动机，基于威望的地位竞争动机更具有利他竞争和知识共享。在未来的团队管理中，要侧重于选择那些具有利他主义和持有基于威望的地位竞争动机的团队成员，尤其是基于威望的地位竞争动机更应该成为选择团队领导者的重要方面。

虽然研究本身给企业实际带来了很多启发，但由于本文采取配对数据样本研究，取样时具有一定难度，导致获取的团队数量较少、多样性不够，并且由于条件限制，本文的研究数据全部来自于江苏某大型文化企业项目团队的样本，在某种程度上，公司特征对研究结论的外部效度势必会带来负面影响。为进一步提高研究的严谨性，今后的研究需扩大调查样本量，丰富样本特征的多样性，从而提高研究结果的普适性和科学性。同时也有一些有潜力的研究方向有待继续挖掘，比如可以对地位竞争动机进行比较详细的细分或者考虑除团队知识共享之外的其他中介变量，以便更好地理解其中的机制。

参考文献

[1] Abbink K., Herrmann B. The moral costs of nastiness [J]. Economic Inquiry, 2011, 49 (2): 631-633.

[2] Arrow K. J. Essays in the Theory of Risk-Bearing [J]. Journal of Political Economy, 1971, 27 (5): 1193.

[3] Bartol K. M., Srivastava A. Encouraging Knowledge Sharing: The Role of Organizational Reward Systems [J]. Journal of Leadership and Organizational Studies, 2002, 9 (1): 64-76.

[4] Bendersky C., Hays N. A. Status Conflict in Groups [J]. Organization Science, 2012, 23 (2): 323-340.

[5] Benner M. J., Tushman M. L. Exploitation, Exploration, and Process Management: The Productivity Dilemma Revisited [J]. Academy of Management Review, 2003, 28 (2): 238-256.

[6] Bloom M. The Performance Effects of Pay Dispersion on Individuals and Organizations [J]. Academy of Management Journal, 1999, 42 (1): 25-40.

[7] Cheng J. T., Tracy J. L., Foulsham T., Kingstone A., Henrich J. Two Ways to the Top: Evidence That Dominance and Prestige Are Distinct Yet Viable Avenues to Social Rank and Influence [J]. Journal of Personality and Social Psychology, 2013, 104 (1): 103-125.

[8] Chen Y. R., Peterson R. S., Phillips D. J., et al. Introduction to the Special Issue: Bringing Status to the Table—Attaining, Maintaining, and Experiencing Status in Organizations and Markets [J]. Organization Science, 2012, 23 (2): 299-307.

[9] Collins S. L., Smith M. D. Scale-dependent Interaction of Fire and Grazing on Community Heterogeneity in Tallgrass Prairie [J]. Ecology, 2006, 87 (8): 2058-2067.

[10] Damanpour F. Organizational Innovation: A Meta-analysis of Effects of Determinants and Moderators [J]. Academy of Management Journal, 1991, 34 (3): 555-590.

[11] De Dreu C. K. W., Nijstad B. A., Bechtoldt M. N., Baas M. Group Creativity and Innovation: A Motivated Information Processing Perspective [J]. Psychology of Aesthetics, Creativity, and the Arts, 2011, 5 (1): 81-89.

[12] De Dreu C. K. W., Nijstad B. A., Van Knippenberg D. Motivated Information Processing in Group Judgment and Decision Making [J]. Personality and Social Psychology Review, 2008, 12 (1): 22-49.

[13] Fang C., Lee J., Schilling M. A. Balancing Exploration and Exploitation through Structural Design: The Isolation of Subgroups and Organization Learning [J]. Organization Science, 2007, 21 (3): 625-642.

[14] Flynn F. J., Reagans R. E., Amanatullah E. T., Ames D. R. Helping One's Way to the Top: Self-Monitors Achieve Status by Helping Others and Knowing Who Helps Whom [J]. Journal of Personality and Social Psychology, 2006, 91 (6): 1123-1137.

[15] Fowler H. Satiation and Curiosity: Constructs for a Drive and Incentive-Motivational Theory of Exploration [J]. Psychology of Learning and Motivation, 1967 (1): 157-227.

[16] George J. M., Zhou J. When Openness to Experience and Conscientiousness are Related to Creative Behavior: An Interactional Approach [J]. Journal of Applied Psychology, 2001, 86 (3): 513.

[17] Gomez-Mejia L., Wiseman R. M. Reframing Execufive Compensation: An Assessment and Outlook [J]. Journal of Management, 1997, 23 (3): 291-374.

[18] Greenberg J. Organizational Justice: Yesterday, Today, and Tomorrow [J]. Journal of Management, 1990, 16 (2): 399-432.

[19] Hackman J. R. The Design of Work Teams [C] // Lorsch J. W. Handbook of Organizational Behavior New Jersey: Prentice-Hall, 1987: 315-342.

[20] Halevy N., Chou E. Y., Galinsky A. D., Murnighan J. K. When Hierarchy Wins: Evidence from the National Basketball Association [J]. Social Psychological and Personality Science, 2012, 3 (4): 398-406.

[21] Huberman B. A., Loch C. H., Önçüler A. Status as a Valued Resource [J]. Social Psychology Quarterly, 2004, 67 (1): 103-114.

[22] Hurley R. F., Hult G. T. M. Innovation, Market Orientation, and Organizational Learning: An Integration and Empirical Examination [J]. Journal of Marketing, 1998, 62 (3): 42-54.

[23] Kohn A. Why Incentive Plans Cannot Work [J]. Harvard Business Review, 1993, 71 (5): 54-60.

[24] Lazear E. Pay Equality and Industrial Politics [J]. Journal of Political Economy, 1989, 97 (3): 561-580.

[25] Leonard-Barton D. Core Capability and Core Rigidities: A Paradox in Managing New Product Development [J]. Strategic Management Journal, 1992, 13 (1): 111-125.

[26] Levinthal D. A., March J. G. The Myopia of Learning [J]. Strategic Management Journal, 1993, 14 (S2): 18.

[27] Mannix E. A. Organizations as Resource Dilemmas: The Effects of Power Balance on Coalition Formation in Small Groups [J]. Organizational Behavior and Human Decision Processes, 1993, 55 (1): 1-22.

[28] March J. G. Exploration and Exploitation in Organizational Learning [J]. Organization Science, 1991, 2 (1): 71 - 87.

[29] Marks M. A., Sabella M. J., Burke C. S., et al. The Impact of Cross-training on Team Effectiveness [J]. Journal of Applied Psychology, 2002, 87 (1): 3-13.

[30] Moorman R. H. Relationship Between Organizational Justice and Organizational, Citizenship Behaviors: Do Fairness Perceptions Influence, Employee Citizenship? [J]. Journal of Applied Psychology, 1991, 76 (6): 845-855.

[31] Nahapiet J., Ghoshal S. Social Capital, Intellectual Capital, and the Organizational Advantage [J]. Academy of Management Review, 1998, 23 (2): 242-266.

[32] Niehoff B. P., Moorman R. H. Justice as a Mediator of the Relationship Between Methods of Monitoring and Organizational Citizenship Behavior [J]. Academy of Management Journal, 1993, 36 (3): 527-556.

[33] Oldham G. R., Cummings A. Employee Creativity: Personal and Contextual Factors at Work [J]. Academy of Management Journal, 1996, 39 (3): 607-634.

[34] Pearce J. L. Why Merit Pay doesn't Work: Implications from Organization Theory [C] // Balkin D. B., Gomez-Mejia L. R. New Perspectives on Compensation. Englewood Cliffs, Nj: Prentice-Hall, Inc., 1987: 169-178.

[35] Peckham M. Teams: Wrong Box, Wrong Time [J]. Management Development Review, 1996, 9 (4): 26-28.

[36] Rhee M. Network Updating and Exploratory Learning Environment [J]. Journal of Management Studies, 2004, 41 (6): 933-949.

[37] Ronay R., Greenaway K., Anicich E. M., Galinsky A. D. The Path to Glory is Paved with Hierarchy: When Hierarchical Differentiation Increases Group Effectiveness [J]. Psychological Science, 2012, 23 (6): 669-677.

[38] Rowley T., Behrens D., Krackhardt D. Redundant Governance Structures: An Analysis of Structural and Relational Embeddedness in the Steel and Semiconductor Industries [J]. Strategic Management Journal, 2000, 21 (3): 369-386.

[39] Scott S. G., Bruce R. Creating Innovative Behavior Among R&D Professionals: The Moderating Effect of Leadership on the Relationship between Problem-solving Style and Innovation [C]. Ohic: Institute of Electrical and Electronics Engineers, 1994, 10 (17-19).

[40] Skarlicki D. P., Folger R. Retaliation in the Workplace: The Roles of Distributive, Procedural, and Interactional Justice [J]. Journal of Applied Psychology, 1997, 82 (3): 734-443.

[41] Sweeney M. F. D. Distributive and Procedural Justice as Predictors of Satisfaction with Personal and Organizational Outcomes [J]. The Academy of Management Journal, 1992, 35 (3): 626-637.

[42] Tierney P., Farmer S. M., Graen G. B. An Examination of Leadership and Employee Creativity: The Relevance of Traits and Relationships [J]. Personnel Psychology, 1999, 52 (3): 591-620.

[43] Tsai W. Social Structure of "Coopetition" within a Multiunit Organization: Coordination, Competition, and Intraorganizational Knowledge Sharing [J]. Organization Science, 2002, 13 (2): 179-190.

[44] Tuchman M., Nadler D. Organizing for Innovation [J]. California Management Review, 1986, 28 (3): 74-92.

[45] Van V. M., Hogan R., Kaiser R. B. Leadership, Followership, and Evolution: Some Lessons from the Past [J]. American Psychologist, 2008, 63 (3): 182-196.

[46] Wei Z., Yi Y., Guo H. Organizational Learning Ambidexterity, Strategic Flexibility, and New Product Development [J]. Journal of Product Innovation Management, 2014, 31 (4): 832-847.

[47] Woerter M. Technology Proximity between Firms and Universities and Technology Transfer [J]. Journal of Technology Transfer, 2012, 37 (6): 828-866.

[48] Zárraga C., Bonache J. Assessing the Team Environment for Knowledge Sharing: An Empirical Analysis [J]. International Journal of Human Resource Management, 2003, 14 (7): 1227-1245.

[49] 蔡地，马金鹏，孙艳，蔡亚华. 领导越谦卑，团队越有效？——地位冲突的中介作用 [J]. 外国经济与管理，2018，40 (7)：129-141.

[50] 陈国权. 组织学习和学习型组织：概念、能力模型、测量及对绩效的影响 [J]. 管理评论，2009，21 (1)：107-116.

[51] 陈建勋，郑雪强，王涛. "对事不对人"抑或"对人不对事"——高管团队冲突对组织探索式学习行为的影响 [J]. 南开管理评论，2016，19 (5)：91-103.

[52] 程德俊. 试论学习战略、组织结构与人力资源管理系统的选择 [J]. 外国经济与管理，2010，32 (5)：40-47.

[53] 崔维军，傅宇，王文婧. 探索式创新、利用式创新与中国制造业企业创新绩效——基于世界银行调查数据的实证分析 [J]. 产经评论，2017，8 (1)：45-54.

[54] 李忆，司有和. 探索式创新、利用式创新与绩效：战略和环境的影响 [J]. 南开管理评论，2008，11 (5)：4-12.

[55] 林春培，张振刚. 基于吸收能力的组织学习过程对渐进性创新与突破性创新的影响研究 [J]. 科研管理，2017，38 (4)：38-45.

[56] 刘智强，邓传军，廖建桥，龙立荣. 地位竞争动机、地位赋予标准与员工创新行为选择 [J]. 中国工业经济，2013 (10)：83-95.

[57] 吕一博，韩少杰，苏敬勤. 翻越由技术引进到自主创新的樊篱——基于中车集团大机车的案例研究 [J]. 中国工业经济，2017 (8)：174-192.

[58] 吴汉东. 知识产权的多元属性及研究范式 [J]. 中国社会科学，2011 (5)：39-45.

[59] 杨治，傅一凡，陈兵. 高科技公司高管团队专业异质性与探索式创新 [J]. 科研管理，2017，38 (10)：31-39.

[60] 翟学伟. 人情、面子与权力的再生产 [M]. 北京：北京大学出版社，2005.

[61] 赵斌，赵凤娜，李瑶. 职业工作价值导向对主动创新行为的影响研究 [J]. 科研管理，2017，38 (8)：64-74.

论文执行编辑： 毛伊娜

论文接收日期： 2019 年 5 月 28 日

作者简介：

张少峰（1989—），安徽合肥人，南京大学博士，中共安徽省委党校（安徽行政学院）师资博士后研究员，主要研究领域为战略人力资源管理。E-mail：dg1702066@smail.nju.edu.cn。

程德俊（通讯作者）（1976—），江苏泰州人，教授，博士生导师，主要研究领域为战略人力资源管理。E-mail：djcheng@nju.edu.cn。

赵宣（1996—），贵州毕节人，南京大学硕士研究生，主要研究领域为战略人力资源管理。E-mail：18351887753@163.com。

朱依婕（1998—），女，浙江丽水人，南京大学硕士研究生，主要研究领域为战略人力资源管理。E-mail：zyjnjusom@163.com。

The Effect Mechanism of Status Competition Motivation on Exploratory Learning in Creative Teams

—Based on the Moderation Effects Perspective of Organizational Justice

Shaofeng Zhang[1,2] Dejun Cheng[1] Xuan Zhao[1] Yijie Zhu[1]

(1. School of Management, Nanjing University, Nanjing, China

2. Party School of Anhui Provincial Committee of C. P. C, Hefei, China)

Abstract: In creative teams, exploratory learning is an important way to improve overall performance, and the status competition motivation derived from employees' inner needs will have an important impact on it. In this paper, we collect the paired data of 29 creative project teams of a large cultural enterprise in Jiangsu Province and then adopt the hierarchical regression analysis to study the effect mechanism of status competition motivation on exploratory learning. We find that the motivation of prestige-based status competition is positively correlated with exploratory learning, while the motivation of dominant-based status competition is negatively correlated with exploratory learning. Team knowledge sharing mediates the relationship between status competition motivation and exploratory learning. Furthermore, our findings also show that organizational justice plays a moderating role in the relationship between status competition motivation and team knowledge sharing. In particular, procedural fairness plays a positive moderating role in the relationship between prestige-based status competition motivation and team knowledge sharing but a negative moderating role in the relationship between dominant-based status competition motivation and team knowledge sharing. Distributive justice only plays a positive moderating role in the relationship between prestige-based status competition motivation and team knowledge sharing.

Key Words: Status Competition Motivation; Exploratory Learning; Organizational Justice; Group Knowledge Sharing

JEL Classification: M12, M52

女性高管比例会影响企业管理效率吗？
——基于中国制造业企业面板数据的研究*

□ 袁萌晗　李　健　李晏墅

摘　要：文章采用高阶梯队理论、社会角色理论等，考察了女性高管比例对企业管理效率的影响，并在此基础上选取产品市场竞争、外部薪酬差距作为调节变量。研究显示：女性高管比例和管理效率之间呈现倒 U 形曲线关系；产品市场竞争弱化了女性高管比例和管理效率之间的关系；外部薪酬差距弱化了女性高管比例和管理效率之间的关系。此外相对于低产品市场竞争，外部薪酬差距弱化女性高管比例对管理效率的倒 U 形影响在高产品市场竞争中更为显著。本文不但丰富了管理效率的影响因素研究，同时还拓展了女性高管比例对公司治理的作用领域，并对企业的发展提供了重要的启示作用。

关键词：管理效率；女性高管比例；产品市场竞争；外部薪酬差距

JEL 分类：M10

1　引言

党的十九大报告指出，我国经济已经由高速增长阶段转向高质量发展阶段，必须坚持质量第一、效率优先。对于企业而言，效率是衡量管理有效性的重要指标，管理效率的高低不仅关乎企业内部的运营成本和盈利能力，同时也决定了企业长期发展是否具有活力和竞争力（蔡蔚、余宇新，2012）。

那么影响企业管理效率的前因是什么呢？国内外学者从组织内外部视角进行了大量探索。首先，组织内部视角的研究包括，①财务层面：Ding 等（2013）、Hill 等（2010）认为企业的资金运行状况会影响企业管理效率。除此之外，蔡蔚和余宇新（2012）认为人均资本量、总负债比例、出口占销售比例以及工业总产值等对企业管

* 基金项目：本研究得到国家社科基金项目“代际传承中的社会资本与家族企业创新投入机制研究”（19BGL042）；“十三五”江苏省工商管理一级重点建设学科（SJY201609）；江苏高校人文社会科学校外研究基地项目“通沪产业协同发展研究基地”（2017ZSJD017）；南京师范大学“青蓝工程”（184080H10388）资助。

理效率的影响会随着时间的变化而变化。②人员层面：李其玮和董仁涛（2007）等通过建模验证了知识型员工的寻租行为对管理效率的影响。Adams 等（2008）得出董事会的特征会影响管理效率的结论。范如国（2009）从员工效率工资入手，从八个方面阐述了效率工资能提高企业管理效率的机制。李健等（2018）则认为高管薪酬攀比与企业管理效率呈现倒 U 形关系。③组织层面：许晓明和周旭辉（2008）认为民营企业的管理模式会影响管理效率。何亚伟等（2013）利用管理效率理论，分析并实证检验内部控制有效性影响企业管理效率。此外潘怡麟等（2018）也得出决策权配置会影响企业的管理效率的结论。其次，组织外部视角的研究主要包括市场地位以及企业上下游市场结构、参与国际市场程度、劳动力市场变化（蔡蔚、余宇新，2012）、产品市场竞争（蔡蔚、余宇新，2012；李健等，2016）、社会文化和市场化程度（Du et al.，2017）、所有制结构（Farooque et al.，2007；Ng and Wei，2012）、地域因素（蔡蔚、余宇新，2012）、道德和法律（Kopytova and Fedorenko，2008）、跨国并购（Larsson and Finkelstein，1999；薛安伟，2018）、政府庇佑（Ang et al.，2000；Sun and Tong，2003；Kornai et al.，2003；林毅夫、李志赟，2004）、政治关联（Khan et al.，2016）。

Hambrick 和 Mason（1984）提出的高阶梯队理论认为，高管团队的异质性会影响企业的行为，其中异质性包含多个维度，比如教育程度、国籍、年龄、性别等。目前学术界关于团队异质性对企业影响的研究结论大致分为三种：第一种观点认为高管团队异质性可以为企业带来全方位的视角和综合的解决方案，对企业绩效有积极的作用（Keck，1997）；第二种观点认为如果高管团队的异质性较高，则会导致内部冲突加剧，影响组织决策的速度和效率（Nielsen and Huse，2010）；第三种观点则认为高管团队异质性对企业绩效并没有实质影响（West and Schwenk，1996）。近些年，高管团队异质性逐步成为学术界热门的研究方向，其中性别作为高管团队异质性的重要维度之一，其对于企业的价值和影响受到越来越多的关注。具体来说，首先，女性拥有异于男性的逻辑思维和思考方式，能提供更加全面的建议和对策（潘镇等，2019）；其次，女性拥有强大的“母性光环”，心思更为细腻，性格也更为友善，易于沟通和交流（罗瑾琏等，2017；徐细雄、李摇琴，2018）；同时，女性“瞻前顾后”的心理也使得她们在思考问题时也更为谨慎和保守，不会轻易做出过激和风险较大的举动（张淑惠、张夙夙，2017；潘镇等，2019）。随着经济社会的发展和性别意识的觉醒，女性的社会地位和话语权不断提高。中华人民共和国国务院印发的《中国妇女发展纲要（2011—2020）》提出，女性参与决策和管理的主要目标之一就是逐步提高“企业董事会、监事会成员及管理层中的女性比例”。基于女性高管在企业中的作用日益提升的背景，我们不禁思考：女性高管在行为模式、领导风格、风险态度等方面和男性的区别会不会带来管理方式上的差异呢？其参与高管团队的比例对于管理效率的影响是怎样的呢？

同时，随着经济全球化进程的不断推进，企业面临的外部竞争环境也在发生着重大变化。产品市场竞争的激烈程度会给企业和管理层带来巨大的压力，迫使其投入更多的努力改善工作绩效（牛建波、李维安，2007）。同时，产品市场竞争还会影响信息流动的速度和质量（万伟等，2017）。在产品市场竞争的外部治理作用下，高管很可能会改变自身的心理动机和管理行为。此外，外部薪酬差距是指不同企业中高管的薪酬差距，根据社会比较理论，个人往往会将自己的薪酬和他人的薪酬进行对比，从而产生对薪酬差异的感知。这种对差异的感知会使得高管在工作态度、积极性等方面发生改变，进而影响团队的管理效率和决策（Cappelli and Sherer，1990）。相比于男性而言，女性对公平和差异的感知更为细腻（Carlsson et al.，2005），所以更有可能采取相应的行动来打消自身的不公平感。因此，女性高管对于管理效率的影响不应在“真空”的环境下分析，而是应该综合企业内外部治理机制来研究两者的关系。

因此，本文尝试探究女性高管比例对企业管理效率的影响，并在此基础上进一步探讨产品市场竞争与外部薪酬差距对两者关系的情境效应。

与现有研究相比，本文可能的研究贡献主要在于：第一，增加了女性高管比例对管理效率影响的理论研究。本文从高管异质性角度出发，深入分析了女性在信息决策和领导风格两方面影响管理效率的内在机理，首次发现两者之间的非线性关系。第二，产业组织理论认为，产品市场竞争情况会影响企业自身资源配置和管理行为。作为企业重要的外部治理机制，其对于高管的行为有重要影响，因此我们选取产品市场竞争作为调节变量，探究其如何影响女性高管比例和管理效率之间关系。第三，外部薪酬差距影响企业高管的行为方式和努力程度，同时也体现了社会分配和公平的特征（王浩等，2015）。由于女性在行为认知和思维方式等方面与男性具有明显差异，因此基于社会比较理论，本文进一步讨论外部薪酬差距对女性高管比例和管理效率之间关系的情境作用。

本文余下部分的结构安排如下：第二部分是理论假设，第三部分为研究设计，第四部分为数据分析结果，第五部分为稳健性检验，第六部分为结论和启示。

2 理论假设

2.1 女性高管比例和管理效率

Hambrick 和 Mason（1984）提出的高阶梯队理论认为，企业管理人员的特质（如认知能力、性别）会影响企业的行为，从而影响企业的决策过程和绩效。性别作为高管团队异质性的重要维度之一，影响企业管理的方式和水平。随着社会经济的发展和文化观念的改变，女性作为新兴重要力量不断注入企业中，为企业带来不俗的业绩成就。女性为高管团队带来的优势已经在企业绩效（Alowaihan，2004；任颋、王峥，2010）、社会责任（朱文莉、邓蕾，2017；Zou et al.，2018）、资本配置效率（张涛、洪敏，2018）、盈余管理（Krishnan and Parsons，2008；杜兴强等，2017）、信息披露（Gul et al.，2011；Francis et al.，2015）等方面得以体现。根据以往研究，女性善于利用自身的关系网络获取多种信息渠道，同时能够提供多元化的认知角度和思维方式（任颋、王峥，2010）。此外女性和男性在性格方面存在较大差异，使得女性在沟通方式、激励手段等方面的表现不同于男性

（罗瑾琏等，2017），进而形成独特的领导风格。基于此，本文将从信息决策和领导风格两个方面构建女性高管影响企业管理效率的理论逻辑。

首先，信息决策理论认为，异质性的团队比同质化的团队拥有更为畅通的信息渠道、更为丰富的视角和资源（Joshi and Roh，2009）。女性高管参与团队管理能提高团队的异质性，通过交流沟通，交换信息、知识和互补能力，因此拥有女性管理者的团队更能为公司的管理和运营做出更多有价值的贡献。当然，异质化的团队难免会产生矛盾和冲突，但在女性高管比例较低阶段，女性所掌握的实质权力远远低于男性，在决策中难以和男性高管进入对立状态，所以不会在女性高管增加的前期产生大量的、冲突性的矛盾。相反，较少的内部冲突是建设性的，能促进不同观点的融合和新想法的产生，有助于避免团队盲思现象的发生（何霞，2012），提高决策收益。因此，女性进入高管团队有助于组织内形成畅通的沟通渠道，信息交流也更为对称，有利于提高企业经营管理信息的及时性和准确性（王鹏飞，2008）。同时也能为团队的决策增加新思路和新视角，使高管团队成员能够以更开放、更广阔的视角去分析管理中的问题，有助于克服单一男性领导所产生的认知偏差问题（张琨、杨丹，2013），从而提高企业的管理效率。

其次，根据女性主义关怀伦理学和社会角色理论，女性和男性在行为举止、行事风格、思想角度等方面都有明显的差别。女性在道德伦理方面的情感更加细腻，更加支持关怀伦理，并通过特有的“移情反应”完成对事物的认知和解读。同时社会对于女性的要求更为特殊和严格，希望女性更加具有谨慎、温和、善良等特质，女性自身也会为了和自身被赋予的角色保持一致做出相应的反应，从而得到社会的认可和赞许（吕英等，2014）。大量关于女性高管的研究证明，女性与男性在领导风格上有明显差异，而这种差异可能会导致管理行为的不同（Nielsen and Huse，2010）。男性偏向于冒险激进、过度自信，同时沟通性和包容性都较差，领导风格一般来说也更为强硬（罗瑾琏等，2017）。若一个企业完全由男性领导，无论是沟通还是决策方面都会有所欠缺。相较于男性而言，女性的领导风格会更倾向于人际导向、民主和参与性（Eagly and Johnson，1990），更注重后天的关系培养来构建员工支持的关系网络（徐细雄、李摇琴，2018）。女性高管在领导风格上更为包容、民主（张泽南等，2016），注重员工承诺和企业责任，善于调动员工的工作积极性和创造性。因此，女性加入高管团队有利于提高团队凝聚力和员工工作的积极性，营造良好的团队氛围，从而加强团队协作和工作效率（苏美玲等，2017）。同时也能较好地化解团队内部的矛盾，妥善地处理内部冲突，进而有效地推进管理实施和提高管理效率。

然而，女性在高管团队中的比例增加过多之后，也会产生负向影响。Chatman 和 O’Reilly（2004）的研究认为如果某类群体经常处于少数的状态下，那么它占据少数比例时带来的负面影响远远小于当大类群体突然变成少数群体时所产生的负面影响。比如在高管团队中女性始终占据少数比例，一个女性占比为20%的高管团队会比一个男性占比为20%的团队更为和谐，后者通常会由于男性从多数群体变为了少数群体而带来更大的矛盾冲突和更低的满意度（张金清、肖嘉琦，2018）。首先，根据断层线理论，高管团队性别异质性的不断增强可能会导致内部分离均衡，增生小团体进而产生性别断层线（Lau and Murninghan，1998）。Persall 等（2008）的研究认为，性别断层线一旦被激活，即团队内部冲突和矛盾开始加剧，则会导致团队间沟通不畅，破坏团队成员之间的信息沟通和合作关系。且子团体之间成员的参与度下降，从而阻碍独特的经验和观点分享，团队内部的交流质量、频率和方式等都会受到影响。其次，女性高管比例的增加使得女性逐步掌握话语权，其保守、谨慎的特质和男性领导者过度自信、冒险激进的风格不断碰撞摩擦，导致在沟通和决策等方面的破坏性冲突和矛盾逐步增加。这种领导风格上的破坏性摩擦将导致团队内部的不稳定性增加，降低了决策速度，延误了最佳决策时间（刘兵等，2015）。另外频繁处理团队内部的冲突会导致管理成本上升，从而对管理效率造成消极影响（陈忠卫、常极，2009）。

总之，女性高管比例对管理效率的影响实质上就是其带来的收益和成本的一种动态博弈。当女性高管比例处于中低水平时，女性为高管团队带来了丰富的资源和广阔的视角，有效地提高了企业管理效率的决策收益。同时少量的内部矛盾未能产生实质性的影响，甚至部分建设性冲突反而能促进决策收益的增加，此时女性高管比例对于管理效率带来的收益大于其产生的成本，所以两者关系呈正向趋势。但随着女性高管比例超过阈值，负向影响开始显现，逐渐增多的摩擦和矛盾冲突阻碍了高管团队内部信息的分享和交流，不仅导致了决策边际收益下降，还带来了沟通、协调成本迅速增加。此消彼长，潜在的边际成本逐渐超过边际收益，并且占据主导地位。因此当女性高管比例超过一定临界值时，女性高管比例的增加对管理效率产生负向影响。

基于上述分析，本文提出以下假设。

假设 1：女性高管比例和管理效率之间存在倒 U 形关系，即在女性高管比例较低时，女性高管对管理效率有正向影响，而当女性高管比例过高时，则对管理效率有负向影响。

2.2 产品市场竞争的情景效应

产业组织理论认为，行业的产品市场竞争情况会影响企业自身资源配置和管理行为。作为企业重要的外部治理机制，产品市场竞争对于高管的行为和管理效率有重要影响，因此我们选取产品市场竞争作为调节变量，探究女性高管和管理效率之间关系。

在激烈的产品市场竞争的情境下，高管自身的职业地位和薪酬就更加难以保证，管理者主动提高管理绩效的动机就越强烈（Defond and Park，1999）。同时这种危机感也加强了高管团队内部的凝聚力，再加上女性高管如果失去工作，想要获得同等职位的工作机会比男性要难得多（张涛、洪敏，2018），故女性在外部竞争压力大的情况下会减少和男性管理者的矛盾和冲突。同时在产品市场竞争的背景下，企业绩效信息更加透明化，外部投资者和公司股东能获取更加充分的信息以评定和衡量管理层的努力程度和管理经营能力（薛有志、刘素，2008），所以男性高管人员也会更加注重决策的质量、改善企业业绩，以此来提高外界对自身的认同感和避免因企业绩效低下而受到处罚（陈骏、徐玉德，

2011)。此外，产品竞争市场意味着企业将面临复杂多变的外部环境和广泛的信息渠道，竞争程度的增加也促进了企业之间信息的流动，公司也可以从竞争对手或合作伙伴那里学习新的管理模式和方法，公司内部的信息流通速度也会加快（万伟等，2017）。因此，当女性高管比例较低时，产品市场竞争越激烈，越能够发挥外部治理机制的作用，削弱了女性高管比例在未超过拐点之前带来的异质性信息的正向作用。这导致处于主导地位的决策收益的增速下降得更为明显，使得净收益增长变缓，从而削弱女性高管比例对管理效率的促进作用；当女性高管比例超过一定阈值后，激烈的产品市场竞争促使女性高管投入更多的精力到改善绩效中去，管理成本的增速发生明显下降，使得净收益下降速度变缓，从而削弱了女性高管比例超过拐点之后可能带来的团队内部冲突的负向作用。

基于上述分析，本文提出以下假设。

假设 2：产品市场竞争弱化了女性高管比例和企业管理效率的倒 U 形关系。

2.3 外部薪酬差距的情景效应

薪酬分配是激励理论中的重要内容，企业通常会通过设计合理的薪酬制度来激励高管团队。外部薪酬差距是货币薪酬制度的基本形式之一，影响企业高管的行为方式和努力程度，同时也体现了社会分配和公平的特征（王浩等，2015）。由于女性在行为认知和思维方式等方面有异于男性，可能导致女性高管在面对外部薪酬差距时做出不同的行为，进而对企业的管理效率产生影响。

社会比较理论认为个人不仅会和自身横向对比，同时更会把身边其他人作为比较的标杆和尺度来进行自我评估。Cappelli 和 Sherer（1990）研究结果显示较大的薪酬差距往往会导致更差的工作质量和更多的不满情绪，进而影响组织的业绩。当高管将自身薪酬与同行业中其他企业高管薪酬作对比时，若高管发现自身薪酬较低，一般不会将其归因为自身的管理能力和付出的程度不够，而是认为自身受到不公平的待遇，从而产生不公平感，并采取相应的行动来改变不公平的状况，例如降低工作的积极性（Adams，1963）。Greenberg（2003）认为若员工认为自己在薪酬方面受到了不公平的待遇，其业绩下降的幅度会大大增加。较于男性而言，女性更为敏感、细腻，对公平的感知会更加强烈（Major et al.，1989；Mueller and Clarke，1998；Carlsson et al.，2005），故当女性高管发现自身与同行业的高管人员薪酬差距较大时，更容易因强烈的不公平心理产生紧张或者不安的心理情绪，通过降低努力程度等消极方式来消除不满心理。

因此外部薪酬差距引发的不公平感打击了女性高管工作的积极性，使其更难以投入精力和时间贡献异质性信息，降低了团队凝聚力（石永拴、杨红芬，2013），削弱了女性高管比例在未超过拐点之前，女性高管对管理效率的正向影响。因此在倒 U 形关系的前半段，受外部薪酬差距的影响，女性高管比例带来的决策收益的增速进一步变缓，从而削弱女性高管比例对管理效率的促进作用；另外，女性高管工作积极性和主动性降低，使其参与管理决策的动机也被削弱，和男性高管在决策和沟通上的矛盾也会相应减少（潘镇等，2019）。因此当女性高管比例超过一定阈值后，管理成本下降速度进一步放缓，从而削弱了女性高管比例超过拐点之后对企业管理效率带来的负向影响。

基于上述分析，本文提出以下假设。

假设 3：外部薪酬差距弱化了女性高管比例和企业管理效率的倒 U 形关系。

2.4 产品市场竞争和外部薪酬差距的联合效应

如前文所述，薪酬差距和产品市场竞争分别从企业内部和外部起到了治理机制作用——前者通过调节高管的公平心理实现激励，而后者通过外部竞争压力实现对企业的治理效应。本文进一步尝试将产品市场竞争和外部薪酬差距相结合，讨论在不同强度的产品市场竞争下外部薪酬差距对女性高管与企业管理效率关系的情境效应是否会发生变化。

当企业处于产品市场竞争较弱的情况下，其面临的生存威胁和声誉风险都相对较小，高管也缺乏付出努力的动力（苑泽明、王培林，2018），此时管理者较倾向于享受"安逸平静的生活"（Bertrand and Mullainathan，2001）。同时既有研究发现，处于较低产品市场竞争的企业倾向于控制财务信息披露的数量，因此信息披露水平较低（Li，2010），企业之间业绩信息的可比性较差（杨兴龙、谢利，2018）。在弱产品市场竞争的情况下，高管更难以将自身努力与企业绩效之间建立明确联系，因此即使存在外部薪酬差距，女性高管也更难以产生不公平感，此时外部薪酬差距对女性高管比例与管理效率关系的调节作用变弱。相反当企业处于激烈的产品市场竞争的情况，管理者努力程度与企业绩效的关系更为明显，外部薪酬差距较大会更加使管理者丧失对团队和企业的信任感，加剧了高管心理上的不公平感和无归属感（郝东洋，2016），进而在管理工作上表现出消极行为。此时，外部薪酬差距对女性高管比例与管理效率之间的调节作用增强。因此，相比于低产品市场竞争，外部薪酬差距缩小了高产品市场竞争的情形下女性高管比例对企业管理效率在前半段带来的收益水平，同时也放缓了在倒 U 形关系后半段的成本增速，进而使得调节作用更为显著。

基于以上分析，本文提出以下假设。

假设 4：相对于低产品市场竞争，外部薪酬差距弱化女性高管比例对管理效率的倒 U 形影响在高产品市场竞争中更为显著。

3 研究设计

3.1 变量说明

因变量——企业管理效率（ME）。本文借鉴杨继生和阳建辉（2015）的做法，用企业管理费用与销售费用之和与营业总收入的比值作为测量指标，但考虑到该指标为负向指标，故取该指标的倒数作为本文的测量指标。

自变量——女性高管比例（SEX）。本文参考何威风和刘启亮（2010）对高管团队成员的定义，将高管团队成员定义为董事会成员、董事会秘书、总经理、副总经理、财务总监、总经济师、监事会成员等高级管理人员。

调节变量 1——产品市场竞争（PC）。本文参考姜付秀等（2008）的做法，采用应收账款周转率的倒数作为测量指标。

调节变量 2——外部薪酬差距（GAP）。本文参考罗宏等（2016）的做法，用攀比系数来测量外部薪酬差距。

控制变量——本文按照杨继生和阳建辉（2015）的做法选取以下控制变量：①企业绩效（ROA），采用企业净利润与资产总额之比进行测量；②财务杠杆（LEV），采用资产负债率进行测量；③资金状况（LIQ），采用流动资产比率测量；④信息非对称性（TQ），采用托宾Q值进行测量；⑤交易规模（TS），采用营业总收入与资产总额之比进行测量；⑥职工薪酬（ES），采用应付职工薪酬与资产总额之比进行测量；⑦年度虚拟变量（Year Dummy），采用T-1的年度虚拟变量。

各变量的定义和测量如表1所示：

表1 变量的定义与测量

	变量名称	符号	测量方法
因变量	管理效率	ME	企业管理费用与销售费用之和与营业总收入的比值的倒数
自变量	女性高管比例	SEX	高管团队中女性高管人数占总人数的比例
调节变量	外部薪酬差距	GAP	以企业主营业务收入的中位数为衡量标准，根据样本企业主营业务收入是否大于中位数，将企业分为大规模组和小规模组，然后算出同年份、同规模企业前三名高管薪酬均值的中位数，再用上市公司前三名高管薪酬均值除以同侪公司高管薪酬均值中位数，最后取倒数
	产品市场竞争	PC	应收账款周转率的倒数
控制变量	企业绩效	ROA	企业净利润与资产总额之比
	财务杠杆	LEV	资产负债率
	资金状况	LIQ	流动资产比率
	信息非对称性	TQ	托宾Q值
	交易规模	TS	营业总收入与资产总额之比
	年度虚拟变量	Year Dummy	T-1期
	职工薪酬	ES	应付职工薪酬与资产总额之比

3.2 数据来源与描述性统计

本文以我国2001~2017年制造业A股类上市公司为研究样本，在上市公司所有行业分类中，制造业样本上市时间最久且数量较多，公司年报数据成熟度和可信度更高，因此本文选取上市公司中的制造业为研究样本。我们按照以下标准对原始样本进行筛选：①剔除B股或H股的上市公司，因为这些公司面临境内外双重监管环境，与其他上市公司不同；②剔除2001~2017年曾被ST和PT的样本；③为消除极端值对研究结论的影响，本文对所有的连续变量进行了1%winsorize处理。最后本文样本为非平衡面板数据集，样本数为13668。本文所使用数据均从CSMAR数据库中获取，运用Stata13进行数据处理与分析。

表2报告了模型中各变量的描述性统计结果。被解释变量管理效率最小值为1.284，最大值为55.298，标准差为7.258，表明在我国

表 2　变量的描述性统计结果

变量名	均值	标准差	最小值	最大值
ME	9.192	7.258	1.284	55.298
SEX	0.146	0.094	0.000	0.429
SEX^2	0.030	0.034	0.000	0.184
PC	0.202	0.133	0.014	0.916
GAP	0.963	0.639	0.137	4.297
ROA	0.041	0.050	-0.218	0.204
LEV	0.424	0.194	0.050	1.003
LIQ	0.567	0.166	0.174	0.917
TQ	2.195	1.697	0.265	10.452
TS	0.660	0.362	0.104	2.436
ES	0.009	0.009	0.000	0.520

2001～2017 年，制造业上市公司的管理效率较高。

在进行回归分析前，本文对回归模型中的各变量进行了相关系数检验，结果如表 3 所示。本文所关心的自变量女性高管比例的平方项（SEX^2）与管理效率（ME）的关系在 1%水平上负向显著。此外，作为控制变量的企业绩效、财务杠杆、资金状况等与因变量之间在 1%水平上显著，也在一定程度上支持了这些控制变量选择的合理性。

表 3　变量的相关系数矩阵

变量	ME	SEX	SEX^2	GAP	PC	ROA	LEV	LIQ	TQ	TS	ES
ME	1.000	—	—	—	—	—	—	—	—	—	—
SEX	-0.141***	1.000	—	—	—	—	—	—	—	—	—
SEX^2	-0.121***	0.946***	1.000	—	—	—	—	—	—	—	—
GAP	-0.158***	0.009	0.016*	1.000	—	—	—	—	—	—	—
PC	-0.340***	-0.014	-0.017*	0.017*	1.000	—	—	—	—	—	—
ROA	-0.080***	0.072***	0.068***	0.249***	-0.117***	1.000	—	—	—	—	—
LEV	0.276***	-0.164***	-0.155***	-0.104***	0.108***	-0.414***	1.000	—	—	—	—
LIQ	-0.157***	-0.069***	-0.063***	0.070***	0.189***	0.215***	-0.221***	1.000	—	—	—
TQ	-0.251***	0.162***	0.158***	0.087***	0.017*	0.349***	-0.464***	0.202***	1.000	—	—
TS	-0.426***	-0.078***	-0.078***	0.048***	-0.367***	0.146***	0.189***	0.026***	-0.128***	1.000	—
ES	-0.106***	-0.011	-0.012	0.155***	-0.018**	0.192***	-0.067***	0.054***	-0.080***	0.217***	1.000

注：①*、** 和 *** 分别表示 P 值在 10%、5%和 1%的水平上显著；②显示四舍五入后保留三小数点的结果，下面表格也是如此。

4　数据分析结果

本文首先通过 Hausman 检验对固定效应模型和随机效应模型进行分析，选择固定效应模型，接着通过 F 检验对固定效应模型和混合回归模型进行选择，根据表 4 的检验结果最终选择固定效应模型。进一步，本文将时间效应引入回归模型，从而形成双向固定效应进行估计。同时将被解释变量和控制变量滞后一期以解决内生性问题。考虑到面板数据中存在的截面相关、序列相关和异方差问题，本文采用 Driscoll

和 Kraay（1998）提出的方法获得异方差—序列相关—截面相关稳健性标准误进行回归估计。

本文的实证结果分为两部分内容：首先，探究女性高管比例对于企业管理效率的影响（模型②）；其次，考察产品市场竞争、外部薪酬差距对于女性高管比例与企业管理效率之间关系的调节效应（模型③~模型④），最后通过模型⑤和模型⑥讨论不同产品市场竞争情况下外部薪酬差距调节效应的差异。实证结果如表 4 所示：

表 4 实证检验结果

解释变量	模型①	模型②	模型③	模型④	模型⑤ 高产品市场竞争组	模型⑥ 低产品市场竞争组
ROA	6. 319*** (5. 66)	6. 303*** (5. 57)	5. 942*** (5. 40)	6. 776*** (6. 39)	6. 469** (2. 42)	8. 736*** (7. 47)
LEV	3. 363*** (8. 04)	3. 403*** (7. 91)	4. 447*** (10. 83)	3. 343*** (7. 62)	5. 783*** (6. 88)	2. 634*** (5. 49)
LIQ	1. 731*** (3. 99)	1. 766*** (4. 05)	1. 815*** (4. 70)	1. 792*** (3. 99)	3. 074*** (4. 62)	1. 731*** (2. 95)
TQ	-0. 244*** (-8. 95)	-0. 242*** (-8. 67)	-0. 246*** (-8. 63)	-0. 238*** (-8. 50)	-0. 239*** (-3. 30)	-0. 102*** (-2. 80)
TS	5. 653*** (11. 32)	5. 644*** (11. 40)	4. 890*** (10. 71)	5. 595*** (11. 33)	6. 760*** (13. 29)	2. 938*** (5. 81)
ES	-55. 462*** (-5. 74)	-55. 177*** (-5. 80)	-51. 971*** (-5. 57)	-53. 626*** (-5. 72)	-57. 165*** (-6. 26)	-20. 564 (-1. 48)
SEX	—	4. 722*** (2. 70)	8. 498** (2. 10)	-0. 102 (-0. 04)	3. 624 (0. 39)	-4. 726 (-1. 26)
SEX^2	—	-14. 996*** (-3. 53)	-33. 058*** (-3. 43)	-2. 001 (-0. 28)	-11. 551 (-0. 51)	11. 341 (1. 34)
PC	—	—	-7. 544*** (-7. 74)	—	—	—
SEX×PC	—	—	-19. 841* (-1. 31)	—	—	—
SEX^2×PC	—	—	90. 172** (2. 52)	—	—	—
GAP	—	—	—	-0. 018 (-0. 09)	-0. 224 (-0. 57)	0. 009 (0. 03)
SEX×GAP	—	—	—	-4. 894** (-2. 21)	-8. 507* (-1. 75)	-7. 038* (-1. 68)

续表

解释变量	模型①	模型②	模型③	模型④	模型⑤ 高产品市场竞争组	模型⑥ 低产品市场竞争组
SEX^2×GAP	—	—	—	13.310** (2.15)	26.682** (2.12)	17.089* (1.73)
Year Dummy	control	control	control	control	control	control
分组差异检验 F 值	—	—	—	—	9.20***	—
Hausman 检验	282.57***	305.41***	284.55***	362.39***	131.57***	160.31***
Within-R^2	0.154	0.155	0.180	0.156	0.206	0.104
混合回归检验	17.05***	16.93***	16.39***	16.46***	16.97***	17.05***

注：①*、**和***分别表示 10%、5%和 1%的显著性水平；②括号内为基于稳健标准误的 t 值；③Hausman 检验报告了固定效应模型和随机效应模型选择检验的 chi^2 值；④Within-R^2 度量了模型拟合程度；⑤F 检验报告了固定效应模型和混合回归模型选择检验的 F 值；⑥分组差异检验 F 值报告了采用虚拟变量法对分组回归系数是否存在显著性差异的检验结果，下同。

4.1 主效应检验

模型①报告了控制变量对因变量回归结果。模型②在控制变量的基础上加入自变量，检验了女性高管比例对企业管理效率的影响。我们根据 Haans 等（2016）提出的检验方法来检验倒 U 形关系是否存在：第一步，自变量平方项前系数需要显著，且系数为负时，曲线是倒 U 形趋势；第二步，曲线在自变量区间两端曲线具有充分的陡峭程度，二次曲线的方程为 $y=\beta_2\times x^2+\beta_1\times x+c$，对其求导数为 $y=2\beta_2\times x+\beta_1$，即当自变量取最小值时，$2\beta_2\times SEX_{low}+\beta_1$ 应当显著为正，当自变量取最大值时，$2\beta_2\times SEX_{high}+\beta_1$ 应当显著为负；第三步，曲线的拐点需在自变量取值范围内。

实证结果显示，女性高管比例的平方项 SEX^2 的系数为负，在 1%处显著为负。此外，当女性高管比例取最小值时（0），$2\beta_2\times SEX_{low}+\beta_1$ 为 4.722，当女性高管比例取最大值时（0.429），$2\beta_2\times SEX_{high}+\beta_1$ 为-8.144，且都在 1%的水平上显著；该曲线的拐点值为 0.157，在自变量最小值 0 和最大值 0.429 之间，且拐点值的 95%的置信区间为（0.124，0.190），也位于样本数据范围内，证明该曲线拐点位于样本数据范围内。

为了确保上述结果的可信性，本文借鉴 Shin 等（2016），采用外推预测的方法将曲线延展，结果如图 1 所示。

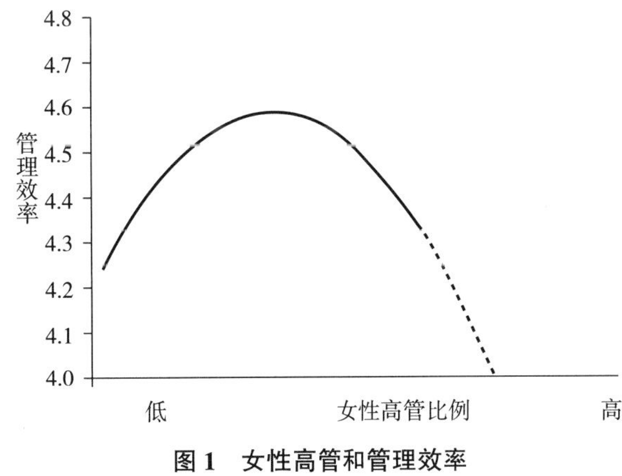

图 1 女性高管和管理效率

以上结果表明，女性高管比例对企业管理效率的影响存在倒 U 形关系，即女性比例较低时，女性高管能提高企业管理效率，女性高管比例超过最优临界值后，女性高管反而降低了企业管理效率，本文提出的理论假设 1 得到证实。

4.2　调节效应检验

模型 3 以产品市场竞争作为女性高管比例对企业管理效率倒 U 形关系的调节变量，结果显示 $SEX^2 \times PC$ 系数为正，在 5%的水平上显著。这说明产品市场竞争弱化了女性高管比例和企业管理效率之间的倒 U 形关系，本文提出的假设 2 得到证实。

模型 4 加入了外部薪酬差距及交互项，实证结果显示 $SEX^2 \times GAP$ 系数为正，在 5%的水平上显著。这说明外部薪酬差距弱化了女性高管比例和企业管理效率之间的倒 U 形关系，假设 3 得到证实。进一步地，本文分别绘制了产品市场竞争和外部薪酬差距的调节效应图（见图 2、图 3）。

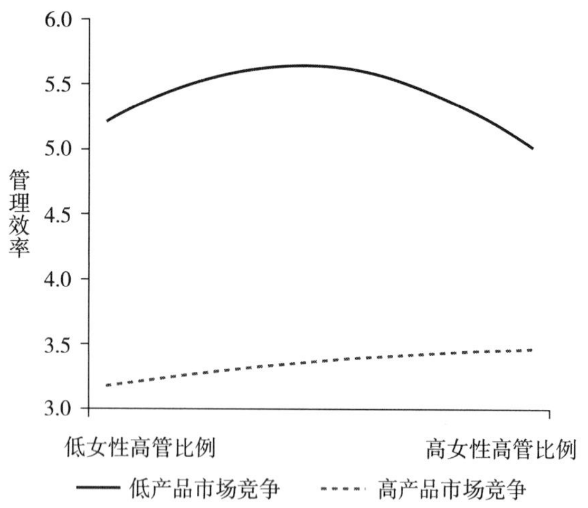

图 2　产品市场竞争的调节效应图

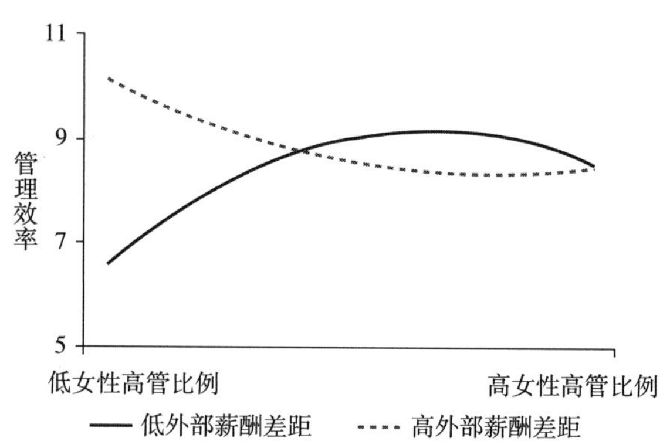

图 3　外部薪酬差距的调节效应图

4.3　联合效应检验

为检验不同产品市场竞争情况下外部薪酬差距调节效应的变化，本文将产品市场竞争按数值大小分为 3 组，并将前 1/3 组确定为低产品市场竞争组，将后 1/3 组确定为高产品市场竞争组。模型⑤为高产品市场竞争组，模型⑥为低产品市场竞争组，本文采用虚拟变量法对两组系数差异进行检验，结果证明两组的回归系数差异具有统计意义上的显著性（F 值为 9.20，在 1%的水平上显著），这说明相对于低产品市场竞争，外部薪酬差距对女性高管比例与管理效率的调节作用在高产品市场竞争中更强，本文假设 4 得到证实。

5　稳健性检验

为了确保分析结果的可靠性，本文更换被解释变量的测量指标进行重新估计。借鉴薛安伟（2018）的做法，用营业总收入除以管理费用衡量管理效率，稳健性检验的回归结果如表 5 所示。

表5 稳健性检验

解释变量	模型①	模型②	模型③	模型④	模型⑤ 高产品市场竞争组	模型⑥ 低产品市场竞争组
ROA	6. 447*** (6. 43)	6. 436*** (6. 33)	6. 113*** (6. 26)	6. 810*** (6. 95)	8. 361*** (3. 17)	8. 863*** (7. 71)
LEV	3. 366*** (7. 67)	3. 405*** (7. 552)	4. 476*** (10. 26)	3. 352*** (7. 25)	5. 834*** (6. 23)	2. 767*** (5. 25)
LIQ	1. 554*** (3. 51)	1. 588*** (3. 59)	1. 645*** (4. 19)	1. 602*** (3. 52)	2. 969*** (4. 59)	1. 832*** (3. 18)
TQ	-0. 259*** (-8. 55)	-0. 257*** (-8. 33)	-0. 262*** (-8. 50)	-0. 254*** (-8. 29)	-3. 473*** (-4. 29)	-0. 113*** (-2. 66)
TS	5. 840*** (12. 07)	5. 829*** (12. 15)	5. 057*** (11. 43)	5. 790*** (12. 20)	7. 054*** (12. 95)	3. 051*** (5. 48)
ES	-56. 041*** (-6. 04)	-55. 736*** (-6. 11)	-52. 673*** (-5. 90)	-54. 468*** (-6. 13)	-63. 616*** (-7. 16)	-29. 720** (-2. 25)
SEX	—	4. 690*** (2. 80)	7. 992** (2. 07)	0. 171 (0. 06)	1. 811 (0. 18)	-5. 093 (-1. 36)
SEX^2	—	-15. 283*** (-3. 69)	-32. 471*** (-3. 51)	-2. 512 (-0. 32)	-8. 281 (-0. 33)	11. 274 (1. 34)
PC	—	—	-7. 815*** (-8. 78)	—	—	—
SEX×PC	—	—	-17. 585 (-1. 22)	—	—	—
SEX^2×PC	—	—	86. 062** (2. 50)	—	—	—
GAP	—	—	—	0. 006 (0. 03)	0. 201 (0. 47)	0. 056 (0. 17)
SEX×GAP	—	—	—	-4. 569* (-1. 90)	-7. 667 (-1. 43)	-7. 408* (-1. 79)
SEX^2×GAP	—	—	—	13. 016** (1. 98)	24. 505** (1. 99)	17. 045* (1. 73)
Year Dummy	control	control	control	control	control	control
分组差异检验F值	—	—	—	—	6. 94***	
Hausman检验	272. 27***	292. 06***	271. 76***	343. 27***	112. 60***	131. 53***
混合回归检验	19. 94***	19. 80***	19. 18***	19. 28***	19. 38***	11. 05***
Within-R^2	0. 157	0. 158	0. 184	0. 160	0. 210	0. 105

实证结果显示，模型②中女性高管比例的平方项 SEX^2 的系数为负，在1%的显著性水平上显著。此外，当女性高管比例取最小值时（0），$2\beta_2 \times SEX_{low} + \beta_1$ 为4.69，当女性高管比例取最大值时（0.429），$2\beta_2 \times SEX_{high} + \beta_1$ 为 -8.424，且都在1%的水平上显著；该曲线的拐点值为0.153，位于自变量最小值0和最大值0.429之间，且拐点值的95%的置信区间为（0.122，0.185），也位于样本数据范围内，证明该曲线位于样本数据范围内；模型④中，交叉乘积项 $SEX^2 \times GAP$ 的系数为正，在5%水平上显著；在模型⑤和模型⑥中，两组系数差异检验F值为6.94，在1%的水平上显著。这说明，更换被解释变量并未改变本文的实证结论。

6 结论和启示

利润最大化是衡量一个企业是否成功的重要指标，企业实现利润最大化的关键是要提高企业的管理效率（范如国，2009）。因此，如何提高管理效率成为企业提高绩效、增强核心竞争力的重要手段。随着社会的发展和历史的进步，女性的社会地位不断提高，开始逐步进入企业的管理层。从全世界范围来看，女性高管比例的增加已经成为一种普遍的现象和趋势。女性凭借自身独有的管理风格和性格魅力在管理层中博得了一席之位，不断在企业的经营管理活动中发挥越来越重要的作用。基于此，本文以2001~2017年沪深两市制造业A股类上市公司为研究对象，主要运用高阶梯队理论、社会角色理论等探究了女性高管比例对企业管理效率的影响，并考察了产品市场竞争、外部薪酬差距及两者的联合效应对女性高管比例和管理效率之间关系的情境效应。

经过实证分析，本文得出如下结论：①女性高管比例和企业管理效率之间存在倒U形关系，当女性高管比例较低时，女性高管能给团队带来更全面的信息和多元化的认知视角，利用自身的思考方式和情感偏好为企业提供创新性的新观点和解决问题的新方法，提高了决策的质量和收益。另外，由于女性天生柔和、善良等特质，使得管理团队在领导风格上转变得更为民主、沟通渠道更为顺畅。因此，女性高管会促进企业管理效率的提高，这与任颋和王峥（2010）提出女性高管参与高管团队能提高企业绩效的观点一致；而当女性高管比例超过临界值后，女性高管地位逐步受到重视，拥有一定话语权，随之带来的团队矛盾冲突也加剧，从而降低了管理效率，这与Alowaihan（2004）提出的由女性经营的企业，其绩效比男性经营的要低的结论相一致。②产品市场竞争弱化了女性高管比例与企业管理效率的倒U形关系，女性高管比例较低时，出于信息渠道和竞争压力的影响，女性高管对管理效率的正面影响被削弱，当女性高管比例超过临界值时，女性高管对管理效率的负面影响相应地也被削弱；这与Defond和Park（1999）提出的在产品市场竞争环境下管理人员会努力改善绩效的观点一致。③外部薪酬差距弱化了女性高管比例与企业管理效率的倒U形关系。在女性高管比例达到临界值以前，较高的外部薪酬差距会降低女性高管的工作积极性，削弱了团队异质性的作用，因此会弱化女性高管对管理效率的正向作用；在女性高管比例达到临界值以后，女性高管在管理行为上的消极心理会使得自身不愿意更多表达和捍卫想法和意见，因此在一定程度上也缓解了和男性高管之间的矛盾冲突，进而弱化了女性高管对企业管理效率的负向作用。这与 Fredrickson 等（2010）提出的较大的薪酬差距会降低高管成员工作积极性的观点一致。④相对于低产品市场竞争，外部薪酬差距弱化女性高管比例对管理效率的倒 U 形影响在高产品市场竞争中更为显著。本文的研究结果表明，在高产品市场竞争的环境下，出于竞争压力和高管努力—薪酬关系的增强，外部薪酬差距对女性高管比例和管理效率的弱化作用增强。

党的十八大将男女平等列入国家基本国策，在此政策背景下探究女性高管比例在管理活动中的作用具有非常积极的现实意义，是值得不断深入的课题。基于上面的结论本文得出的启示如下：①随着我国经济的发展和传统思想的改变，女性特有的管理优势和性格特质逐步在企业治理中展现，取得一个又一个辉煌的成绩，越来越受到企业的重视和任用。在此背景下，企业应当充分利用女性高管在公司治理和决策中的独特优势，在招聘和晋升环节更多地吸纳有能力的女性管理者，为团队带来多元化的决策视角，改善管理的领导风格和降低企业的风险性行为。②本文认为，当女性高管比例较高时，女性高管反而会降低管理效率。因此，企业在聘请女性高管的时候需要考虑其占比或数量的科学性，将高管团队的女性比例控制在合适的区间内，不断完善管理团队的性别结构，避免因女性高管比例过多而对管理效率造成的负面影响。③提高管理效率的过程中也要考虑外部环境的因素，产品市场竞争是企业重要的外部治理机制，竞争压力的变化也会影响女性高管的心理和管理行为，进而影响企业管理的效率问题。所以企业在实际经营活动中应结合自身所处的竞争环境不断优化管理团队的性别结构。④外部薪酬差距作为企业的内部治理机制，对女性高管参与对管理效率具有显著的调节作用。因此企业应该提高对外部薪酬差距重要性的认识，充分考虑同行业企业高管的薪酬，设计合理有效的薪酬激励机制，尽可能满足高管成员的公平感和满足感，提高其工作积极性。除此之外，企业还应当注意外部薪酬差距和高管团队性别比例的关系，结合女性高管比例的高低调控外部薪酬差距以充分发挥女性高管对企业管理效率的最大化优势。

最后，由于数据获取和研究内容的局限，本文存在着一些不足之处：首先，本文探究女性高管比例对于企业管理效率的影响，但仅局限于女性高管，没有分析女性关键高管对于管理效率的影响，例如女性 CEO、女性董事，未来可以进一步讨论女性关键高管对企业管理效率的影响。其次，企业在管理过程中会面临着更多更加复杂的环境和问题，管理效率的影响因素不仅仅局限于女性高管，还可以考虑更多外部利益参与者，这也是以后的研究方向。再次，本文未能找到合适的工具变量，仅采用了自变量和控制变量的滞后一期来解决内生性问题。最后，本文控制变量的选择存在一定欠缺，未来可以将更多的控制变量（例如制度发展变量、政治关联）纳入到研究中，以保证结果的准确性。

参考文献

[1] Ang, J. S., Cole, R. A., Lin , J. W.. Agency Costs and Ownership Structure [J]. The Journal of Finance, 2000, 55 (1): 81-106.

[2] Adams, J. S.. Towards an Understanding of Inequity [J]. Journal of Abnormal and Social Psychology, 1963, 67 (5): 422-436.

[3] Adams, R. B., Hermalin, B. E., Weisbach, M. S.. The Role of Boards of Directors in Corporate Governance: A Conceptual Framework and Survey [J]. Journal of Economic Literature, 2008, 48 (1): 1-58.

[4] Alowaihan, A. K.. Gender and Business Performance of Kuwaiti Small Firms: A Comparative Approach [J]. International Journal of Commerce & Management, 2004, 14 (3/4): 69-82.

[5] Bertrand, M., Mullainathan, S.. Are CEOs Rewarded for Luck? The Ones Without Principals Are [J]. Quarterly Journal of Economics, 2001, 116 (3) : 901-932.

[6] Cappelli, P., Sherer, P. D.. Assessing Worker Attitudes under a Two-tier Wage Plan [J]. Industrial and Labor Relations Review, 1990, 43 (2): 225-244.

[7] Carlsson, F., Daruvala, D., Johansson-Stenman, O.. Are People Inequality-averse, or Just Risk-averse? [J]. Economica, 2005, 72 (287): 375-396.

[8] Chatman, J. A., O'Reilly, C. A.. Asymmetric Reactions to Work Group Sex Diversity among Men and Women [J]. A cademy of Management Journal, 2004, 47 (2): 193-208.

[9] Defond, M., Park, C.. The Effect of Competition on CEO Turn Over [J]. Journal of Accounting and Economics, 1999, 27 (1) : 35-56.

[10] Driscoll, J. C., Kraay, A. C.. Consistent Covariance Matrix Estimation with Spatially Dependent Panel Data [J]. Review of Economics and Statistics, 1998, 80 (4): 549-560.

[11] Ding, S., Guariglia, A., Knight, J.. Investment and Financing Constraints in China: Does Working Capital Management Make a Differ [J]. Journal of Banking & Finance, 2013, 37 (5): 1490-1507.

[12] Du, X., Weng, J., Zeng, Q., et al.. Culture, Marketization, and Owner-manager Agency Costs: A Case of Merchant Guild Culture in China [J]. Journal of Business Ethics, 2017, 143 (2): 353-386.

[13] Eagly, A. H., Johnson, B. T.. Gender and Leadership Style: A Meta-analysis [J]. Psychological Bulletin, 1990, 108 (2): 233-256.

[14] Farooque, O. A., Zijl, T. V., Dunstan, K., et al.. Ownership Structure and Corporate Performance: Evidence from Bangladesh [J]. Asia-Pacific Journal of Accounting & Economics, 2007, 14 (2): 127-149.

[15] Francis, B., Hasan, I., Park, J. C., et al.. Gender Differences in Financial Reporting Decision Making: Evidence from Accounting Conservatism [J]. Contemporary Accounting Research, 2015, 32 (3): 1285-1318.

[16] Fredrickson, J. W., Davis-Blake, A., Sanders, W. M.. Sharing the Wealth: Social Comparisons and Pay Dispersion in the CEO's Top Team [J]. Strategic Management Journal, 2010, 31 (10): 1031-1053.

[17] Greenberg, J.. Creating Unfairness by Mandating Fair Procedures: The Hidden Hazards of a Pay-for-performance Plan [J]. Human Resource Management Review, 2003, 13 (1): 41-57.

[18] Gul, F. A., Srinidhi, B., Ng, A. C.. Does Board Gender Diversity Improve the Informativeness of Stock Prices? [J]. Journal of Accounting and Economics, 2011, 51 (3): 314-338.

[19] Hill, M. D., Kelly, G. W., Highfield, M. J..

Net Operating Working Capital Behavior: A First Look [J]. Financial Management, 2010, 39 (2): 783-805.

[20] Haans, J. R., Pieters, C., He, Z.. Thinking About U: Theorizing and Testing U- and Inverted U-Shaped Relationships in Strategy Research [J]. Strategic Management Journal, 2016, 37 (7): 1177-1195.

[21] Hambrick, D. C., Mason, P. A.. Upper Echelons: The Organization as a Reflection of Its Top Managers [J]. Academy of Management Review, 1984, 9 (2): 193-206.

[22] Joshi, A., Roh, H.. The Role of Context in Work Team Diversity Research: A Meta-Analytic Review [J]. Academy of Management Journal, 2009, 52 (3): 599-627.

[23] Keck, S. L.. Top Management Team Structure: Differential Effects by Environment Context [J]. Organization Science, 1997, 8 (2): 143-156.

[24] Kopytova, I. V., Fedorenko, V. V.. Efficiency of Management Activity on the Basis of Moral-Legal and Psychological Regulation [J]. Scientific Bulletin of Polissia, 2008, 13 (1): 165-169.

[25] Krishnan, G. V., Parsons, L. M.. Getting to the Bottom Line: An Exploration of Gender and Earnings Quality [J]. Journal of Business Ethics, 2008, 78 (1-2): 65 76.

[26] Kornai, J., Maskin, E., Roland, G. Understanding the Soft Budget Constraint [J]. Journal of Economics Literature, 2003, 41 (4): 1095-1136.

[27] Khan, A., Mihret, D. G., Muttakin, M. B.. Corporate Political Connections, Agency Costs and Audit Quality [J]. International Journal of Accounting & Information Management, 2016, 24 (4): 357-374.

[28] Lau, D. C., Murnighan, J. K.. Demographic Diversity and Faultlines: The Compositional Dynamics of Organizational Groups [J]. Academy of Management Review, 1998, 23 (2): 325-340.

[29] Larsson, R., Finkelstein, S.. Integrating Strategic, Organizational, and Human Resource Perspectives on Mergers and Acquisitions: A Case Survey of Synergy Realization [J]. Organization Science, 1999, 10 (1): 1-26.

[30] Li, X. The Impact of Product Market Competition on the Quantity and Quality of Voluntary Disclosures [J]. Review of Accounting Studies, 2010, 15 (3): 663-711.

[31] Major, B., Bylsma, W. H., Cozzarelli, C.. Gender Differences in Distributive Justice Preferences: The Impact of Domain [J]. Sex Roles: A Journal of Research, 1989, 21 (7-8): 487-497.

[32] Mueller, S. L., Clarke, L. D.. Political-economic Context and Sensitivity to Equity: Differences Between the United States and the Transition Economies of Central and Eastern Europe [J]. The Academy of Management Journal, 1998, 41 (3): 319-329.

[33] Nielsen, S., Huse, M.. The Contribution of Women on Boards of Directors: Going beyond the Surface [J]. Corporate Governance An International Review, 2010, 18 (2): 136-148.

[34] Ng, Y. C., Wei, L. Q.. Efficiency of Chinese Enterprises: Does Human Resource Management Matter? [J]. Applied Economics Letters, 2012, 19 (1): 35-39.

[35] Pearsall, M. J., Ellis, A. P. J., Evans, J. M.. Unlocking the Effects of Gender Faultlines on Team Creativity: Is Activation the Key? [J]. Journal of Applied Psychology, 2008, 93 (1): 225-234.

[36] Sun, Q., Tong, W. H. S.. China Share Issue Privatization: The Extent of Its Success [J]. Journal of Financial Economics, 2003, 70 (2): 183-222.

[37] Shin, D., Hasse, V. C., Schotter, A. P. J.. Multinational Enterprises within Cultural Space and Place: Integrating Cultural Distance and Cultural Tightness-Looseness

[J]. Academy of Management Journal, 2016, 60 (3): 904-921.

［38］West, C. T., Schwenk, C. R.. Top Management Team Strategic Consensus, Demographic Homogeneity and Firm Performance: A report of Resounding Nonfindings [J]. Strategic Management Journal, 1996, 17 (7): 571-576.

［39］Zou, Z., Wu, Y., Zhu, Q., et al.. Do Female Executives Prioritize Corporate Social Responsibility? [J]. Emerging Markets Finance & Trade, 2018, 54 (13): 2965-2981.

［40］蔡蔚，余宇新. 中国制造业企业管理效率影响因素分析［J］. 上海经济研究，2012，24（12）：87-94.

［41］陈骏，徐玉德. 产品市场竞争、竞争态势与上市公司盈余管理［J］. 财政研究，2011（4）：58-61.

［42］陈忠卫，常极. 高层管理团队异质性理论的研究视角及其比较［J］. 统计与决策，2009（3）：173-176.

［43］杜兴强，赖少娟，裴红梅. 女性高管总能抑制盈余管理吗？——基于中国资本市场的经验证据［J］. 会计研究，2017（1）：39-45，95.

［44］范如国. 员工效率工资与企业的管理效率分析［J］. 南开管理评论，2009，12（4）：128-135.

［45］何霞. 高管团队异质性特征界定与作用机制研究［J］. 财会通讯，2012（24）：104-106.

［46］何亚伟，徐虹，林钟高. 内部控制有效性、管理效率与企业价值研究［J］. 安徽工业大学学报（自然科学版），2013，30（4）：452-456.

［47］郝东洋. 产品市场竞争、内部薪酬差距与公司经营绩效［J］. 华东师范大学学报（哲学社会科学版），2016，48（1）：149-158，172.

［48］何威风，刘启亮. 我国上市公司高管背景特征与财务重述行为研究［J］. 管理世界，2010（7）：144-155.

［49］姜付秀，屈耀辉，陆正飞，等. 产品市场竞争与资本结构动态调整［J］. 经济研究，2008（4）：99-110.

［50］李健，吴昊，潘镇. 民营企业薪酬攀比与企业管理效率研究——基于管理层持股与产品市场竞争的权变视角［J］. 南大商学评论，2018（1）：110-132.

［51］李健，杨蓓蓓，潘镇. 产品市场竞争、管理层持股与管理效率——基于中国制造业企业面板数据的研究［J］. 广东财经大学学报，2016，31（5）：72-83.

［52］刘兵，刘佳鑫，李奕芳. 高管团队异质性与企业绩效的关系——管理自主权的调节作用［J］. 科技管理研究，2015，35（11）：147-153.

［53］罗宏，曾永良，宛玲羽. 薪酬攀比、盈余管理与高管薪酬操纵［J］. 南开管理评论，2016，19（2）：19-31，74.

［54］罗瑾琏，朱荧，钟竞，等. 企业高层女性领导者变革警觉特征及变革推动效应研究［J］. 管理学季刊，2017（2）：81-128.

［55］李其玮，董仁涛. 论知识型员工寻租行为及其对企业管理效率的影响［J］. 科技管理研究，2007（1）：140-142.

［56］林毅夫，李志赟. 政策性负担、道德风险与预算软约束［J］. 经济研究，2004（2）：17-27.

［57］吕英，王正斌，安世民. 女性董事影响企业社会责任的理论基础和实证研究述评［J］. 外国经济与管理，2014，36（8）：14-22，32.

［58］牛建波，李维安. 产品市场竞争和公司治理的交互关系研究——基于中国制造业上市公司 1998～2003 年数据的实证分析［J］. 南大商学评论，2007（1）：83-103.

［59］潘镇，何侍沅，李健. 女性高管、薪酬差距与企业战略差异［J］. 经济管理，2019，41（2）：122-138.

［60］任颋，王峥. 女性参与高管团队对企业绩效的影响：基于中国民营企业的实证研究［J］. 南开管理评论，2010，13（5）：81-91.

［61］潘怡麟，朱凯，陈信元. 决策权配置与公司价值——基于企业集团的经验证据［J］. 管理世界，2018，34（12）：111-119.

[62] 苏美玲，符蓉，陈辉. 女性董事与企业绩效：综述与展望 [J]. 金融发展研究，2017 (7)：27-33.

[63] 石永拴，杨红芬. 高管团队内外部薪酬差距对公司未来绩效影响的实证研究 [J]. 经济经纬，2013 (1)：104-108.

[64] 王浩，向显湖，尹飘扬. 高管权力、外部薪酬差距与公司业绩预告行为——基于中国证券市场的经验证据 [J]. 华中科技大学学报（社会科学版），2015，29 (6)：92-104.

[65] 王鹏飞. 影响企业管理效率因素的假设与分析 [J]. 现代经济，2008，7 (11)：80-84.

[66] 万伟，姜思云，何建国. 女性高管、内外部环境与企业绩效 [J]. 重庆理工大学学报（社会科学版），2017，31 (7)：58-66.

[67] 薛安伟. 跨国并购对企业管理效率的影响研究——基于倾向得分匹配方法的实证分析 [J]. 国际贸易问题，2018 (3)：24-36.

[68] 薛有志，刘素. 产品市场竞争、领导权结构与公司多元化战略 [J]. 山西财经大学学报，2008，30 (12)：59-64.

[69] 许晓明，周旭辉. 基于管理效率的民营企业内部管理模式选择 [J]. 财经科学，2008 (244)：64-71.

[70] 徐细雄，李摇琴. 高管性别、制度环境与企业 CSR 决策 [J]. 科研管理，2018，39 (3)：80-89.

[71] 苑泽明，王培林. 高管薪酬差距、产品市场竞争与企业社会责任 [J]. 河北大学学报（哲学社会科学版），2018，43 (4)：76-86.

[72] 杨兴龙，谢利. 产品市场竞争、高管激励与创新投入 [J]. 财会通讯，2018 (30)：69-72.

[73] 杨继生，阳建辉. 行政垄断、政治庇佑与国有企业的超额成本 [J]. 经济研究，2015 (4)：50-61.

[74] 张琨，杨丹. 董事会性别结构、市场环境与企业绩效 [J]. 南京大学学报（哲学·人文科学·社会科学版），2013，50 (5)：42-52.

[75] 张金清，肖嘉琦. 高管团队异质性与企业绩效研究综述 [J]. 商业研究，2018 (3)：115-122，161.

[76] 朱文莉，邓蕾. 女性高管真的可以促进企业社会责任履行吗？——基于中国 A 股上市公司的经验证据 [J]. 中国经济问题，2017 (4)：119-135.

[77] 张泽南，温婉虹，周方召. 管理者过度自信与真实活动盈余管理——基于女性高管的研究视角 [J]. 湖南大学学报（社会科学版），2016，30 (6)：85-90.

[78] 张涛，洪敏. 女性高管、风险承担与资本配置效率——基于中国上市公司的经验证据 [J]. 劳动经济研究，2018，6 (2)：53-69.

[79] 张淑惠，张夙夙. 女性高管能够提高会计稳健性吗？——基于中国上市公司的实证证据 [J]. 南大商学评论，2017，14 (2)：70-88.

论文执行编辑：毛伊娜

论文接收日期：2019 年 5 月 28 日

作者简介：

袁萌晗（1995—），山东淄博人，南京师范大学商学院硕士研究生，主要研究领域为企业战略与技术创新。E-mail：757917090@ qq. com。

李健（1981—）（通讯作者），江苏盐城人，南京师范大学商学院副教授、管理学博士，主要研究领域为社会资本、企业战略与技术创新。E - mail：lijian 1981112@ 163. com。

李晏墅（1962—），江苏大丰人，南通理工学院副校长、教授、博士生导师，主要研究领域为高管团队、组织创新。E-mail：liyanshu1952@ aliyun. com。

Will Female Executives Ratio Affect the Management Efficiency of Enterprise?

—Research Based on the Panel Data of Chinese Manufacturing Enterprises

Menghan Yuan[1] Jian Li[1] Yanshu Li[2]

(1. Nanjing Normal University, Nanjing, China

2. Nantong Institute of Technology, Nantong, China)

Abstract: Based on upper echelon theory and social role theory, this paper empirically tests the relationship among female executives ratio and management efficiency of enterprises, and further discusses the context effects of product market competition and external salary gap. The result shows that there is an inverted U-shaped relationship between female executives ratio and management efficiency. Product market competition can weaken the relationship between female executives ratio and management efficiency, and external pay gap weakens the inverted U-shaped relationship between main effects. In addition, on the occasion of the high level of product market competition, the inverted U relationship between female executives ratio and management efficiency is more significant. Our research not only contribute to the literature of management efficiency and female executives, but also give some theoretical guidance for enterprises.

Key Words: Management Efficiency; Female Executives Ratio; Product Market Competition; External Pay Gap

JEL Classification: M10